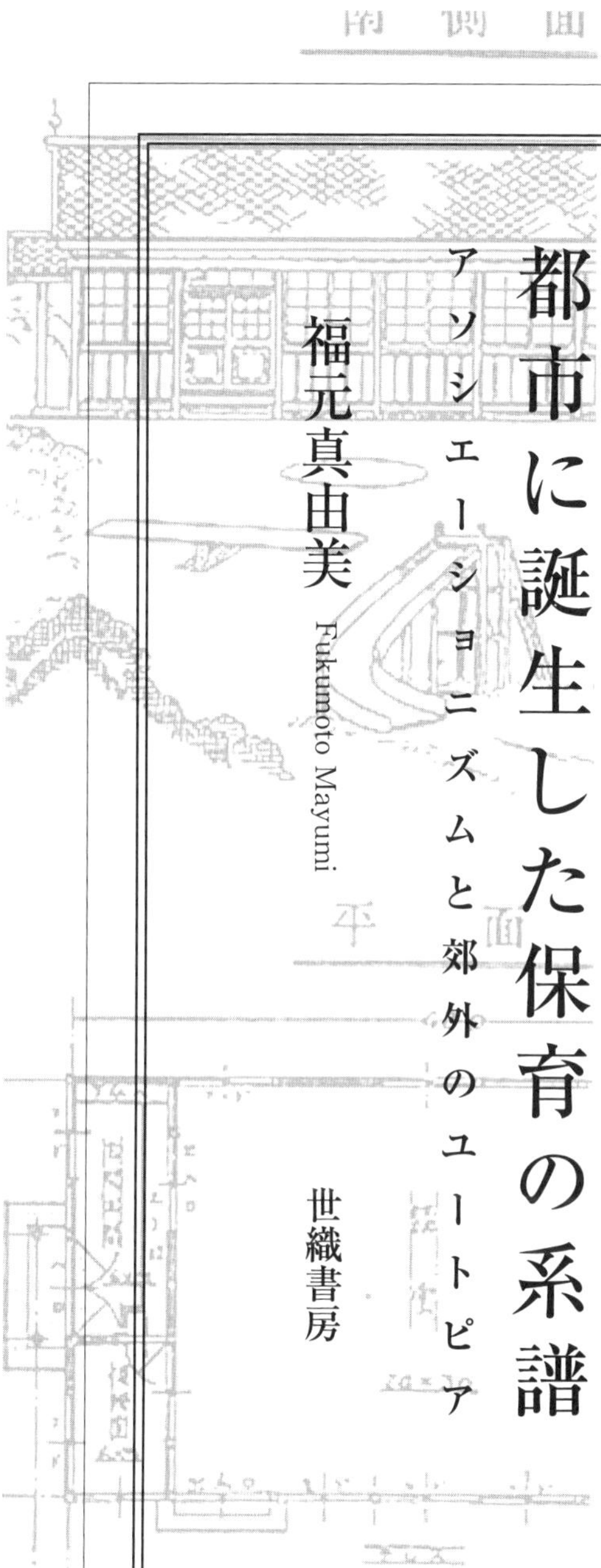

都市に誕生した保育の系譜

アソシエーショニズムと郊外のユートピア

福元真由美
Fukumoto Mayumi

世織書房

目次

都市に誕生した保育の系譜

【凡例】

一、引用文中の旧字体は新字体に、旧仮名遣いは現代仮名遣いに改めた。

二、引用文中に不適切な表現、差別的用語が含まれる場合があるが、当時の文献及び史料の歴史的性格をかんがみて、そのままの表記を用いている。

都市に誕生した保育の系譜■アソシエーショニズムと郊外のユートピア

序　章

研究の主題と方法

1　研究の主題

一九二〇～三〇年代の都市において、保育所は保育のアソシエーションを形成し、幼稚園は郊外住宅地にも誕生の地を拡大した。この保育所と幼稚園の成立の経緯と実践の展開過程を事例に即して叙述し、都市化とともに登場した保育の特徴を考察することが、本書の主題である。

日本の保育の歴史上、一九二〇～三〇年代にはそれまで経験したことのない保育所と幼稚園が生まれていた。賀川豊彦による保育所、幼稚園の設立と実践に、その一つの展開を見ることができる。賀川は、神戸のスラムで貧しい子どもへの慈善事業を行った後、一九二三（大正一二）年の関東大震災を機に東京の被災地でセツルメントを開始した(1)。被災地で一九二八年に設立された光の園保育組合は、当時ほとんどなかった協同組合による保育所で、母親の協同事業として立ち上げられた。光の園保育組合は、保育を目的として組織されたアソシエーションという点で、新しい保育所のあり方を示していた。アソシエーションという用語は、ここでは佐藤慶幸（一九九四年）にならって

「コミュニティを下部構造として、そのうえに人びとの選択的意思によって目的意識をもって形成された人的結合体」としておこう(2)。また賀川は、一九三一(昭和六)年に東京の郊外で松沢幼稚園を開園している。松沢幼稚園は、当時開発の盛んだった郊外住宅地に立地し、周囲の自然を保育の教材と子どもの経験に組織するカリキュラムを実践していた。松沢幼稚園は、郊外住宅地という空間と自然を中心とする保育によって、これまでの幼稚園とは異なる特徴を表している。賀川において二つの保育所と幼稚園がほぼ同時期に誕生したことは、都市の膨張と崩壊と再生をめぐる多様なストーリーの生成と重なっていた。

二〇世紀初頭の日本のメトロポリス――東京と大阪は、都市の膨張と崩壊の錯綜する空間であり、とりわけ幼い子どもの生活が脅かされる様相を呈していた。第一次世界大戦後の急速な産業化と工業化は、地方から大量の労働人口を都市に流入させ、工場地帯周辺には日雇い労働者や下層職工を中心とするスラムを出現させた。スラムでは長屋や安価な木賃宿が密集して日当たりや通風が悪く、下水等の衛生設備も整わずに流行病が度重なった。高い失業率と貧困から金銭、物資も不足して犯罪も頻発している。子どもたちは慢性的な栄養不足で、養育を放棄されることも多かった。文明批評家のルイス・マンフォードは、『都市の文化』(原書一九三八年刊)で「非情なる産業都市」を論じ、「とりわけ人間生活のための社会環境の適性に関する最も敏感なバロメーターは、おそらく幼児死亡率表である」という(3)。一九二〇年一一月一九日付の大阪朝日新聞は、当時の先進国の乳児死亡率を取り上げてイギリス一〇%、アメリカ八・八%、ドイツ一三%であるのに対し、大阪一五・八%、東京一五・三%と「劣れる」結果で、いかに「大阪市が不健康地」であるかを記事にした(4)。子どもの生命を守り育む生活は、スラムでは危機に瀕していたが、大阪や東京のスラムに近接する地域でも程度の差はあれ同様の問題を抱えていた。関東大震災後の東京では、被災地の子どもの生活も甚大な被害を被っていた。

同時期に大都市の子ども、生活、労働に関わる社会問題を解決し、都市を再生する物語を紡ぎ出す二つの動きが登場している。いずれの動きにも、保育所と幼稚園は、その理念を表現し人々の実際的な活動を促す不可欠の社会構成の単位として成立していた。

その一つは、セツルメントと保育所を設立した民間ないし行政の社会事業の動きである。一九二五（大正一四）年、大阪市の市立市民館長の志賀志那人は、市民館保育組合（翌年「北市民館保育組合」と改称。以下、「北市民館保育組合」と記す）をわが国初の協同組合による保育所として開設した。北市民館保育組合は、母親の協同による保育を原則として、セツルメントの目的とする労働者の自立と協同による生活の安定をめざしていた。また志賀は、新京阪電車を利用して日常的に郊外に幼児たちを連れ出し、都会生活で疲弊した心身を自然の中で回復させようとした。これに先立って一九二一年に館長に就任した志賀は、都市問題としての労働者、スラム対策のためにセツルメントを開始した。市民館のあった天神橋六丁目から長柄にかけての地域は、大阪の南の釜ヶ崎と並ぶ代表的なスラムの一角を形成していた。志賀のセツルメントは、経済支援事業、社会教化事業、児童保護事業、医療保健事業の四領域で労働者の貧困を予防し、貧困者のスラムからの脱却を試みていた(5)。関東大震災の被災地では、被災者への救援活動から発展したセツルメントが多く見られ、そこにも保育所が作られて都市生活の復興を支えていった。

もう一つの動きは、都市と田園の融合した郊外に住宅地を開発し、そこに幼稚園を設立したものである。俸給生活者向けの郊外住宅地の嚆矢である池田室町に、一九二二（大正一一）年に最初に開園したのが橋詰良一（雅号：せみ郎）の家なき幼稚園である。橋詰は、郊外の自然の風景をそのまま保育の環境とみなし、園舎を持たず自然と幼児の直接的な関わりを重視する保育のラディカルな実験を試みていた。さらに家なき幼稚園は、郊外への移住者たちが理想的な家庭生活への編み直しに努力する中で、子育てを担う母親の新しい自己との出会いの機会を生み出していた。一九一〇年代以降、私営鉄道会社の郊外への路線拡張、整備と沿線の住宅地開発が盛んになり、環境の悪化した都市中心部を避けて郊外に移り住む人々が増加した。この人々の多くは、当時社会階層として成立しつつあった新中間層に属している。私鉄による郊外住宅地開発を牽引したのは、箕面有馬電気軌道専務取締役の小林一三だった。小林は、他社に先がけて大阪市内に通勤する新中間層を対象に郊外住宅地を開発し、一九一〇年に最初の開発地である池田室町で分譲を行った。関東大震災は、壊滅的な打撃を受けた東京の市街地を避け、安全な土地に居住しようとする人々の加速的な大量移動の引き金となった。東京の私鉄会社、土地会社はそうした人々を受け入れる郊外住宅地を次々に開発し、そこに幼稚園が設立されるようになる。

この二つの動きにおける保育所と幼稚園の設立は、賀川の都市再生の筋書きにおいては一体だった。被災地のスラム化を恐れた賀川は、スラムの慈善事業の失敗から協同組合による労働者の自立的な組織化をめざし、本所区松倉町で光の園保育組合によって子育てを中心とした生活の立て直しをはかっていた。同時に、一家で移住した荏原郡松沢村の郊外住宅地では、地域の精神基盤を形成しキリスト教の愛によって人間関係を組み替えようと、松沢幼稚園と松沢教会を設立したのである。

都市化においては、産業化された都市と郊外化された都市の成立も表裏一体だった。成田龍一（二〇〇三年）は、近代社会の「文明の価値」、すなわち「理性・冨有・健康」はそれ自体の定義をもって価値を示すのではなく、「狂気・貧困・病気」という「負性をもつものの否定としてたちあらわれる」という。成田は、「文明」と「野蛮」は分裂したものではなく、「相互補完的に同一行為の表裏を構成する」とみなしている(6)。成田の表現を借りれば、「理性・冨有・健康」の価値の実現を求めた郊外住宅地は、「狂気・貧困・病気」の温床地帯スラムを抱える市街地の否定の上に成り立っていた。当時の郊外住宅地を案内するパンフレットや郊外生活を宣伝する雑誌には、市街地の「不衛生」「不健康」に脅かされる生活の不安がかき立てられ、郊外の「田園」「健康」の価値と幸福な生活を謳う文句が連なっていた。家なき幼稚園の教育の主張でもこのレトリックは共有され、市街地の狭い園舎に子どもを押し込む教育が否定され、郊外の自然の中で教育することの愉悦が語られている。工場に近接する市街地と田園の広がる郊外住宅地は、ともに表と裏の関係で保育の舞台として都市の内部を構成していた。

郊外住宅地は、田園に成立する都市的ユートピアの創造の場となり、幼稚園の新しい実践と機能を開花させている(7)。近年の都市社会学研究、都市史研究が指摘するように、郊外住宅地では、都市の新たなライフスタイルや行動様式が顕在化した。これらの実践を通して、郊外の空間を特徴づける存在となったのが新中間層であった(8)。郊外住宅地には田園、健康、文化という「豊かさ」「理想の生活」を表象する記号や言説が、メディアを通して大量に与えられる。鉄道沿線に設置されたレジャー施設、イベント、大型の消費空間は、幸福な家庭生活を楽しく演出する装置であった。新中間層が理想の家庭生活を集団で創出する郊外住宅地は、ロバート・フィッシュマン(原書一九八七年刊)のいう「ブルジョワ・ユートピア」そのものの姿である(9)。郊外住宅地に誕生した幼稚園は、理想の教育のイメージを喚起して郊外で実現する装置だった。そして、多様な保育実践を通して、教育を家庭の中心におく新中間層の子育ての様式を産出していた。さらに、幼稚園は子どものみを教育する場ではなく、子どもと大人を対象に教育する場としての機能を再生させていく。

ユートピアへの願望は郊外だけのものではなかった。セツルメントの事業を足掛かりに産業化した社会に代わるオルタナティヴ社会が構想され、保育所の独創的な保育実践と機能が準備されていた。例えば消費組合、信用組合、医療組合の多様な協同組合事業の展開を踏まえ、賀川は資本主義社会に対抗しうる「協同組合社会」を構想している。光の園保育組合は、保育で成功した事業を周辺地域へ応用する試みを持って、地域の生活を協同的な生活に再編していた。平田のぶは、奥むめおの婦人セツルメントを経て、一九三一(昭和六)年に深川区東大工町の同潤会アパートに「子供の村」を設立した。「子供の村」は、子どもの幸福の追求を理念とし、親のわが子意識を排除することによって、子育てを協同で行う社会に接近しようとした。子供の村保育園は、子どもが人間関係の形成を経験的に学ぶ実践とともに、母親を母様学校に組織して生活の問題を主題につながり合う契機を生じさせている。

都市の産業化、郊外化とともに成立した保育所、幼稚園は、次の四点において当時の保育の新しい実験場となっていた。第一に、都市化による家庭生活のさまざまな問題状況に対応するために、保育所と幼稚園という保育の場の再定義を試みた点である。第二に、都市化とともに焦点化された自然と子どもを結びつけ、保育の環境や子どもの経験に自然を組織する多様な方法を開発した点である。第三に、子どもの人間関係の形成や身体の開発において、保育の新しい領域を開拓する実践を展開した点である。第四に、新しい都市の展望において、保育所と幼稚園が社会と緊密な連関をたもちながら、社会のあり方を構想する実践を内包していた点である。このような保育所、幼稚園は、一九二〇〜三〇年代に都市で地域的な広がりとつながりを持って実践を繰り広げていた。ここに、「都市化により成立した保育の系譜」の登場と展開を見ることが可能である。

本書は、前記の四点を踏まえて都市化とともに成立した保育を検討するために、セツルメントを基盤に保育のアソシエーションを形成した保育所を協同組合型保育所、郊外住宅地に生まれた幼稚園を郊外型幼稚園として、それぞれの特徴を具体的に明らかにする。そして、その特徴を総合的に考察し、都市化により成立した保育の系譜の歴史的配置を試みる。

取り上げる事例は、協同組合型保育所は、光の園保育組合（一九二四年前身「光の園」、一九二八年設立）、北市民館保育組合（一九二五年設立）、東京帝国大学セツルメント託児部（一九二六年設立）、子供の村保育園（一九三一年設立）の四つである。郊外型幼稚園は、家なき幼稚園（一九二二年設立）、成城幼稚園（一九二五年設立）、阿佐ヶ谷幼稚園（一九二五年設立）、松沢幼稚園（一九三一年設立）の四つである。

2　保育の歴史像――先行研究の検討

本書は、都市化が産業化と郊外化の二つの側面を持つことを踏まえ、都市化とともに成立した保育を協同組合型保育所の保育と郊外型幼稚園の保育の二つの相において検討する。しかし、これまでの日本の保育史研究では、特定の視座から保育所の保育と幼稚園の保育を関連づけて系統的に歴史が記述されることはほとんどなかった。そこで、保育史研究では、どのような枠組みで保育の歴史像が描かれてきたのかを確認したい。

日本の保育史を整理した初期の研究として、倉橋惣三・新庄よし子『日本幼稚園史』（一九三四年）、教育史編纂会

『明治以降教育制度発達史』（一九三八年）があげられる。『日本幼稚園史』は、東京女子師範学校附属幼稚園の資料を中心に幼稚園創設の経緯とその後の沿革を叙述している(10)。『明治以降教育制度発達史』は、法令や行政史料をもとに明治期から昭和初期までの幼稚園制度について記述したものである。日本の保育の歴史は、最初は幼稚園の歴史として語られていた(11)。

その後、幼稚園だけでなく保育所も取り上げて保育の通史を叙述しようとする研究が数多く行われた。古木弘造『幼児保育史』（一九四九年）は、幼稚園制度の成立と整備を体系的にまとめるとともに、子守学校、託児所、季節保育所の設立と発達を記述して、幼稚園と保育所からなる保育史研究の範となった(12)。岡田正章『日本の保育制度』（一九七〇年）は、審議会や会議の議事録を史料に加えて制度面から幼稚園と保育所の整備と普及の過程を明らかにした(13)。日本保育学会編『日本幼児保育史』全六巻（一九六八～七五年）は、制度や保育論だけでなく保育雑誌、園史、聞き取り調査等の多様な史料を駆使して個別の事例も扱い、江戸時代から一九六〇年代までの保育の成立と展開を叙述している(14)。文部省『幼稚園教育百年史』（一九七九年）は、幼稚園を中心に創設から「幼稚園保育及設備規程」の制定、「幼稚園令」の制定、戦後の新体制、一九六四年の「幼稚園教育要領」改訂を画期として幼稚園の発達をまとめたものであるが、各時代の保育の普及状況の解説で保育所も一部取り上げている(15)。これらは、幼稚園と保育所の保育の歴史を総合的に概観するもので、日本の保育の史的展開にそう整理を行っている。

これに対し、保育の系統に関心を示して保育の歴史を分節化して叙述しようとする研究も出てきた。代表的な研究は、一番ヶ瀬康子・泉順・小川信子・宍戸健夫『日本の保育』（一九六二年）である。『日本の保育』は、幼稚園を中心とした通史の構図を転換し、保育所を中心に扱い「『日本の保育所』の歴史および現状」を詳述した(16)。ここでは、一九〇〇年代に行われた内務省による民間社会事業団体の保育所への補助金交付を通じて、「幼稚園とは別個の体系である〝託児所〟〝保育所〟がつくられていった」との見解が示された。保育所と幼稚園は、内務省（後の厚生省）と文部省のどちらの管轄であるかによって、それぞれ別の体系的な歴史を持つもの、すなわち異なる系譜として描かれている。

保育所の系譜に関する研究では、保育所の設立と実践を労働運動に関連づける関心のもとに保育所の歴史が語られてきた。浦辺史「新しい保育所の系譜」（一九六〇年）、『日本保育運動小史』（一九六九年）は、一九三〇年代の無産者託児所運動に「救済的保育所に対するプロレタリア教育運動側からの批判によって」準備された「民主的保育所」の成立を見ている。そして、「無産者託児所―東京帝大セツルメント託児部―戸越保育所―敗戦後の民主保育連盟傘下の民主的保育所」を「民主的保育所の系譜」とした(17)。宍戸健夫「保育運動――保育問題研究会を中心として」（一九六〇年）は、一九二〇～三〇年代の保育問題研究会を中心に、幼児の現実生活に見合った保育所の保育を研究した活動と内容を明らかにした(18)。宍戸の研究は『日本の幼児保育』（一九八八年）に発展する。『日本の幼児保育』では、まず幼稚園が「『ブルジョワジーの自己教育』組織」、保育所が「労働者大衆の教育組織」として作られて制度的に発展したという保育史の定式が示された。さらに堀尾輝久の指摘を引用して「労働者大衆の教育組織」は、「支配階級による労働者大衆の教化の組織」と「労働者の階級的自覚を前提とする労働者の自己教育の組織」に区別され、浦辺の「民主的保育所」の流れが後者に位置づけられた(19)。

幼稚園のみを方法的に扱った研究も、幼稚園の系譜に関する研究として進められてきた。森上史朗『児童中心主義の保育』（一九八四年）は、日本の「児童中心主義保育」が、欧米の進歩主義教育運動と国内の大正新教育運動の影響を受けて独自の保育の方法と内容を創り出した様相を、幼稚園教育を主導した人物の保育理論と実践から示している(20)。湯川嘉津美『日本幼稚園成立史の研究』（二〇〇一年）は、幼稚園が「中上流層」のものになり、「多様な幼稚園が一つのものに固定化」し、「日本の幼稚園の基本的性格を形成していくさま」を叙述した(21)。永井理恵子『近代日本幼稚園建築史研究――教育実践を支えた園舎と地域』（二〇〇五年）は、明治期から昭和初期の幼稚園建築の展開過程を検討し、園舎の形態が、保育実践や幼稚園の機能、および地域の文化的社会的文脈に密接に関連して発展したことを明らかにしている(22)。

一方、幼稚園と保育所の違いに拘わらず、保育の問題の編成とそれに基づく保育の歴史的な展開を描いた研究も、少ないながらある。諏訪義英『保育の思想――家庭教育と幼・保の構造』（一九七二年）は、幼稚園と保育所の公教育は家庭教育を公的に組織することによって成立したとして、明治期から一九六〇年代の家庭教育と公教育の関連に関わる議論と政策の展開を叙述した(23)。

日本の保育史研究では、概論的な通史を記述する関心と幼稚園、保育所を方法的に分けて検討する関心の二者が主流だった。そこでは、当時の文部省と内務省（厚生省）による保育の二元的な制度に基づいて、幼稚園教育の系譜と保育所保育の系譜が示され、保育史研究の大きな枠組みが構成されてきたのである。

＊

本書で取り上げる事例に関する先行研究は、当時の史料の発掘と歴史的な経緯と事実の解明において、一定の成果を上げてきた。本書は、これらの先行研究の調査と整理の成果に負うところが大きい。

協同組合型保育所の中で数多く言及されてきたのは、東京帝国大学セツルメント託児部と平田のぶの子供の村保育園である。この二つは、すでに指摘した浦辺と宍戸の研究において、プロレタリア教育運動に始まる「民主的保育所」へ、保育問題研究会を中心に保育改革を担った保育所の流れに位置づけられた。本書は、二つの保育所が幼児の実生活に関わる新しい保育の方法と内容を創出したという関心を、これらの研究と共有している。しかし、二つの保育所がプロレタリア教育運動と深く結びついたという見解には疑問を持っている。東京帝国大学セツルメントを組織して学生を指導した東京帝国大学法学部教授末弘厳太郎は、労使対立ではなく生活の合理的組織化を通した学生の教育をめざしており、平田は「ブルジョワの子供達」の教育には「興味がなくなった」というものの(24)、そこに階級対立の構図は見られないからである。それよりも、本書が東京帝国大学セツルメント託児部と子供の村保育園を取り上げるのは、そこでの保育のアソシエーションの形成に着目するからである。

東京帝国大学セツルメント託児部については、託児部で働いた浦辺が『日本保育運動小史』で基礎的な史料をあげて当時の活動の記録を整理している。浅野俊和は、一九三〇年代前半の「集団的訓練」「身体的保育」「母親指導」について東京帝国大学セツルメント託児部を中心に論じている(25)。特に「母親指導」については、「母の会」が自主的に運営された点と、保育実践を通した母親への働きかけが保育の質を協力して高めることになった点が指摘された。子供の村保育園については、舘かおる「子供の村」(一九八四年)が、「子供の村」の性格を教育の世紀社の理念と実践を継承発展させたもの、および資本主義の利己主義と競争原理に基づく都市社会の批判原理となるものの二つで捉え、都市の労働者の「教育共同体」を実現したと言及している(26)。浅井幸子『教師の語りと新教育 『児童の村』の一九二〇年代』(二〇〇八年)は、「子供の村」の「子育ての共同体」が「排他的な母子関係の解体」を通して成り立つものだったことを指摘した(27)。

志賀志那人については、森田康夫『地に這いて』(一九八七年)が、社会福祉の立場から協同主義の思想と実践を明らかにしている(28)。北市民館保育組合については、一番ヶ瀬ら『日本の保育』が家なき幼稚園、子供の村保育園とともに「保育における新教育運動」に位置づけた。一番ヶ瀬らは、志賀が「理想的な社会の建設を教育の力によってうちたてることを夢みる」と指摘し、その社会は「大人の世界の雛型」ではなく「子供の王国」という志賀の言葉を持って保育に回収され閉ざされたことを示唆する(29)。本書では、保育組合における母親の協同と郊外保育を通して、志賀の「協同社会」が保育と現実社会との交渉でいかに構想されたかを検討する。

賀川豊彦は、生い立ち、スラムでの慈善事業、労働運動、農民運動、キリスト教伝道等から多面的に論じられている。しかし、彼の保育に関しては「子供の権利」に関する論考や地方保育史の編纂以外にはほとんど蓄積がない。伊ヶ崎暁生「子どもの権利の先駆的思想」(一九七九年)は、賀川の「子供の権利」を先駆的思想として紹介し、中野光「戦間期日本における『子どもの権利』論」(一九九二年)は、賀川の権利論の児童保護的観点と子どもの自然権の保障を指摘した(30)。堀尾輝久「人権と子どもの権利」(一九九一年)は、賀川の「子供の権利」を国権の枠内で親権に基づく権利保障と捉えたが(31)、これは筆者と見解を異にしている。例えば、賀川が示した「親を選ぶ」権利は、むしろ家族制度を揺るがせ、血縁による「家族」からキリスト教の愛による「家庭」への再編を志向するものだった。神戸市保育園連盟『神戸の保育園史』（一九七七年）では、神戸のスラムにおける賀川の保育事業から保育所の設立の経緯が明らかにされている(32)。しかし、東京の光の園保育組合に関しては、その前身であり被災者救援を目的とした「光の園」が基督教保育連盟『日本キリスト教教育八十年史』（一九六六年）(33)、日本保育学会編『日本幼児保育史』でふれられているだけである。

郊外型幼稚園で最も注目を集めてきたのは、橋詰良一の家なき幼稚園である。家なき幼稚園は、森上『児童中心主義の保育』に見られるように、「従来の幼稚園の概念を越えた」自然の中での保育を徹底させたことによって、大正新教育運動に位置づけられてきた(34)。橋詰の自然による保育は、彼固有の特異な実践として捉えられ、同時代の自然を中心とする保育との関連づけはなされていない。上笙一郎・山崎朋子『日本の幼稚園』（一九六五年）は、時代状況として大正デモクラシーの産物の「文化生活主義」、郊外の住宅地、「中間層」にふれているが、家なき幼稚園の成立や保育との関連まで検討していない(35)。富田好久「家なき幼稚園の保育史上の意義（上・下）」（一九八七、一九八八年）、「橋詰良一の生涯とその社会事業」（一九八九年）は、橋詰の『家なき幼稚園の保育と実際』、雑誌『愛と美』をもとに、橋詰の事業と家なき幼稚園の全体像を描こうと試みた(36)。本書は、家なき幼稚園が新中間層向けの郊外住宅地に最初に設立された幼稚園であるとし、家なき幼稚園より郊外型幼稚園の基本的な性格を捉えている。橋詰の自然の保育も郊外型幼稚園の典型となる保育であり、他の郊外型幼稚園の自然の保育との比較を通して、当時の自然をめぐる保育の言説と実践の特徴について明らかにする。

成城幼稚園に関しては三つの研究領域から検討されている。小林恵子「リトミックを導入した草創期の成城幼稚園――小林宗作の幼児教育を中心に」（一九七八年）は、保育史研究から成城幼稚園が新教育の実験校である成城小学校を基盤に成立したことを指摘した(37)。小原国芳の「学校村」構想は、山口廣編『郊外住宅地の系譜　東京の田園ユートピア』（一九七八年）などの都市史研究から、小原の土地開発の手法とともに明らかにされた(38)。本書は、郊外住宅地の開発を主題にする都市史研究、都市社会学研究の知見も取り入れて郊外型幼稚園を検討している。リトミック研究からは、小林のリトミックの理論や実践が検討されているが、成城幼稚園の保育と関連づける関心は希薄である。

高崎能樹の阿佐ヶ谷幼稚園と賀川豊彦の松沢幼稚園については、これまで十分な研究の蓄積はなされてこなかった。高崎については、小林恵子「母のための教育雑誌『子供の教養』について（その二）――その時代に果たした役割と意義」（一九九二年）が、高崎の編集する雑誌が親のために科学的な家庭教育を掲げた点、「中間市民層」を対象にした点をあげている(39)。だが、阿佐ヶ谷幼稚園に関するまとまった研究は行われていない。松沢幼稚園の「幼児自然教案」に関しては、杉原四郎「賀川豊彦の自然教育論」（一九八八年）で、自然を中心に科学的な事項にも価値を見出し、神の愛を教える宗教教育だった点が示された(40)。しかし、松沢幼稚園の成立の経緯を明らかにした研究は、管見のかぎり見当たらない。

都市化と保育は、保育史研究おいて社会科学の関係諸科学を横断する新しい視座である。本書は、都市化のただ中に現れた幼稚園と保育所が織りなす保育の展開過程を描くために、「都市化により成立した保育の系譜」を設定している。そして、都市化をめぐる保育の歴史的な問題群を整理し、その問題群が保育においてどのように把握され、諸問題に対応する実践が創造されたか――すなわち、保育が都市化をどのように経験して可能性と問題を内包したかを叙述する。この作業により、一九二〇～三〇年代の保育の歴史を幼稚園教育の系譜、保育所保育の系譜とともに多様な系譜において描く試みに臨みたい。なお、賀川の光の園保育組合と松沢幼稚園、高崎の阿佐ヶ谷幼稚園に関しては、本研究が最初のまとまった研究になる。

3　都市化と保育の系譜——課題と方法

本書は、協同組合型保育所と郊外型幼稚園を切り離して別々の集合体と見るのではなく、両者は都市化により生じた保育の様相を相互補完的に表すものと考えている。労働者層の母親の協同を契機としたように、新中間層の母親の子育ての再編を契機に、保育の場は新しい役割と機能を持って立ち現れた。都市の多数を占めつつあった二つの社会階層に注目することで、母親が保育を通して、都市生活の子育てをどのように編み直そうとしたのか明らかにすることができる。自然の保育は、協同組合型保育所と郊外型幼稚園の交渉によって、多様な展開を見せていた。例えば、志賀は橋詰の保育実践を受容しながら、その自然の保育の方法と内容を北市民館保育組合の実情に合うように組み替えている。賀川は、自らのスラムと光の園保育組合の実践を反省的に松沢幼稚園に引き継ぎ、自然の保育のカリキュラムを編成する新しい課題を見出した。これらを都市化という地平で考察することによって、自然の保育の多様な言説と実践を成り立たせた事項に接近したい。また、協同組合型保育所と郊外型幼稚園における人間関係と身体の領域の開発は、戦後の保育の再編で幼稚園、保育所の共通する保育内容に位置づけられる。こうした見通しのもとに、前述の保育実践の歴史的な意味を検討する。

本書では、都市化により成立した保育の思想と実践の広がりを、「運動」ではなく「系譜」として捉えている。近代日本の教育運動は、宗像誠也（一九六一年）により「権力の支持する教育理念とは異なる教育理念を、民間の、社会的な力が支持して、種々の手段でその実現をはかること」と定義された(41)。宗像の指摘する国の教育体制への批判という教育運動の性格を、本書で取り上げる事例も少なからず共有している。しかし、ここで「系譜」とみなすのは、官制の教育に幼稚園や保育所がどう対抗したかではなく、社会や文化の変動の中でどのような幼稚園や保育所の類型および保育の様式が生み出されてきたかに、本書の関心が向けられているからである。事例で取り上げる幼稚園や保育所が、共通する要素や性格とともにそれらの差異を含みながら一つの流れを生み出し、保育の歴史を構成したことを「系譜」は表現している。

都市化により成立した保育の系譜を描くにあたり、次の三つの課題を設定した。

一つめの課題は、セツルメントを基盤とする協同組合型保育所において、母親の協同関係の形成と活動、保育実践の改革、近代のオルタナティヴ社会の構想を検討することである。母親の協同関係については、その基盤となった組織の編成とともに、母親同士をつなげた保育者の役割についても叙述する。自然による保育は、疲弊した子どもの心身にとって、自然がどのような空間として意味づけられたかに注目する。また、人間関係を経験的に学ばせる保育が開拓されたと捉えて、鈴木と平田による保育実践を記述する。社会の構想については、それが母親を中心とする親の協同と活動の展開、保育実践の地域への波及等とどのように関連していたかを明らかにする。

母親の協同関係の構築とそれによる活動の展開は、アソシエーションとしての性格を持つものとして検討する。「アソシエーション（association）」は、社会学者のマッキーバー（原書一九一七年刊）が定式化した概念で、共通の関心を実現するために、人々が自発的に結びつき相互的に連帯して活動する機能的な集団や組織を意味する(42)。社会学では、アソシエーションはコミュニティを基盤に立ち上がる集団や組織で、アソシエーションの健全な発展がコミュニティの発展の条件になると考えられている(43)。アソシエーションの概念を用いて協同組合型保育所を特徴づけるのは、一九世紀から二〇世紀にかけてオーエン、フーリエらの社会的な実験をモデルに、ヨーロッパ、アメリカのアソシエーショニズムの運動が共同体の建設と協同組合運動を展開したことによる。賀川と志賀は、当時のアソシエーショニズムの影響を受けて保育組合を設立していた。ただし本書では、協同組合型保育所の保育組合はアソシエーションの一つの形態であって、アソシエーションの性格を代表するものと捉えている。したがって、東京帝国大学セツルメント託児部と子供の村保育園はそれ自体の協同組合を組織していないが、アソシエーションの性格を持つとして協同組合型保育所に含めて検討する。また、子供の村保育園はセツルメントを基盤にしていないが、労働者層向けの同潤会アパートで被災地の生活の再建を担った点から事例に含まれている。

二つめの課題は、郊外型幼稚園における幼稚園設立の経緯、保育の実験的試み、郊外ユートピアの構想を検討することである。郊外型幼稚園は郊外住宅地の開発とともに設立されたことを踏まえ、その経緯における具体的な事実を記述する。自然の保育については、橋詰と賀川の事例の比較を通して開発と実践の諸相を捉える。子どもの身体の開発、個性重視の教育は、新中間層の教育要求の観点から検討する。また、郊外ユートピアの建設に、幼稚園の設立が織り込まれて構想されていたことを明らかにする。

一九一〇年代以降の郊外住宅地開発を宣伝的に表象した「田園都市」は、イギリスのエベネザー・ハワード（原書一八九八年刊）の構想した「Garden City」の翻訳語である。ハワードは、郊外に、都市と農村が融合した自律的な生活機能を持つ職住近接の都市の建設をめざしていた。かつ、人口は三万人程度の規模で裕福な者も貧しい者も共に居住し、土地は個人所有ではなく公的機関によって管理され、その収益で住民が公共施設を整備するなど、協同でコミュニティを形成することが盛り込まれていた(44)。西山八重子（二〇〇二年）は、ハワードの田園都市の思想を形成した『社会連帯』を基礎とした地域社会計画論」を、オーエンに起源を持つものと指摘する。その「地域社会計画論」は、経済的な不平等の解決を社会連帯に求め、理想的な地域社会像を描くものだった(45)。西山の指摘は、ハワードの田園都市の構想とアソシエーショニズムの重なりを示していて興味深い。

しかし、ハワードの田園都市構想は、日本に輸入される際に日本固有の自然への関心に結びつけられ、その主要な理念や要素を普及させるに及ばなかった。国内に田園都市を知らしめた内務省地方局有志編纂『田園都市』（一九〇七年）は、理想の田園都市の実現は、欧米の田園都市の成果を参考にするだけでなく、日本古来の花鳥風月を愛でる田園趣味の精神を積極的に継承することによると主張した(46)。この解釈を引き継いだ郊外住宅地の開発では、郊外の田園趣味が称揚されるものの、職住近接は電車通勤の職住分離に、貧富を隔てない居住は新中間層の集住に、農業は地域全体の生業ではなく「園芸」の個人の趣味になった。つまり、郊外住宅地の田園都市としての性格は、ハワードの構想と大きく異なるものとなった。郊外の「文化生活」には生活の合理化も含まれていたため、郊外住宅地にも購買組合等の協同組合は組織されている。けれども、日本の郊外住宅地の建設は、アソシエーショニズムの限りなく周辺に位置するといわざるをえない。

三つめの課題は、産業化と郊外化の具体的な諸事実に即して、新しい保育が創出されるに至った都市化の状況とその問題を叙述することである。産業化は、東京と大阪の工業の発展と人口増大、生活環境の悪化と社会の相互扶助的な人的結合の喪失において描く。郊外化は、大阪と東京の鉄道会社を中心とする郊外住宅地開発、教育家族の性格を持つ新中間層の成立と特徴、性別役割分業による母親の郊外生活における位相を扱う。この作業を通して、新しい保育の登場と都市化は一体となって生じた出来事であることを示している。なお、本書において「郊外」とは、単に「都市の近傍の地域」をさす言葉としてではなく、若林幹夫（二〇〇四年）にならって近代化の中で「社会の地形の構造的な変動の過程から現れた」場を意味する言葉として限定的に使用する(47)。

*

本書の取り上げる事例の範囲と史料の性格は次の通りである。

事例の幼稚園、保育所は東京と大阪で設立されたものに限定している。一九二〇年代、東京と大阪の工業はわが国の工業生産額の一、二位を占めて発展し、両都市は他の都市をしのぐ労働人口を抱え、労働者とスラムの社会問題が鮮明に表れた地域である。それゆえ、セツルメント事業の展開も、東京と大阪で活発に見られた。阪神間は、全国に先駆けて鉄道会社による郊外住宅地の開発が進み、その後の住宅地経営のモデルを示す地域となった。関東大震災後の東京は、西郊に向けて人口の急速な移動が始まり、鉄道沿線の郊外住宅地化が一気に広がっている。当時の東京と大阪は、産業化と郊外化がどこよりも進んだ都市であり、二つの都市に生まれた保育所と幼稚園は、協同組合型保育所と郊外型幼稚園の特徴を最もよく浮き彫りにしている。

また、事例の保育所と幼稚園は、一九二〇年代から一九三〇年代初頭に設立された、協同組合型保育所と郊外型幼稚園の初期のものである。本書は、都市化による保育の系譜の存在するすべての時期を、網羅的に扱うことを目的としていない。それよりも、その初発の時期に新たな保育の問題が構成され、模索と試行を経て保育の実践が生み出されるところに焦点をあてて描いている。

本書において使用される主な史料は、幼稚園や保育所に関わった人々の著作、セツルメントや園の事業報告書や会報、年史、関係者への聞き取り、新聞記事、地方史等である。賀川の光の園保育組合と松沢幼稚園については、賀川豊彦記念松沢資料館で集中的に史料収集を行った。橋詰の家なき幼稚園については雑誌『愛と美』、高崎の阿佐ヶ谷幼稚園については雑誌『子供の教養』、小原と成城幼稚園については雑誌『教育問題研究』『教育問題研究・全人』の記事を使用している。実践の記録については、可能な限りこれらの史料から補足した。郊外住宅地の開発に関しては、箕面有馬電気軌道発行の雑誌『山容水態』『郊外生活』、阪神電気軌道発行の雑誌『市外居住のすすめ』等も用いた。

4　構成の概要

本論は、前述した三つの研究の課題に即してⅢ部で構成され、全9章からなっている。第1章から第8章は、それぞれの保育所、幼稚園の事例のモノグラフとして叙述した。

第Ⅰ部で取り上げる四つの協同組合型保育所の実践は、関東大震災後の復興の道筋を模索した東京と、産業化により劣悪となった都市生活の再編を迫られた大阪を舞台に展開されている。その特徴として、親や保育者の協同的な関係を軸に保育を組織する多様な手法を発見し、それらを自分たちの保育実践や社会の理想につなぎ合わせて、保育所の保育に新しい境地を開拓しようとした点を考察した。

第1章では、賀川豊彦の光の園保育組合の設立と実践の展開の過程を、保育組合の組織と栄養食事業の発展を中心に叙述した。賀川の「子供の権利」によるスラムの家族再編の理念が、被災地のセツルメントに引き継がれ、協同組合の手法と結びついて光の園保育組合が成立する過程、および賀川の「協同組合社会」構想における保育実践の位置を考察している。

第2章では、志賀志那人の北市民館保育組合における「協同社会」の構想、保育組合の組織、郊外保育の実践を検討した。北市民館保育組合が、志賀の個人ではなく世帯を組織する原理に基礎づけられ、保育者のどのような役割を生じさせたのかという点、橋詰による自然の保育の理念と方法が編成され直した点に注目して叙述した。

第3章では、東京帝国大学セツルメント託児部の保育者鈴木とくを中心に、人間関係形成の保育方法の開発と母親同士の協同関係をつなぐ模索の過程を描いた。

第4章では、平田のぶの「子供の村」が、子供の村保育園の母様学校等の親の組織、「協同」「自治」の保育を通していかに構想されていたかを考察した。その際、平田の「母性」が、母親を社会的な運動に動員する呼びかけとして機能した点、人間関係の保育内容の組織化が試みられた点に注目した。

第Ⅱ部で取り上げる郊外型幼稚園の事例は、四つである。郊外型幼稚園の成立が、郊外住宅地の形成と新中間層の登場を基盤にしたことを踏まえ、自然を中心とする保育と子育ての成功を志向する実践が、郊外ユートピア構想のもとでどのような特徴を持ったかを明らかにした。

第5章では、橋詰良一の家なき幼稚園が、小林一三による郊外開発の戦略的展開と一体となって成立し、自然の保育の言説と実践および母親の新しい子育ての語りを産出した様相を描出する。特に、郊外の自然に保育環境を同化させる理念が変容に迫られ、「自然物手技」がメディアに登場する過程で、自然の保育の方法と内容がどのように再編されたかを考察した。

第6章では、成城幼稚園の設立をめぐる小原国芳の「学校村」構想と小林宗作のリトミックの展開を叙述し、教育の共同体における身体の開発という実験的試みとそれを支えた新中間層の教育要求を検討した。

第7章では、高崎能樹の阿佐ヶ谷幼稚園の実践を、幼児の個性を重視する保育と母親教育から記述し、新中間層の教育要求を組織して保育の場が、子どもと親の教育の場として再定義される過程を検討する。母親教育を通した家庭教育の再編が、子育ての価値を重視する「母性」の創出と科学的な知識の伝達によるものだったことを明らかにした。

第8章では、賀川豊彦における郊外の自然の持つ意味の変容過程を叙述し、松沢幼稚園の「幼児自然教案」のカリキュラム開発と賀川の「社会改造」における「自然」「愛」を考察した。「幼児自然教案」は芸術的、科学的、宗教的に自然と関わる幼児の経験を組織するものであり、そこで追求されたキリスト教の「愛」は、「社会改造」の精神に接続されるとともに戦時期のナショナリズムの酔狂的感情をもたらす危うさを抱えたことを示した。

第Ⅲ部の第9章では、産業化と郊外化の位相で都市化を捉え、協同組合型保育所と郊外型幼稚園の成立を促した都市化の実情と、保育実践を方向づけた都市の諸問題の様相を記述した。

第I部

保育とアソシエーションの形成

協同組合型保育所

賀川豊彦

志賀支那人

鈴木とく

平田のぶ

近代的な都市の諸制度を整備した東京と大阪では、保育のアソシエーションを形成して地域の人間関係を編み直し、保育所の新たな役割を探る多様な試みが生じていた。一九二〇～一九三〇年代のセツルメントを中心に展開されたこれらの試みには、都市の膨張と解体と再生の物語に埋め込まれた保育の可能性を読み取ることができる。第Ⅰ部では、賀川豊彦の光の園保育組合（一九二四年前身「光の園」、一九二八年設立）、志賀志那人の北市民館保育組合（一九二五年設立）、東京帝国大学セツルメント託児部と鈴木とく（一九二六年設立）、平田のぶの子供の村保育園（一九三一年設立）の四つの事例を取り上げて、彼らが保育のアソシエーションを創出する経緯および保育所の実践の展開の過程を考察する。

当時の日本は、一九一四年に始まった第一次世界大戦を経て大きな社会的、経済的、政治的な変化を遂げていた。国内の工業化、産業化が急速に進展して独占資本主義体制が確立し、地方からの大量の労働者を受け入れて急激な都市化も進行した。大正期のデモクラシーを背景に政府も超然内閣から政党内閣に移行し、一九二五年には普通選挙法が成立して新しい国家形成のあり方が示された。

この時代は、民主主義と自由主義の思潮、社会問題に対する認識の高まりから、さまざまな社会運動が高揚している。経済的発展により国民の消費生活は拡大したが、激しい物価騰貴は、労働者の生計維持に深刻な影響を及ぼした。都市の工場地帯の周辺には、日雇い労働者や下層職工として都市に滞留した貧困層の生活するスラムが形成され、地方からの人口の受け皿となって拡大した。一九二〇年の株式市場の大暴落による不況と大量失業、劣悪な労働条件も重なって、社会的な不平等が広がり国民の不満も高まった。一九一八年の米騒動をはじめ各地で労働争議、小作争議が頻発するようになると、これらを支援する社会運動の組織的な展開が見られる。労働運動では、労働組合の性格を強めた友愛会が一九一九年に大日本労働総同盟友愛会、二一年には日本労働総同盟になった。第1章の登場人物である賀川豊彦は、一九二一年の神戸三菱造船所・川崎造船所の大争議を指導した労働運動の立役者の一人であり、一九二二年には杉山元治郎と日本農民組合を結成して農民運動を指導した。賀川は、労働者の生活の安定をはかるため、一九二一年に神戸購買組合を設立して協同組合運動も展開している。女性の組織化も進み、青鞜社を創立した平塚らいてうは、一九二〇年に市川房江、奥むめおらと新婦人協会を設立した。第4章で取り上げる平田のぶは、教職を辞した後に新婦人協会の手伝いを通して婦人参政権運動に接近した。政治、社会の各方面における体制の変革をめざす運動に象徴されるように、この時代は「改造」の時代と呼ばれた(1)。

保育所の整備と拡大は、都市の膨張と社会運動の展開を後追いするように進められた。一九〇〇年代に至るまで保育所は民間の事業に委ねられ、キリスト教や仏教を信奉する篤志家や教育者、宣教師によりスラムで開設されたり、大量の女工を抱える工場に附設されたりしていた。日露戦争後の不況下で、内務省は、一九〇八年に感化救済事業講習会を開き、貧困者救済の目的で生業を授けるために乳幼児の保育が必要であるとの考えを示した。同年から内務省は慈善事業団体に補助金の交付を始め、渋沢栄一を会長に中央慈善協会も設立されて政府、財界あわせて慈善事業の奨励、指導に乗り出した。第一次世界大戦後の内務省は雇用機会の促進、国家を支える善良な国民づくり、社会運動の社会主義化に対する防波堤の役割を期待して児童保護事業に力を入れるようになる。一九二〇年には内務省に社会局が設置され、保育所をはじめとする児童保護に関する事項が統括的に行われるようになった。都市を中心に公立の保育所も設置されるようになり、一九一九年以降大阪市、京都市、東京市などで労働者層の乳幼児を対象に保育所が開設された。一方、一九二〇年代に労働者、農民の階級闘争の一翼を担うプロレタリア教育運動が起こり、一九三〇年代初頭には無産者託児所も設立される(2)。しかし、一九二五年の治安維持法による取締り強化の中で、無産者託児所は短命に終わった。

保育所の近代的な制度化は、幼稚園に比べれば大幅に遅れていた。幼稚園については、一八九九年「幼稚園保育及設備規程」(文部省令)、一九二六年「幼稚園令」(勅令)、「幼稚園令施行規則」(文部省令)が公布され、就園年齢、保育内容、クラス編成等の全国的な規程として示された。当時、保育者の養成制度は十分に確立されたとはいえないが、幼稚園の「保姆」については、「幼稚園令」で「保姆は女子にして保姆免許状を有する者」とされ、「保姆検定」についても定められていた。これに対し、保育所の保育や設備、「保姆」の資格については、戦前は全国的な規程は作られなかった。公立については地方自治体、私立は民間の事業団体がそれぞれの規程を示しており、保育内容は多くは幼稚園に準じて設定されていた。このようにゆるやかな保育所の制度が、むしろ都市の社会問題に対峙する保育所の革新的で創造的な実践の展開を準備したというのはいい過ぎだろうか。

深刻化する都市の労働や生活を背景に、それらの機能の解体していく様が、スラムや関東大震災を通して社会問題として把握されていった。大ベストセラーになった賀川の『死線を越えて』(一九二〇年)は、キリスト教社会主義の立場から神戸のスラムの問題と自らの実践を取り上げたルポルタージュである。賀川は家族関係の欠乏、多数の孤児、失業という労働からの疎外、不衛生な不良住宅、身体の不健康をありありと描き、スラムの貧困を社会的に解決しようとする関心を巻き起こした。一九二三年の関東大震災は、東京に甚大な被害を及ぼし、家族の死別と離散、職業や住宅の喪失、市街地の「廃墟」化などにより多くの被災者の生活難を招いた(3)。

このような事態に対応し、セツルメント運動は、労働者の生活課題に応えて都市生活を編成し直す新しい実践の展開を試みていた。労働者のために本格的なセツルメント事業を行ったのは、一八九七年東京神田に片山潜が創設したキングスレー館とされる。全国に先駆けて一九一八年に社会部を設置した大阪市では、一九二一年に公設の市民館が設置され、第2章で取り上げる志賀志那人が館長に就任した。震災の被災地の救援活動を延長してセツルメントに発展するものもあり、第1章の賀川の本所基督教産業青年会、第3章の東京帝国大学セツルメントはその代表である。

セツルメントの運動は、行政による公営セツルメント、キリスト教や仏教の宗教や労働運動とつながった民間セツルメント、大学の教員と学生を中心とする大学セツルメントの三つの流れで展開されていた(4)。

＊

第Ⅰ部では、次のように事例を配置している。第1章では、生活の再建の方法として保育の協同化を捉えて保育組合を組織し、保育実践を通して地域の社会システムの再構築を試みた事例として、賀川豊彦の光の園保育組合（東京、本所区）を取り上げる。第2章では、家族を保育組合につなぎ合わせる保育者の役割と実践感覚を示し、郊外保育を中心に革新的な実践を展開した事例として、志賀志那人の北市民館保育組合（大阪、北区）を扱う。第3章では、保育所の保育の方法と内容を再検討して幼稚園教育との差異化をはかるとともに、母親の協同を支える地区別グループの方法を考案した実践として、東京帝国大学セツルメント託児部（東京、本所区）と鈴木とくを取り上げる。

この三つの事例の特徴は、もととなるセツルメントの事業に、協同組合の組織と運営が取り入れられている点である。吉田久一（一九九四年）の指摘によれば、社会事業の歴史においてセツルメントへの協同組合の導入は当時としては新しい発想である(5)。とりわけ、賀川の社会運動とのつながりを見ると、セツルメントと協同組合の連鎖を確認することができる(6)。賀川の協同組合への関わりは、労働運動の指導者として、一九二〇年に大阪に購買組合共益社を設立したことに始まる。その後、賀川は生活協同組合の先駆的な事業を指導し、川崎造船所の職工同盟から相談された購買組合設立の計画を地域住民に開放する神戸消費組合として実現する。翌年も、「大衆の家庭生活を安定」させるため灘購買組合の創立に関与した(7)。共益社の人脈から生まれた関西労働組合連合会の労働講座に参加した志賀志那人は、北市民館の館長となったその月に、神戸消費組合の設立発起人に賀川とともに名を連ねていた。震災後の東京では、賀川がセツルメントを目的に組織した本所基督教産業青年会を本部事務所として、一九二六年に東京学生消費組合が設立されている。初代組合長には賀川が就任し、東京帝国大学セツルメントで学生を指導した東京帝国大学法学部教授末弘厳太郎も組合の設立発起人であった。都市の生活の再建や被災地の復興をめざすセツルメントにおいて、協同組合を活用して利用者の合理的な生活の営みを支える手法の開発は、このような人脈の内に胚胎していたといえるだろう。

震災後の都市生活の復興を考えるにあたっては、同潤会の果たした役割を看過することはできない。一九二四年に設立された財団法人同潤会は、被災地の住宅問題や生活問題の改善を目的に、不良住宅地区の改良事業を行った。同潤会は、内務省が世界各地からの義捐金をもとに設立した組織である。その不良住宅地区改良事業は、帝都復興土地区画整理と並行して進められ、アパートメントの住宅や公共施設、街路や公園の基盤整備、医療施設の建設も進められた。同潤会アパートでは、地区住民は低家賃で入居することが可能で、その授産施設を利用することもできた。都市の集合住宅の新しい形を提示した同潤会アパートは、セツルメントとは異なる手法で集住した人々の生活再建の課題に立ち向かう重要な場であった。

そこで第4章では、同潤会アパートで保育実践を立ち上げた事例として、幼児の保育と母親の教育を通して「子供の村」の共同体構想を実現しようとした平田のぶの子供の村保育園（東京、深川区）を取り上げている。

第1章

賀川豊彦による光の園保育組合の設立と「協同組合社会」の理想

はじめに

本章は、賀川豊彦（一八八八～一九六〇年）の光の園保育組合の設立の経緯と実践の展開を検討し、「協同組合社会」の理念と創出について考察している。

賀川豊彦は、神戸・川崎三菱造船所大争議（一九二一年）や日本農民組合設立（一九二二年）の指導者、コープこうべの前身である神戸購買組合・灘購買組合の創始者、あるいは国際的なキリスト教伝道者としてその名が知られているが、保育においても多彩な活動を展開した人物である。賀川は、神戸のスラムでの児童保護事業、「子供の権利」の発表（一九二四、一九二七年）をはじめ、東京の本所区（現、墨田区）のセツルメントで光の園保育組合（一九二八年）、郊外の松沢村（現、世田谷区）では松沢幼稚園（一九三一年）を設立して独自の保育を展開していた。

賀川の光の園保育組合の誕生は、関東大震災（一九二三年）の被害を受けた壊滅的な状況から社会、経済、生活、教育を立て直し、東京の再興をめざす彼のいくつもの実験的試みの中にあった。光の園保育組合の設立と実践は、震災の救援活動における託児所「光の園」の経験を経て、賀川を中心とした本所基督教産業青年会による「協同組合社会」建設の過程に織り込まれていた(1)。その過程は、賀川の宗教運動、労働組合運動、農民組合運動、協同組合運動など一連の「社会改造」運動と一体だった(2)。「協同組合社会」は、資本主義社会のさまざまな矛盾の克服という課題に対し、社会的、経済的な活動をすべて協同組合方式で行う「組合主義」により、生産者、労働者、消費者の自主的な組合をもとに組織された社会として構想されている(3)。光の園保育組合の理念と実践は、本所区における子どものケアと教育の新たな空間を構成する試みを通して、地域の人々の社会的な関係を編み直し、協同的な生活の領域を広げようとするものだった。光の園保育組合は、保育所を利用する親中心の協同組合として、親たちの社会的な自立と相互扶助を基盤に、「協同組合社会」というもう一つの近代化の道筋を示す核として成立していた。

賀川豊彦は、一八八八(明治二一)年七月一〇日に神戸有数の回漕店を営む賀川純一と妾のかめとの間に生まれた。だが、五歳で父親についで母親と死別し、姉とともに徳島の本家に引き取られた。藍玉商を営む豪家の本家では、厳格な祖母は賀川に禅寺で四書五経を習わせてかわいがったが、父親の本妻は彼につらい仕打ちを与え、まわりの子どもたちは「妾の子」といって賀川の出自をからかったという。徳島県立中学校入学(一九〇〇年)後、賀川家が兄の放蕩と経営不振により破産すると、姉は女中奉公に出て、賀川は叔父の家に預けられることになった。

家族の不在による喪失感と孤独感は、賀川自身の出自をめぐる屈折した自己意識を生じさせた。一方、湧き上がる知的な欲求を充足させることで満たされない思いを解消する方向に、彼を向かわせた。賀川は、徳島市の日本基督教会の英語の講義で宣教師C・A・ローガンに出会い、自宅で聖書の講義をするH・W・マヤスと親交を深める中で、カントやラスキンの著作にふれていく。また、いとこの影響で安部磯雄や木下尚江、トルストイを読んでキリスト教社会主義への関心を高めていった。一九〇五年に叔父の家からマヤス夫妻の自宅に移り住んだ賀川は、そこで自ら愛され慈しまれた家庭生活を、精神の対人的な癒しと回復の原体験として受けとめる。そして同年、明治学院高等部神学予科に入学し、二年後には新設の神戸神学校に転校した。神戸神学校の開校までの間は、愛知県の教会で路傍伝道を手伝うことになったが、肺壊疽《はいえそ》で発熱と吐血に見舞われて危篤状態になり、入院後は復学まで三河の蒲郡で保養生活を送る。

この死に直面した体験により、賀川は、生きることの価値の無さに苦悩し煩悶しながら、自らの生の意味を探り出そうとした。これまでも彼は、自分の理想的な観念や、疎外感による反動的な抵抗感から生じる葛藤に苦しむ日々を過ごしていた。一九〇九年、神戸のスラムに移住して路傍伝道を開始した彼は、これまでの煩悶をすべて切り捨てて、スラムの貧苦にあえぐ子どもや弱者への献身的行為を通じて、自らの生きる価値を見出そうとする。その後の賀川の社会運動は多岐にわたり、さまざまな慈善事業をはじめ、アメリカのプリンストン大学留学（一九一四～一七年）後は、労働組合運動、農民組合運動、普通選挙運動、協同組合運動、平和運動など幅広い分野におよぶことになった(4)。

賀川は、光の園保育組合や松沢幼稚園の他にも関東、関西地方を中心にいくつもの保育施設の設立に関わっている。また、幼児教育論の『魂の彫刻――宗教教育の実際』（一九二六年）、「幼児自然教案」（一九三三年）を著すほか、児童保護や幼児教育に関する発表、論文は彼の個人雑誌の掲載分を含めて四〇点以上あり、創作童話や絵本、宗教教育や平和教育に関する著作も多く見られる。

賀川の保育の思想と実践は、このような多彩な活動にも拘わらず、保育史における研究の対象として十分に取り上げられてこなかった。彼の「子供の権利」に関する論考や地方保育史の編纂以外にはほとんど研究の蓄積はなく、保育史における賀川の位置や果たした役割を検討するには必ずしも至っていない(5)。その理由として、賀川に対する振幅の激しい人物評価により、彼の思想および実践の歴史的性格に対する判断が困難だったこと、賀川の幼児教育論の単行本以外の論文や発表、神戸や本所地区での事業に関する記録・史料の収集が容易ではなかったことがあげられる。後者については、一九八二年、賀川の生誕百周年を記念して、賀川豊彦記念松沢資料館が開館（同年）し、全国から彼に関する膨大な諸資料が収集、保存されるほか、『雲の柱』『火の柱』などの機関誌も復刻され、彼の書誌も改訂作業が進行している。本章は、これらの作業の成果によるところが大きい。

以下では、第1節で光の園保育組合設立の前史として、神戸のスラムにおける賀川の活動から「子供の権利」の主張までを検討する。第2節では、関東大震災の被災地における託児所「光の園」から光の園保育組合の設立に至る経緯とその方法について明らかにする。そして第3節で、光の園保育組合における「栄養食」の事業が、保育組合と地域のどのような関係を生み出したかについて考察し、第4節で賀川の「協同組合社会」建設の構想について検討する。

1　神戸のスラムにおける活動

1　賀川におけるスラムの子どもの存在

一九〇九年に賀川が神戸のスラムに移住して長屋の一角で生活をした時期は、貧困地域に住む子どもの保護事業の立ち遅れが社会問題化した時期と重なっていた。布川弘（一九九三年）によれば、賀川の移住した「新川」地域は、狭い路地を入ると、表通りとはまったく異なる「二、三畳敷きの狭い棟割長屋が密集」し、一棟十数軒の長屋の向かい合う通路は、「糞尿、塵芥ボロ泥土」にまみれ、「下水溝は糞尿と生活排水兼用」だったという(6)。スラムの世帯の収入は最低限のもので、子どもが増えるごとに家計補充的な家族労働を要し、その大半を占める食費は主に米代だった(7)。衣服など生活に必要な物資の不足する中で、食事も満足に摂れないこともあり、子どもたちの栄養状態は非常に悪かった。一九一八年発行の大阪毎日新聞の報道でも、欧米に比べて日本の児童保護事業が「極めて幼稚」で「不徹底」だという指摘がなされている(8)。賀川も、「児童虐待防止論」（一九一九年）で、神戸の児童保護対策の遅れを批判し、「貧民窟の子供が虐待されて居ても日本の現状に於いては誰も見廻って来て之を保護してくれ無い」と記している(9)。

賀川が「児童虐待」と捉えたのは、スラムの子どもたちが、極度の貧困と病気、犯罪、非人道的行為などのさまざまな「社会悪」の犠牲になっていく状況である(10)。子どもたちは、物資の不足に苦しんで飢えや伝染病で死亡していくほか、大人の生活費や賭博の掛け金、娼婦を買う金の欲しさに身売りさせられたり、乳児では「貰い子殺し」にされたりしていた。「貰い子殺し」とは、親が養育できない乳児を貧困者が金や衣類を要求して引き取るのだが、彼らは金をえることだけが目的のため、引き取った乳児を故意に栄養不良にして殺してしまうという、当時のスラムではよく見られた行為である。賀川が出会った子どもたちは、およそ人間らしさを求める生活とは無縁のまま放置されていた。

薄幸で生命の危機に曝されている子どもたちの現実は、児童保護事業に自らを駆り立てる強い動機を賀川にもたらした。それを物語っているのは、「貰い子殺し」の女性の連れたお石という乳児を警察から引き取ったものの、死なれてしまった出来事である。何度も「貰い子」を繰り返される間に重湯を飲まされ続けたお石は、腸を悪くして四〇度以上の高熱を出していた(11)。看病のかいなくお石を亡くした賀川は、この出来事を詩「涙の二等分」（一九一九年）に詠んだ。賀川は、一人で死んでいくお石の姿を、「苦悩と、絶望」と「病躯」に煩悶し、「死の陰」にさまよい「貧民窟の隅で泣かねばならぬ実在」の自らの姿と重ね合わせていた(12)。そして、「孤独」と「死」の中にある「貰い子」の運命に自らの実存的な危機を感じ、スラムで生きる自分の存在の価値を激しく揺さぶられる。子どもと自らの実存を危ぶむスラムの「社会悪」を廃絶しようとする賀川の実践は、命の儚さに絶望に満ちた悲哀の情を抱きながら、生きる意味を探り出そうとする彼の心の叫びから生じていた。

賀川が幼い子どもの死に激しく動揺し、自らの映し姿として強く意識しながら実践に駆り立てられた背景には、彼自身の生い立ちからくる「悲しみの子」の自意識があった(13)。賀川は両親を亡くして本家に引き取られた後、親の愛に飢えて喪失感と疎外感にかられていた。肺壊疽による危篤からの回復後も、後遺症や肋膜炎で長く苦しめられる。肉体的にも精神的にも癒しきれない深い傷を負った彼は、「薄命」の「悲しみの子」である自分の生を、絶望と死の底に見出していた(14)。青年期の賀川の日記には、「自殺」や「狂気」「絶望」の言葉が散乱しているが、彼は自分の

写真１　スラムの子どもたちと賀川豊彦（左より二人め）

「死」や「無価値」に立ち向かえない無力感と寂寥感、自己矛盾をどうにも解決できないことにもがき苦しんでいた(15)。

　賀川にとって、自らの居場所と癒しの機会をあたえてくれる存在もスラムの子どもだった。彼は、スラムの子どもを「天の使いが地球に置き忘れた迷い子」や「美しい哺乳動物の花」にたとえて大人と区別した(16)。時には仕事を放り出して子どもとの遊びに興じ、賀川を慕う子どもたちを「弟子」と称して愛しんだ。賀川は、大人とは異なって「子供は善の味方」とし、彼らへの思いを次のように述べた。

　貧民窟の子供ほど、自由の愛で私を愛して呉れる者はありません。（……）その後私は子供等に愛せられたい許り《ママ》に髭も生やさず、善い着物も着ず、貧民窟を徘徊つく病気が出来ました。（……）心配があるとき、悲しみのあるとき、刑事に尾行されたとき、野心の有るとき、淋しい時、疲れたとき、慰められたい時、いつでも捨てずに愛して呉れるのは貧民窟の子供等である(17)。

　賀川の描く子どもの純真で愛に満ちたイメージは、青年期にトルストイの人道主義の影響を受けて、キリスト教の人類愛に感銘した経験に基づいている(18)。賀川は、孤独をかき消して自己の帰属性の確かめられる関係をスラムの子どもとの間に求めようとした。それゆえ、自らの居場所である子どもたちを脅かす「社会悪」を廃絶しようと、社会的な実践につき進んだのだろう。

2　スラムにおける「家庭」の喪失

スラムの子どもを憂いる賀川のまなざしは、養育どころか「社会悪」の温床になって「児童虐待」を生じさせた家庭に向けられた(19)。彼は「児童虐待防止論（下）」（一九一九年）、『地殻を破って』（一九二〇年）でスラムの家庭に育つ子どもについて、次のように記す。

> 博徒の家庭に育つ子供（……）私の隣の家の「八百屋S」は賭博のために八百屋の店を閉鎖して貧民窟の五畳敷に住んでいたが、細君に食うものもあてがわずに、賭博をしていた、そのために妊娠している細君を虐待していた、勿論児が生まれても着せるべき着物が無かった。それで私の妻が、その着物を持っていった、しかしそれをも質に入れて賭博を打った。赤坊が産れた。勿論着物はない、冬の日であったが赤坊は紫色にしにいっていた(20)。（傍点は原文のまま）

> 娘の子は娼妓に行きます。私の隣の雪枝さんも、ひさえさんも娼妓に行きました。二人共、私の方の日曜学校の生徒でした。（……）ひさえさんの場合は少し違います。それは父親の賭博が災いしたのです。母親は紙屑拾に落ちました。一旦人間が紙屑拾にまで落ちると、余程奮闘しなければ昔の人間の尊厳は回復出来ないものです。ひさえさんは可哀相にとうとう父親の賭博の資金となったのです(21)。

スラムでは賭博や飲酒、買春のために生活費を使い果たし、親が子どもに食物や衣服を与えないうえ、金銭をえるために子どもを身売りすることが見られた。賀川は、スラムの家庭の問題を金銭問題からだけではなく、家族の精神的なつながりが失われている点からも見出していた。スラムに住む人々の生活や習俗、心理について記した『貧民心理の研究』（一九一五年）には、以下のような記述がある。

子供は夜遅くまで帰ってこない。亭主は何処かで賭博を打つと朝方まで帰らない。女房は一人で何くれと生活上の心配をするのである。（……）家庭に慰安があるで無く、結合や責任があるのではない。貧民生活は全く無家庭生活である(22)。

生活や養育を成り立たせる家族の精神的な「結合」や「責任」を失って、子どもの心身の拠り所となる「慰安」のない家庭を、賀川は「家庭」ですらないと見る。スラムの家庭では、子どもを育て教育する機能が乏しいことを、彼は家族の結びつきの欠如からも捉えていた。

スラムの「家庭」の喪失に対し、賀川は児童保護事業として「家庭感化」を試みている。「家庭感化」は、「児童の家庭見習と性格練磨と向上心の養成」を目的に、スラムの子どもたちに中上流層の家庭生活を体験させるものだった。この事業は、一九一〇年から一二年の間に少なくとも三回、大阪朝日新聞社神戸支局の協力をえて行われた。例えば、スラムの六歳から一五歳の子どもたちがクリスマスや夏休みを利用して、一日から一週間ほど訪問先の家庭で家族同様に過ごした。事業には、スラムの家庭では十分にえられない養育やしつけ、家族間のつながりを子どもに経験させる意味があった。子どもの態度や行為の変化には「お辞儀」を覚えた、「行儀」がよくなったと、その効果が認められていた(23)。

しかし、「家庭感化」の効果は一時的に認められたものの、子どもたちがスラムの社会に戻っていく限り、根本的な解決にはならないことを賀川は思い知る。彼はスラムで知り合った妻ハルとの結婚後、一九一四年から一七年にかけてアメリカのプリンストン大学に留学した。帰国後は、もとの場所で再び伝道と社会事業を始めたが、彼は子どもたちのあり様に失望と挫折を感じざるをえなかった。なぜなら、留学前に世話をした子どもたちが、彼の留守の間に再びスラムの「社会悪」に侵される運命を辿っていたからである。スラムでの生活を描いた『地殻を破って』では、賀川が「弟子」と称してかわいがっていた子どもが、留学中に「スリ」や「博徒」「ゴロツキ」になったり、「天然痘」で死んだりしたこと、女の子は「娼妓」になったことが記されている。子どもたちの変わり果てた姿に、「貧民窟のあの美しい子供のことを思うと悲しくなります、何故私に子《ママ》の子供等を救う力が無いのでしょうか？」と賀川は無力感を痛切に感じていた。

賀川が子どもの問題を解決するために、社会全体のあり方を問題にしなければならないと考えるようになったのは、この時の挫折の経験によるところが大きい。彼は、自らの児童保護事業の「失敗」を通じ、「貧民窟に来て始めて教育の本質をも知」り、これまでよりも「立体的に境遇が人間に及ぼす影響をも与えられ」たという。そして、「本当の教育家は、子供の環境全てをかえる努力をする」といって、子どもの保護と教育は家庭も含めた「社会改造」とともに取り組まれる必要があるとの信念に至った[24]。

3　「子供の権利」の提唱

賀川は、スラムの「家庭」の喪失を目の当たりにして、家庭に子どもの養育の機能をいかに回復するかを自らの実践の重要な課題に据えていた。そのための「社会改造」に向けたメッセージとして、一九二四年六月と一九二七年六月の二回にわたり「子供の権利」を発表している。初回は、東京深川猿江裏での児童講話会で「食う権利」「遊ぶ権利」「寝る権利」「叱られる権利」「親に夫婦喧嘩を止めて乞う権利」「親に禁酒を要求する権利」の六つの権利が主張された[25]。二回めは、大阪社会事業連盟発行の雑誌『社会事業研究』に掲載され、「生きる権利」「喰う権利」「眠る権利」「遊ぶ権利」「指導して貰う権利」「教育を受ける権利」「虐待されない権利」「親を選ぶ権利」「人格としての待遇を受ける権利」の九つの権利となった[26]。特に初回は、震災の翌年に、被災の規模も大きかった地域で発表されたものである。物資の欠乏する被災地の苦しい生活のあり様を「全くの貧民窟」とみなした賀川は[27]、スラムでの挫折を繰り返さないためにも、「子供の権利」を通して子どもの養育を担う家族の関係を組み替えようと試みた。以下では、この点に注目して賀川の「子供の権利」について検討していきたい。
まず、「子供の権利」の発表に先立つ長男の誕生（一九二二年）は、賀川に「夫婦の愛以上に深い愛のあることを発見」させ(28)、「恋愛によって成立した夫婦関係に保育本能の加わった」場で養育を成り立たせることを意識させた(29)。翌年発行された著作『イエスと人類愛の内容』（一九二三年）では、「家族」と「家庭」の性格の違いが明記された。

ファミリー（家族）とホーム（家庭）とは、だから、全く別個のものである。家名を相続するとか、親の系統を継ぐとか云うのは、家族制度であるが、心理的恋愛の価値の自覚に依って来たものはホームである。生理的関係に引きずられている間、人間は、真の世界に徹底出来るものではない。個性の覚醒と共に、自覚ある愛に立つものとならなくてはならぬ(30)。

スラムで失われていた家庭は、賀川において家父長的「家族制度」の基盤となる「ファミリー（家族）」ではなく、親と子それぞれの個の尊厳と「愛」に基づく「ホーム（家庭）」として再生されようとした。その挑戦として、一九二四年の「子供の権利」では、「子供は親に夫婦喧嘩を止めて乞う権利がある」が主張された。

子供には、親に向かって、夫婦喧嘩をしないで下さいと要求する権利がある。（……）家庭の不和は、常に冷ややかな空気を作り、愛情が無くなる。夫婦の間に愛がなくなると、子供にも愛がなくなり、そしてこのような家庭から子供は次第〳〵に遠ざかって行くのである。（……）夫婦仲良くして温かい円満なる家庭を作ることは、親の子供に対する義務である。子供はこれを要求する権利を持って居るのである(31)。

夫婦と親子の「愛」の結びつきをもとに「家庭」の人間関係を編み直すだけでなく、賀川は「子供の権利」によって積極的に「家族制度」の解体を企てた。家系の存続を目的とする「家族主義」を問題視した彼は、これを「祖先崇拝を迷信的に頭の中に置いて盲目的に結婚し、自覚と個性とを全く無視して生理的に種族の保存のみを務める」ものと批判した(32)。自らの生い立ちで、「妾の子」という負い目に深くさいなまされてきたことも関係しているのだろう。「家族制度」の悪弊の象徴として婚外子の問題がたびたび取り上げられ、一九二七年の「子供の権利」では「虐待されない権利」として次のように語られた。

第七虐待されない権利　我国には特殊の事情がある。家族制度が非常に堅牢であるために、或いは妾の子私生子等が非常に虐待される。(……)子に何等の罪も無いのである。私は日本の法律から私生子庶子という名称の全部を除いて貰わねばならぬと思う(33)。

「私生子」「庶子」の名称の撤廃という制度の改変を求めるとともに、「第八親を選ぶ権利」では親権の問題が示唆された。そこでは「現に親にもずいぶん乱暴な親があって冗談半分に子供を生むのがある」ために、「生みたくなかったけれども間違って生まれた」子どもが、スラムの「貰い子」になって死に至ると述べられた。「不道徳」な親がわが子を身勝手に扱うことに対し、「親を選ぶ権利」は、子どもの側から親と親権に異議申し立てをし、適切なる養育者を要求することを認めようとしている。家父長的な権力としての親権に支えられた「家族制度」を家族の内側から解体しつつ、新たな養育の場を構成する契機を「親を選ぶ権利」は内包していたといえるのではないか。

この点、当時の教育家、宗教家らが論じた「子供の権利」とも一線を画している。一九二四年に国際連盟の採択した「子どもの権利に関するジュネーブ宣言」に前後して、賀川に限らずキリスト教の宗教教育家田村直臣『子供の権利』(一九一一年)、私立帝国小学校の創立者西山哲治『教育問題　子供の権利』(一九一八年)、教育の世紀社の創設者野口援太郎「子供の権利」（一九二五年）等も「子供の権利」を議論した。背景には、エレン・ケイの『児童の世紀』（一九〇〇年）や、第一次世界大戦を経て、子どもの保護が世界で同時代的な認識として形成された状況がある。堀尾輝久（一九九一年）は、日本では近代の家族と親子関係の変化で「家長の権限」に対する「親の責任」が自覚され、親権の対となる「子どもの権利」が明確に意識されるようになったと指摘した。また、「日本は、天賦人権、国賦人権」で、子どもの権利も「国権の枠内の国民の権利義務」でしかなく、「天皇の赤子」の扱いでは子どもの権利も「国権論の中に閉じこめられた」と論じた(34)。しかし賀川の場合は、家父長的な家族国家の基盤となる「ファミリー（家族）」を家族の外側（制度）と内側（子どもからの申し立て）から解体しようとし、むしろ国権の枠を超えていく志向を持っていた。さらにいえば、賀川の「子供の権利」は、「社会改造」として「協同組合社会」につながり、家族のみならず地域の人々の連帯に養育を開く可能性を秘めていた。

2 「光の園」から光の園保育組合へ

1 「光の園」の設立

一九二三（大正一二）年九月一日に発生した関東大震災の被災地で、賀川を乳幼児の保護へと向かわせたのは、スラムで子どもの生命を守ることに自分の生の意味をかけようとした衝動だったのではないだろうか。マグニチュード七・九の激震と同時に発生した猛火の旋風により、東京は瞬く間に、赤く焼けた瓦の破片と遺体の折り重なる焦土と化してしまった。賀川は急きょ神戸から船で駆けつけ、交通網の途絶えた東京市内を歩いて視察に回り、焼け野原となった惨状に直面した。被災した幼い子どもに思いを馳せた彼は、震災直後に記した「鳳凰は灰燼より甦る」（一九二三年）で、永遠の帰依を誓った神をも厳しく咎めた。

神よ　見給え　バラックの陰に泣く嬰児を見給え！　彼はあなたが地上に蒔き給うた花ではありませんか？それだのにあなたは自分の名の為に　彼らをお護りなさらないで母を彼等よりお奪いになりました。トタン屋根の下に泣くあの悲しい声をお聞きになりませんか？私さえじっとして聞いていられないのに　あなたがじっとして聞いていられる筈はないじゃありませんか？(35)

やり場のない悲しみと憤りを神にぶつけながら、賀川は子どもための救援活動を精力的に展開した。東京府の震災救護打合会委員となった時も、彼が「第一に考えたのは赤ン坊の問題」である。「せめて生き残った赤ン坊を死なさないように、赤ン坊を救おうではないかと建議」して、官民をあげて幼い子どもの保護対策を強化しようとした(36)。

賀川は本所区でキリスト教の本所基督教産業青年会を組織し、子どもの生命と健康を維持し回復させる活動に取り組んだ。特に力が注がれたのは、乳幼児の防寒運動と栄養問題への対応だった(37)。本所基督教産業青年会の住宅調査で明らかになった被災地の住環境は、かろうじて雨風のしのげるテントやバラックであり、すきま風が筒抜けで冬を越すための暖房設備も不足していた。物資の欠乏で栄養不良になり体力の衰えた乳児は、真冬の厳しい寒さに対する抵抗力を持たず、家族の死亡や離散で親の世話を満足に受けられないこともあった。「嬰児は今のバラックで育ちそうにもない」と考えた賀川は、「赤ン坊が風邪を引かないように、柳行李の中に綿を入れて」大量に配給した(38)。防寒運動を徹底させようとする彼の熱意は、東京帝国大学法学部教授末弘厳太郎の率いる学生の救援活動にも及んだ。賀川は、末弘に冬の防寒運動も兼ねて学生の活動を継続するように依頼し、後の東京帝国大学セツルメントへつながる活動の布石を敷いたのである。

また、賀川は被災地に神戸のスラムを重ね合わせて、子どもが不良化することを懸念した。震災から半年たっても、本所深川地区の子どもたちは、日の当たらないバラックや丸太材焼トタンの住宅の密集地で、一人当たり「一・〇九」枚ほどの仮住まいに住んでいた(39)。こうした地域を「貧民窟」と同視した賀川は、神戸のスラムでの経験から

「バラックの六畳の間より」（一九二四年）で次のように記した。

本所の子供は虐待せられている。運動場も無く、公園も無く、僅かにせまい街上で遊んでいるのであるから、その危険なこと、風儀の悪くなることは、想像以上である。（……）それ（震災で多数の焼死者がでる：引用者）程家を建て詰めた場合には、子供等が不良性を帯びてくるのが当然である(40)。

劣悪な住宅が密集した環境で、十分に体を動かせる遊び場がなければ、震災の衝撃で不安定になった子どもに精神的な問題が生じることを彼は危惧した。

そこで、子どもの適切な遊び場を作ることと遊びの指導を行うことが、彼らの情緒の安定と精神の回復をはかるための課題となった。賀川は、「子供は充分な遊び場が与えられた時には喜んで遊び、其の間不潔な思想も、行いも起こり得る機会が少ない」と考える(41)。被災地の遊び場は、子どもの欲求不満や寂しさ、不安、恐れを解消させ、喜び楽しむ経験を与えて、反社会的な考えや行為から子どもを保護する場として捉えられた。賀川は「遊戯指導者」を各町におき、「児童の遊戯を指導」することによって、子どもは「必ず善い方に向かうであろう」と考えたのである(42)。

おりしも、本所基督教産業青年会の救援活動は、子どもに対するさまざまな働きかけを展開していた。震災の翌月の半ば、賀川らが本所松倉町に同会の活動拠点となるテントを張った時点で、そこが周囲に避難する子どもたちのたまり場となり、同会による遊びの指導や入浴、散髪などが行われた(43)。「本所基督教産業青年会報告書」（一九二四年）の宗教部の項目にも、「震災直後の江東方面にテントを張るや否や、付近の焼トタンに住んで居た子供等は、朝早くからテントを訪れ、賛美歌を教えられる々ことを喜び、まず付近の児童に対する働きが始められ」と状況が記録されている(44)。

この子どもに対する活動の延長に、本所基督教産業青年会による旧安田邸内での保育所「光の園」の設立が用意されていた。同会の主事で賀川の右腕として働いた木立義道は「産業青年会は、当時各所に救護の手を伸ばしていたが、この場所でも幼児だけでも預かってあげたい」と考えたと回想している。旧安田邸内には、賀川が赤十字からもらい受けた大きなテントが張られ、震災の年の一二月ごろから保育が始められつつあった(45)。「本所基督教産業青年会事業概況」（一九二四年）によれば、宗教部の「児童、遊戯指導」の活動において、「猶最近本所横網町旧安田邸内に天幕を張り保育所を設け『光の園』と名づけ約三十名の児童を収容しつつあり」と、翌年の一月から正式に保育所を発足させたことが報告されている(46)。保育者はクリスチャンの三人の女性で、幼児は当初三〇名程度だったが、やがて一日平均六〇名程度に増えていった。

写真２　本所旧安田邸内におけるテント前の保育（光の園）

これまでの経緯を考えると、「光の園」は、遊びを通して被災地の子どもの心身をケアする公共的な空間として成立している。賀川は、その後も幼児をケアする場として保育所を機能させることを重視した。「保育所を中心とする社会事業」（一九三五年）では、「生理的社会事業」として子どもを「世話」して「病気を少なくし」、「死亡率を低くすること」、不適切な遊びをしないように子どもの「精神衛生」に配慮することが、保育所の社会的な「使命」だと語られている(47)。ところが、旧安田邸が東京市の施設として整備されることになり、一九二四年に市より基督教産業青年会へ「光の園」の人的、物的設備を移譲するように要請があった。この要請を受けて「光の園」は市へ委託されたが、保育活動は市によって存続されず「光の園」としての活動は中断された。

2　光の園保育組合の誕生

賀川ら本所基督教産業青年会は、被災地でのセツルメントを本格化させ、地域の生活を再編するために保育所設立という目的を新たに見出した。一九二八年五月、同会の産業青年会館（本所区松倉町）の新築工事が始まり、近くの婦人矯風会外人部経営の興望館託児所の移転が決まると、付近の働く母親たちから「子供を預かって欲しいとの要望」が寄せられた(48)。本所基督教産業青年会の運営を統括していた木立は、同会が保育事業を再開させることについて次のように考えたという。

　産業青年会が、保育事業を始めるにしても他の一般の保育所のそれの如く、単なる社会事業的施設としてのみでは物足らなさを感じ、セッツルメント《ママ》運動として地域協同社会の育成とその教育的原理に基づくものでありたいと考えた(49)。

詳しくは第4節に譲るが、賀川は本所基督教産業青年会の活動を通じて、セツルメントに協同組合を導入しようと試みていた。木立のいう「教育的原理」とは、本所基督教産業青年会の宗教運動と教育運動の柱であり、キリスト教による相互扶助の精神および個人の自立と自助を意味している。同会で再開される保育事業も、こうした活動の一環に位置づけられた。そこで同会は、近隣の母親たちの保育の申し入れに対して、協同組合方式の保育組合を設立するように促した。

「光の園保育組合」と名づけられた協同組合を組織するにあたり、母親たちは子育てに関わる二つの問題を共有した。本所基督教産業青年会の機関紙『労働と祈祷』（一九二八年一〇月一九日発行）に掲載された光の園保育組合の「設立趣旨」によれば、彼女たちの家庭と子どもについて、次のように記されていた。

私共の家庭では特別に子守さんを雇う余裕も御座いませんし、又お忙しくしていますので、自分の家庭だけで、手落ちのないように育てあげることは仲々《ママ》困難であります　又児童は、決して一人で居ることが出来るものではありません。近所に児童同士の友達を必ず作ります。児童には児童自身の小さい社会があって、親たちの知らぬ間にいろいろ影響を受けて居るものであります(50)。

家庭の子育ての機能を重視しながら、個々の家庭ではその機能を十分に発揮することが困難という問題、子どもの社会的な関係のあり方の問題が示されている。母親たちは、この二つの問題に対し、自らの保育の要求を満たす新しい集団による場を求めた。

彼女たちは、協同組合の組織を通して、「協同」することで自分たちの保育の場を生み出すことへ導かれた。「設立趣旨」では、「一家庭だけでは出来ないことも、お互いに手を取り合えば容易に出来る事柄であります。この組合は本所基督教産業青年会の設備を利用して、右のような趣旨に賛成の方を以て始められた事業であります」と述べている。さらに、保育組合について「この仕事は慈善事業や、救済事業ではありません」と表明している。つまり、保育組合の設立は、恩恵的な救済を目的に養育の代行を委託するためではなく、子育ての問題に対応する保育の場を、自分たちの力で地域に作る試みだとみなしていた。そのために、「お子供さんを立派に育てあげようと云う協同事業」として「自分の子だけ特別にと云った個人主義を棄てゝ、近所の親達が協同してみんなの児童の保育に当らねばならぬ」と宣言したのだった(51)。

光の園保育組合は、一九二八（昭和三）年六月、八月の少なくとも二回の組合打合せ会を経て、同年九月六日に光の園保育学校を開校し(52)、同月二一日に保育組合設立総会を開いて保育事業を開始した。「光の園児童保育組合規納《ママ》抜粋」（一九二八年）によれば、組合事務所は本所基督教産業青年会の中におかれ、加入者は、本所地区に住んで保育を組合に委託した者、および保育組合を援助する者とされた。組合理事会には、組合員の中から理事九名、監事三名が選出されるほか、保母三名と顧問医一名が加えられ、顧問として本所基督教産業青年会から賀川と木立が名を連ねた。組合費は一口五〇銭、組合員は三口以上の出資が義務づけられるが、理事会で認められた場合には、これを減ずることができるとされた(53)。保育事業開始当時の組合員数、保育児数は不明である。最も古い昭和六年度の本所基督教産業青年会の事業報告によると、組合員数は五六名(54)、保育児数は一日平均三八名、保母二名、雑役一名と記録され(55)、比較的小規模の保育所だったことがわかる。

光の園保育組合は、幼児を保育するだけでなく、母親に対する教育活動の場でもあった。「光の園児童保育組合規納《ママ》抜粋」によれば、保育組合の目的は、満三歳以上学齢までの児童の保育と、組合員の「保育、衛生、家事」に関する知識の普及と改善と記されている。光の園保育組合では、月一回母の会を開き、母親教育として家庭教育や児童保育、家庭の栄養管理や服装の研究、改善の活動が行われた(56)。賀川はセツルメントの教育活動を単なる職業教育とは区別して、これを「人格をかちえんとする教育運動」(傍点は原文のまま)として強調した(57)。「人格」とは、「自由」で自立的で「愛」即ち相互扶助の精神に満ちた人間像を表している(58)。

また、光の園保育組合および「光の園」では、地域の住民に対する宗教活動も行われた。一九二四年に旧安田邸の「光の園」のテントは、イエスの友大工生産協同組合により建坪三二坪、保育室四部屋のバラックに建て替えられた。新しい施設について、本所基督教産業青年会は、保育活動のみに使用するのではなく、「付近の人々のために家庭的な伝道集会」にも使用しようと考えた(59)。一九二八年に建設された産業青年会館の「講堂及保育室」も、昼間は光の園保育組合の保育に用いられ、夜間は本所イエス団の集会や少年少女会のクラブ活動、労働組合の会合と多方面に使用された。賀川は、「キリストの精神は一致と奉仕を説くことに於て協同組合運動の基本的精神を構成する」として、「キリスト精神を基礎にする協同組合の達成」を主張する(60)。光の園保育組合の保育室は、教育活動を通して母親の自立的な態度と相互扶助の精神を促し、宗教活動で協同組合を基礎づけるキリスト教の人的結合をはかる場でもあった。

3 「栄養食」の事業

光の園保育組合で子どもの栄養が問題視された一九三〇年頃は、児童の栄養不良が社会的にも大きな問題となった時期である。ウォール街に始まる世界大恐慌の影響で、日本は昭和恐慌のただ中にあり、中小銀行の倒産、失業者の増加、農村の疲弊が深刻化していた。産児制限の流行で出生人口も大幅に減少し、東北以北の農村部では娘や児童の身売りが横行し、都市部では学校に弁当を持たずに来る欠食児童や栄養状態の悪化が取りざたされた。『労働と祈祷』第一〇号（一九二八年）によれば、大震災以来の慢性的な不況下であっても、光の園保育組合では既に給食や牛乳、菓子のおやつを何らかの形で配給していたようである(61)。しかし、子どもの栄養に関わる事態はより切迫し、新しい対処法が求められていた。

最初に光の園保育組合で行われたのは、子どもの栄養に関する母親の啓蒙という個人への働きかけだった。そのきっかけは、木立の回想によれば「子供達が毎日持参する弁当を観察したところ、いかにも栄養の顧慮されていないことを発見した」ことだった(62)。そこで、陸軍糧秣廠の広報機関だった糧友会から講師を派遣してもらい、母の会で栄養弁当の講習会を開いた。この講習会には多くの母親たちが参加し、「一同大いに啓発された」という(63)。けれども講習会による啓蒙は、子どもの弁当の内容の改善には結びつかなかった。保育組合に「子供を預ける家庭は付近の家内工業者、小企業者、勤労者が殆んど」で(64)、その多くは「家内工業等一家細君も仕事に動員されておる有様」だった(65)。栄養弁当の講習会に参加した「母親達は講義に賛同しながらも家庭の事業の多忙のため実行し得ない実情」で(66)、「つい近所の蔬菜店で間に合わせ」るしかなかったのである(67)。母親が子どもの栄養と弁当の作り方について学んでも、母親一人が家庭で食事をやりくりする状況が変わらなければ、食生活を改善することは容易ではなかった。

そこで保育者は、子どもの食生活を向上させるには新しい仕組みが必要であると発想を転換させた。光の園保育組合の主任保母を務めていた斉木ミツルは、当時のことを次のように語っている。

栄養食関係の事業は、（……）これらは私達保母が子達の家庭訪問をして其の結果、家内工業の家が多く、十数人の雇人と家族が総出で働く関係上、食事が不規則、偏食、そして粗食であったりすることが多いことを発見、これは組合で栄養士や調理師を招いて組織化された給食機関が必要だと感じて木立主事に進言したのが取り上げられて軌道に乗ったことでありました(68)。

斉木らは、「家庭訪問」という実地調査を通して、母親が十分な弁当を作ることのできない原因として家庭での就労形態と食生活との関連を見出した。そのうえで、家庭ごとに食生活の責任を委ねるのではなく、「栄養士」「調理師」という食の専門家の指導のもとで「組織」的に「給食」を配給する「機関」、システムの創出を企図したのである。

子どもの問題の背後にある家庭の実情に迫り、保育者の職務にとどまらない対応を編み出した斉木らの働きは、セツラーとしての役割とセツルメントの理解に支えられたものだった。光の園保育組合の活動は、本所基督教産業青年会のセツルメントの一環であり、保育者も、地域の生活向上のために働くセツラーの役割を担っていた。そのことを斉木は、「私達保母も単なる保育所の保母としてではなく、教会や日曜学校の奉仕は勿論のこと、関係社会事業のすべての行事にも積極的に参加して」いたと述懐している(69)。さらに彼女は、本所基督教産業青年会のセツルメントには「本所イエス団（現在の東駒形教会：引用者）の伝道事業」、「日曜学校、家政学校、保育学校等の各種教育事業」、「消費組合と質庫信用組合の経済活動」があり、「それら三つのものが協力しあってはじめて、地域への本当の働きかけが全うされる」と語る(70)。子どもや保育の問題を家庭や保育組合でのみ捉えるのではなく、セツルメントの多様な組織や機関とのつながりにおいて考え地域に働きかけた行為は、このようなセツラーとしての意識から生まれていた(71)。

斉木らの働きかけは、光の園保育組合を軸に地域の多様な組織や機関と連携して栄養食の事業に着手する方向へ向かった。彼女たちは陸軍糧秣廠の給食事業に着目して、一九三〇年には次のような「見学許可願」を提出している。

見学許可願

今般本会経営に係る本所裁縫女学校、光の園保育学校、江東消費組合家庭会有志婦人参拾名貴所見学致度希望に有之特別御詮議の上御許可相成度此段及御願候也

昭和五年十一月六日

東京市本所区東駒形四丁目六番地

本所基督教産業青年会

代表者　賀川豊彦

陸軍糧秣廠長殿(72)

「光の園保育学校」とともに「本所裁縫女学校」、「江東消費組合家庭会」という複数の組織と機関が連絡して「見学」の旨を申し出ている。「見学許可願」に対して、陸軍糧秣本廠から同年一一月一九日付で見学を許可するとの返事が、本所基督教産業青年会に寄せられた。また、保育組合の当時五〇名ほどの幼児全員分の栄養食を調理する作業には、一九三一年に開校した本所家政専修学校の協力が得られた。調理作業には、同校の生徒の調理実習があてられ、栄養食事業が実現することになったのである。光の園保育組合では、子どもの食の問題を地域に共有される課題として提示し、多様な連携により相互の実践をつなぎ合わせ、従来の保育を越えた実践を切り開いている。

写真３　光の園保育組合による栄養食の事業

ただし、栄養食の開始時期は確認できなかった。木立は一九三一年四月からと回想しているが、栄養食開始一周年記念の写真の日付が一九三四年一一月一日になっていることから、開始は一九三三年一一月だった可能性もある。後者の場合には、前記の「見学許可願」から三年経過しているが、その間の詳しい事情を説明する史料は見当たらない。現存する本所基督教産業青年会の「昭和八年度事業報告」によると、一月平均約一八回、一日平均五〇名の幼児に栄養食が配給されている(73)。また東京市の社会局長に提出された文書によると、給食費として原則五銭徴収しているが、これを負担できない者には保育学校が負担していると明記されていた(74)。なお栄養食の事業は、一九四五年の東京大空襲による光の園保育組合の活動停止まで続けられた。

光の園保育組合の栄養食事業の特徴は、これが地域の人々の生活を協同的なものに再編する契機となった点である。栄養食の配給は、周囲から「子供達の偏食を矯正し、栄養改善に見るべきもの」があったと高い評価をえた(75)。そして、「お母さん達から自分達の家庭にまで行いたいという声が出て来た」という(76)。この要望を光の園保育組合から引き受けた江東消費組合は、栄養食の地域配給に関心を寄せた国立栄養研究所から栄養士を派遣してもらい、事業拡大への準備を進めた。一九三六年一〇月には業平橋の脇に第一栄養食配給調理工場が設けられ、朝昼晩の一日三食が二六銭で配給された。栄養食の配給は地域でも歓迎され、申し込みも多数寄せられたという。後に第二、第三、第四の「配給所」が設けられ、最盛期には「一日延二万食」を配給する「盛況」だった(77)。この事業について、木立は「国民の体位、特に小工場徒弟等の体位向上」、「日本人の生活様式」の「簡易、能率化」とともに「生活の協同化」をはかる「大きな実験」であったと述べている(78)。

4　「協同組合社会」のユートピア

賀川は、本所基督教産業青年会のセツルメントを通して、慈善事業の失敗を乗り越えようとした。彼は神戸で救霊団を組織し（一九一〇年）、キリスト教の伝道を中心に無料診療所、無料宿泊所、安料理屋を経営し、職業紹介、生活費支援、葬式を無料で行っていた。しかし、あくまでも恩恵的な活動は、貧困者の依存的態度を生み、結局スラム撤廃に結びつかないと、キリスト者海老名弾正らは非難した(79)。スラムの慈善事業はうまく行かず、金銭や物質による救済はスラムの根本的な解決、即ち「社会改造」に至らないことを賀川は思い知った。

一九一四〜一七年のアメリカ留学で見聞した労働組合運動の高まりは、賀川に、資本主義に対抗する労働者の団結による人間性回復の契機を見出させるものだった(80)。帰国後にスラムで記した『生命芸術と生命宗教』（一九二二年）で、彼は次のように述べた。

真に貧民を思う人々は、金銭で救う可きでは無い。また他力的に救う可きでは無い。自力的に救いに導く自覚を教ゆ可きである。即ちその為に愛と相互扶助による宗教的生命を基礎として立つ労働組合の外に真に彼らを救う可き道は無いのである(81)。

「愛と相互扶助」を「基礎」とする「労働組合」を組織することによって「自力的」に社会経済活動を遂行するように人々を導くことが、賀川の労働運動の課題となった。自ら起草した大日本労働総同盟友愛会の宣言（一九一九年）で「労働者は人格である」と謳い、「人格」の本質として「自由」を強調した彼にとって、「労働運動の根本目的は、この人格の建築運動であった」(82)。隅谷三喜男（一九六八年）も指摘するように、賀川は労働運動における社会理論の基礎を社会ではなく個人におき、その個人を人道主義的に「人格」と呼ぶことによって、マルクス主義が社会や階級に個人を埋没させてしまうことに反発している(83)。そして、「社会の改造はその単位の決定から初め《ママ》なければならぬ」とし、「新しき社会の単位」を「労働組合」におき、個人と社会を媒介する自律的な中間集団として労働組合を捉えた(84)。人間解放の基本路線のうえに社会改造をめざしていく見通しが、こうしてえられていったのである。

震災で社会経済の営み、人間関係の崩壊した被災地は、賀川に「社会の改造」の壮大な実験の場をもたらしたといえる。本所基督教産業青年会は、「本所基督教産業青年会設立趣旨」（一九二四年）に「新しき理想の人格と社会を創造樹立」することを掲げた(85)。さらに賀川は、東京が「灰になった日」に「今度は互助的精神によって、新しき世界を打建つ可きだ」と考えていたという(86)。彼は『イエスと人類愛の内容』（一九二三年）で「愛と相互扶助と犠牲の心がなければ真の改造は出来ない」と記した(87)。社会の「真の改造」は、キリスト教の実践倫理と結びついた人々のつながりによって実現されうると考えられた。

震災をはさんで、賀川は自らの社会運動の中軸を労働運動、農民運動から協同組合運動に移しつつあった。労働運動の前線で指揮を執った賀川だが、一九二一年の川崎・三菱造船争議の激化と示威運動後、自らを含む多数の指導者の検挙と企業による労働組合の切り崩しにあう。関西の労働運動では、荒畑寒村らを筆頭とする直接行動論とその実力行使が過激化し、議会政策に期待して穏健派といわれた賀川は、運動路線の対立で主導権を失っていく。農民運動においても、一九二七年に日本農民組合の左傾化に反対するグループが全日本農民組合を結成する第二次分裂があり、これを愁いた賀川は、次第に農民運動からも距離をおいた。一方、一九一九年に労働運動の指導者とともに大阪で購買組合共益社を設立し、翌年には川崎造船所の労働者を中心とする神戸消費組合（一九二一年の認可により神戸購買組合と改称）の設立にも携わった。一九二一年には、ロシアのレーニンによる「新経済政策」の軌道修正が始まり、ロシア革命により成立したボルシェヴィキ政権の経済政策の失敗を賀川に印象づけた。賀川は、「暴力革命」や「マルクス主義的共産主義」によらずに「消費者組合と生産者組合はギルド精神によって今日の資本主義的自己中心の社会組織に変わって世を支配せねばならぬ」と確信している(88)。

賀川の脳裏には、「消費組合運動が、ロバート・オーエンのような社会改造家によって叫ばれた」ことが印象づけられていた(89)。一九二四年一一月から約八カ月間アメリカ、イギリス、フランス、ベルギー、オランダ、ドイツ、デンマーク、スイス、イタリアを視察した賀川は、キリスト教精神に基づいて組合が組織されていることに感銘を受け、イギリスのロッチデール消費組合、ドイツのライファイゼン信用組合などを熱心に訪れてきた。当時の西欧では協同組合の歴史、意義、機能に関する著書が多数発刊され、日本でもその翻訳書が刊行されて賀川の協同組合論の基盤となった(90)。帰国後、賀川はイギリスのギルド社会主義やロバート・オーエン以後の協同組合運動への理解を深め、さまざまな協同組合の組織に着手している。

賀川の協同組合は、被災地のセツルメントと結びつき、地域の住民による組織作りを試みた。吉田久一（一九七四年）は、社会事業史における賀川の特異性を「セツルメントと協同組合運動を結合」した点に認め、これによって組合活動を経験していない本所区の家内工場や零細企業の経営者、従業員、住民を協同組合に組織する手掛かりがえられたとする(91)。山本秋（一九八二年）は、このことが従来の官僚的、労務的な組合ではない、地域の生活者による自主的な組合を生じさせることになったと指摘した(92)。震災から二カ月後の一一月、賀川は本所基督教産業青年会のあるバラック（本所区松倉町）で、本所でなすべき仕事は救援活動よりもセツルメントとし、「組織（オーガーナイズ）する仕事が私達の仕事である」と書き記す(93)。被災者の救済策として彼が最も重視したのは、組合組織を作って経済的自立を促すことだった。震災の翌年三月、賀川は貴族院で「防貧策の科学的基礎に就て」を講演し、被災者の救済策は「互助的相互扶助に基づく所の組合主義」であるべきと主張した(94)。

賀川の主張は、本所基督教産業青年会のセツルメントの「使命」を決定づけた。同年四月発行の「本所基督教産業青年会設立趣旨」で、次のような「本会の使命」が述べられている。

本会は、生産者組合、消費組合、信用組合を助成せんとするものであります。蓋し震災前と雖も、労働者階級の人々の社会的沈淪の原因は、社会的不信用と、賃金の不安定と、孤立にありますから之が救済は、自動的な相互扶助の力によらねばならぬと思います(95)。

本所基督教産業青年会は、具体的な協同組合を組織して、労働者の「相互扶助」による経済的自立と自助をはかった。一九二四年にイエスの友大工生産協同組合、家具生産協同組合などを組織し、一九二七年に江東消費組合の事業を正式に開始、翌年は中ノ郷質庫信用組合の認可をえて本所区の住民に低利事業資金貸付を始めた。江東消費組合と光の園保育組合には、女性の組合活動への参加を積極的に促すことも期待されていた。こうしてスラムにおける慈善事業の閉塞性を抜け、社会連帯により生活の合理化と安定をめざす組織的な社会事業が展開された。

賀川の協同組合運動は、「協同組合社会の理想」に向けて進められている。一九二九年の東京府の小学校教師講習会での講演「協同組合運動の社会哲学的基礎」では、資本主義体制を変革するために、革命によらず「理想の社会」を「どうしても協同組合運動を通して建設」すると主張された。東京医療利用購買組合の設立運動と認可の取得(一九三二年)、日本協同組合学校の設立と校長就任(一九三三年)などを経て、『産業組合の本質とその進路』(一九四〇年)では、次のように「理想」が語られた。

吾々は、この複雑なる、今日の交換組織に対し、如何なる協同社会を作っていくか、それは先ず生産組織の為めに生産組合を作る。日本では利用組合になっている。(……)又消費方面に於いては、消費組合を作る。そうしてこの消費者と生産者との連繋する販売組合を作って、金融市場を置き替えるところの信用組合を作る。こうすれば、今日の経済施設に対して大体調節がとれていく。即ち、今の日本にある、利用、販売、購買、信用の四つのほかに、生産組合、共済組合、保険組合を作って、大体日本に於ける否、世界に於ける組合的協同の社会というものが完全に出来るのである(96)。

「協同組合社会」というユートピアの建設にあたり、賀川がその精神的基盤とみなしたのは、「キリスト教的意識」と「実に緊密なる関係を持って居る」「新しい協同組合意識」である。彼に「基督教伝統の兄弟愛的経済組織運動」と評価されたロッチデールの協同組合運動は、「利益を消費高に応じて払い戻すという方法」において「贖罪愛的宗教意識」を表しているとされた。「搾取を離れた統制経済」を「目的」として、「物質を第一位とせず、人格を第一位とし、利益を中心とせずして互助を中心とする」協同組合運動こそ、「キリストの教えた山上の垂訓の精神と全く相一致している」と考えられている(97)。ゆえに彼は、「新しい協同組合意識」の「覚醒」こそ、「日本人としても、国家としても、それは世界全人類に対する、幸福を意識するもの」となり、「一切の協同施設」とともに「衣食住」の「安泰」を約束するものとみなしていた(98)。

おわりに

賀川豊彦の光の園保育組合が、「協同組合社会」の構想において、保育のアソシエーションとして、どのように保育と社会との交渉を生んだのか、次の四点に見ていきたい。

第一に、「子供の権利」から引き継がれた課題として、家庭のみならず地域社会の人々の自律と連帯の関係に、子どもの養育の担い手を求める仕組みを作ろうとした点である。スラムでは、家庭の子育ては、経済的にも精神的にも親の裁量ではまかないきれない多くの困難を抱えていた。被災地の本所では、同様の難しさを自覚的に受け止めた母親たちが、子育ての「個人主義」を相対化し、新しい子育ての原理として「協同」を選択するという態度を表明している。光の園保育組合は、協同組合という手法を通して、家庭の子育ての領域を共有しあう人々の関係を構築しようとしていた。

第二に、光の園保育組合の設立によって、日常的な子育てを家庭の個人的な営みから解放し、人々の協同的な関係の中で営まれる生活領域として再構築した点である。労働組合や農民組合、生産組合などが近代産業社会の諸制度に対抗するものであったならば、保育組合が主題化したのはそれらの外部、すなわち家庭に追いやられた子育てという再生産を通して人々の生活の自立と自存に向かう活動（ヴァナキュラーな活動：イリイチ）である(99)。光の園保育組合は、ヴァナキュラーな行為に基づく母親同士のつながりを組織することによって、人々の生活基盤である家庭を「協同組合社会」に組み込んでいくものだった。

第三に、光の園保育組合が、その保育の場を母親の教育活動とキリスト教の宗教活動の場としても提供した点である。セツルメントの協同組合運動では、教育活動と宗教活動が重視されていた。保育組合は、地域の人々が自立的に結びつく場と保育の場とをつなぐ契機をもたらしていた。

第四に、地域のさまざまな協同組合や組織とつながって、「協同組合社会」の生活システムを構築するモデルを提示した点である。「栄養食」は幼児の昼食の問題から始まって、地域の食に関わる生産、流通、消費に人々の関心を向けさせ、実験的な栄養食配給事業に取り組む契機を生み出した。「協同社会の基礎組織」である光の園保育組合や江東消費組合による生活の変革そのものが、賀川にとって「資本主義の旧殻を破っていく運動」であり、資本主義社会に対するオルタナティヴな「協同社会の建設運動」だった(100)。

賀川は「保育所を中心とする社会事業」（一九三五年）で、保育所に「隣保館の使命をも帯びてやって貰いたい」と述べている。地域の人々を保育所につないで社会事業を成り立たせるために、幼児とともに母親を保育所に引き寄せ、さらに父親も引き寄せていくことが必要だという。社会事業は、個人や社会の「欠陥」を個人的、社会的に「補修」するのみならず、より積極的にその改善された点を維持し、個人や社会の価値を「創造的方面に導く」ものと捉えられていた。それゆえ、社会事業に取り組む施設は「社会を改良する点のみならず、社会を作ってゆくものである」とみなされた[101]。保育所は、地域の人々を結びつけ、新しい価値に向けて社会を創造し続ける中核として期待されていたのである。

しかし、セツルメントの宗教活動は、賀川の期待するほどの成果をあげることは難しかったと思われる。賀川は、「日本の協同組合は、数は多いが、まだ駄目だ、残念ながら、今の協同組合では足らない」という理由として、「協同意識が足らない」ことを指摘している[102]。これは、「協同意識」を支えるキリスト教の「宗教意識」が組合員に欠けていることをいわんとしていた。事実、光の園保育組合の斉木の回想によれば、保育組合ができて間もない頃に「子達のおかあさん方の一部に、あの保育学校もいいが『アーメン』『アーメン』といわせて、どうも感じが悪いからよそにあずけることにした」という話もあった[103]。賀川は、オーエンの協同組合運動がロッチデール協同組合の祖でありながら、「これを単に社会科学とのみ考えて、宗教意識の上に基礎づけられた経済運動とすることが出来なかった」ことを「残念」とみなしていた[104]。同様に、協同組合に参加する個人の「宗教意識」の欠如こそ、賀川自身自らの運動において大きな壁と感じていた。

光の園保育組合が地域社会の形成と連動して保育の実践を発展させるには、あまりにも短命だった。一九四五年の東京大空襲により、光の園保育組合の保育活動は中止され、同時に「栄養食」事業も停止された。また、江東消費組合の栄養食配給事業も、戦時下の経済統制と思想統制の中で四つの配給所が強制的に取り上げられ、組合による事業は中止させられる。戦後の一九四九年、光の園保育学校は再建されるが、創立期の協同組合の方式は採らず、「児童福祉法」（一九四七年）の保育所の認可を受ける。これにより給食も、組合独自の地域生活への広がりは見られなくなった。

一方、「協同組合社会」のユートピア構想は、「組合を基礎とする国家改造」の欲望へと拡張していく[105]。賀川は、さまざまな協同組合の代表者からなる議会を組織して「生活と、労働と、人格の三つを保障し得る真の産業組合の基礎を持った」議会制度を有する「組合国家」を建設すべきだと主張した。この議論を補強するために、ロシアのスターリンが第一次五カ年計画で組織した「コルホーズ」を代表とする「共同組合を基礎にして居る国家行政」、およびイタリアのムッソリーニによる「ギルド国家」すなわち組合主義に基づく国家統合の手法を例にあげる。そして、「最左翼から来ても組合国家、最右翼から来ても組合国家」として、「その一致点」にある「組合国家」に日本の「真の国家行政」を持っていくべきだとした(106)。

「協同組合社会」が容易に国家に結合されるのは、天皇が統治する「国体」に依拠しつつ「政体」のみを改変の対象にする政治論理を、労働運動を通して賀川も共有していたからだろう。小森陽一（二〇〇二年）は、労働運動の知識人指導者論、調停者論の背後に、「『国体』論的ナショナリズムが常に存在していた」ことを指摘している(107)。「国体に触れてはならぬけれども（……）協同組合を基礎にする政体にしなくてはならぬ」という賀川も、同じような問題を抱えていたといえる。ナショナリズムをめぐって賀川の思想が内包した危うさについては、第8章の議論に譲りたい。

第2章　志賀志那人の北市民館保育組合における母親の協同

はじめに

一九二五（大正一四）年、大阪市立市民館において館長の志賀志那人（一八九二〜一九三八年）は、市民館保育組合（翌年「北市民館保育組合」に改称）を組織した。日本の保育史上初めての、協同組合による保育所の誕生であった。北市民館保育組合は、幼児の母親と賛同する女性を組合員とし、志賀のいう「相互主義」を原理に組織されていた(1)。セツルメントに協同組合を導入した北市民館の社会事業は、国内外から多くの注目を集め、一九二三年にはシカゴのハル・ハウス館長のジェーン・アダムスが、一九二九年には天皇が市民館の視察に訪れた。

本章は、志賀が北市民館保育組合を設立した経緯を明らかにし、保育組合における親の協同関係の構築と「郊外保育」の実践を検討している。

志賀は、一八九二（明治二五）年、熊本県阿蘇郡産山村に生まれ、県立熊本中学校、第五高等学校を経て、東京帝国大学文学部で社会学を専攻した。大学卒業後、一九一六年に大阪基督教青年会で主事を務め、翌年一二月から一年間大阪師団歩兵隊八連隊に入隊し、一九一九年から大阪市に就職して労働調査係嘱託として働いた。

志賀と北市民館保育組合に関しては、社会事業の分野では高く評価されているが、保育の分野では、先行研究が少ない(2)。一番ヶ瀬康子・泉順・小川信子・宍戸健夫（一九六二年）は、北市民館保育組合の組織や綱領、郊外保育の内容を明らかにし、子どもの「自由」と教育による「理想的な社会の建設」を主張した志賀の思想を、「保育における新教育運動」に位置づけた(3)。森田康夫（一九八七年）は、志賀の生い立ちから社会事業の全体像の解明を試み、彼の「幼保一元論」の具体化として北市民館保育組合の協同保育を捉えている(4)。しかし先行研究では、志賀のセツルメントの思想と北市民館保育組合の設立がどう結びついたのか、保育者は保育組合でどのような役割を担ったかについては検討されていない。史料も、上笙一郎・山崎朋子（一九六五年）による市民館職員への聞き取り以外は、主に志賀の著作であり、北市民館保育組合の実態に関する記録や保育者の回想は検討されていない(5)。保育の歴史にどのように北市民館保育組合を位置づけるかという作業は、十分になされてこなかった。

本章が、志賀の北市民館保育組合に注目するのは、次の三点においてである。第一に、北市民館保育組合が、内務省の社会政策や職場における保育所とは異なり、セツルメントと協同組合を基盤にアソシエーションを形成した点である。第二に、都市で子どもの養育を私事化した家族の問題を主題とし、母親の相互的結合の可能性を追求した点である。第三に、「郊外保育」が、保育における新しい自然への関心と意味を生じさせると同時に、親の協同性の構築と深く関わっていた点である。これらの観点から、本章は、志賀のセツルメントが保育の協同事業に結びついた経緯を事実に即して叙述し、幼児の家庭状況および保育者による当時の回想を含めて検討して、北市民館保育組合の保育の特徴を明らかにする。

以下、第1節で、志賀が北市民館のセツルメントに協同組合方式を導入した経緯と、母親の協同が生み出した生活の様式を明らかにする。第2節では、志賀の思い描く「家族」を基盤に「協同社会」に向かう道筋を検討する。第3節では、保育組合に参加した保育者の実践感覚とその役割について考察する。第4節では、子どもの自然との関わりを重視した保育組合における「郊外保育」の特徴を浮き彫りにしたい。

1　協同する子育ての創出

北市民館の設立された北区天神橋筋六丁目から北の長柄地区にかけては、南の釜ケ崎にならんで当時の大阪を代表するスラムが形成されていた。周囲の紡績工場地帯への労働者の流入にともない、急激な都市化とスラムの拡大が進んだのである(6)。この地域には、数多くの中小工場がひしめき、志賀によれば周囲の大工場との間には「労働者の住宅、小店舗、飲食店、二十戸内外の小密住区、一戸数十世帯を包容する木賃宿、やす宿の類」が「錯綜」していた(7)。そこでは、失業、貧困、犯罪、疾病、不衛生など社会生活上の多くの問題が深刻化していた。

北市民館周辺のスラムは、幼い子どもにとって、生命の危機にもさらされる過酷な環境であった。志賀は「子供の国」(一九二五年)で、付近の子どもたちの様子を次のように記している。

遊び所もなく、邪魔者扱いにされ、四十数万本の煙突から噴き出される煤煙の量幾千貫と謂う恐ろしい産業の地獄、地腥い生存の戦、音響と振動の襲来、草は黒く、土は油じんだこの街に彼らは泥鼠のようにかけ廻っている(8)。

市民館事業の一つの柱に児童保護がおかれたのも、このような「少くとも十万は下らない」幼児の「遺棄状態」のすさまじさ、かつ極めて高い乳児死亡率に、志賀が強い問題意識を抱いたからである(9)。スラムでは夫婦の婚姻関係が一時的な場合も多く、「私生児、庶子」の世話が放棄される状況は深刻だった。志賀は、「児童の環境として不良住宅が身体上甚だ好ましからざる事」だけでなく、「殆ど暴露されたる性欲生活と、賭博」によって、子どもの精神面にもよくないことを危惧していた(10)。

志賀による児童保護事業は、初めは救済を必要とする乳幼児への慈善事業として模索された。北市民館では一九二二年九月から子守学校が開かれ、乳幼児の託児にも着手されていた(11)。志賀は、市民館付近の豊崎町本庄にある木賃宿街に保育所を作り、ここを住民に対する社会事業の拠点にしようとした。この地域の生活調査によると、木賃宿は全体で三〇軒、三五八室あり、居住者は七五世帯三四五人で、このうち保育を必要とする幼児は二五人だったという。大阪朝日新聞社から一、一〇〇円の寄付を受けた志賀は、山口正社会部長との協議により、この地に露天保育所を作る計画を立てた。一九二二年に大阪郊外の池田室町では、橋詰良一が家なき幼稚園という園舎のない幼稚園を設立して評判になっていた(12)。志賀の露天保育所の着想も、橋詰の影響を受けたものである(13)。一九二五(大正一四)年三月、志賀は木賃宿主の小野資弼が提供してくれた空き地に、淀川善隣館のS・F・モランから贈られたテントを張って露天保育所を開始した。対象は三歳児から学齢児まで、定員四〇名で保育時間は午前八時から午後五時、保育内容は遊戯・唱歌・談話・工作など幼稚園の保育内容を模したものだった。子守学校の託児の延長で、北市民館の中にも貧しい家庭の子どもを対象とした保育所が設置され、無料で乳幼児を預かった。さらに詳細な時期は不明だが、「近所隣の母親が共同して交替で子もりする」ことも計画されている。しかし、この試みは、「母親たちの教養や訓練が無かった」ために、早々に「失敗」してしまう(14)。

こうした模索を経て、志賀は、「資本主義社会」との関係から「貧困、疾病、犯罪等の社会的疾患」を捉え直している。市民館開館の翌月に付近の公舎に移住した彼は、自ら木賃宿や銭湯に通い、世間話をしながら人々の生活の実態を調べ、彼らの要望や問題の指摘に耳を傾けた。そこで彼が見出した「諸問題解決の鍵」は、「今日の資本主義社会の根本原理に胚胎しているもの」であった。その「根本原理」は二つあった。一つは、「人々の個別労働」による「個別的生産物」を「貨幣の媒介によって交換すること」、および「あらゆる場合に利潤の追求が第一義となる」ことである。これによって、「今日の社会に現れる社会悪は、先ず経済事象において明白となる」という(15)。もう一つは、

「社会構成員」が「相並んで、居住し、生活しているけれども」、「本質的には皆互いに分離」しているような、「外面的結合を紐帯とする」ことであった。志賀は、「人そのものに対する愛着の結合ではない」、「外的目的のためにする結合」においては、「従来にみた隣保相助の気風は漸次見失われて」いると指摘した(16)。

志賀の指摘は、わが国の産業社会の発展期に急速に浸透した都市型の生活様式を問題にしていた。都市の生活では、食物、衣類、雑貨などを小売店で購入し、散髪や医療のサービスを専門機関で満たして、近隣の住民と深く関係することなく家庭生活を営むことが可能となった。衛生や教育、福祉などの方面では、人々は行政のシステムや民間の事業に個別に取り込まれ、指導や管理の下におかれていく。これらは、都市に暮らす人々の日常生活から、近隣との相互関係を基盤とする領域が、著しく縮小されていった過程でもある。志賀は「ロッチデイル綱領に基ける協同保育」（一九二九年）で、保育組合設立以前に保育所の不足する北市民館周辺の「内職や工場に働く」母親が、子どもの「足手纏いから後顧の憂いなく解放せられる事」、「長屋中の競争となり、見栄の一つとなっている毎日の小遣銭（……）節約せられる事」を願い、「月給取りや商売人」の母親が「安全なよい遊場に遊ばせたい」と願って「口々にどうかならぬものだろうかと溜め息をついている」様子を記す。母親たちは、金銭を出して専門機関に子育てを頼むこともできず、地域のつながりの中で子育てをすることもできず、個人の力では「どうすればよいか誰れも知らない」閉塞状況に陥っていた(17)。

そこで彼が試みたのは、出資金の負担に耐えうる家庭を対象に、協同組合によって保育事業を行うことだった。賀川豊彦の率いる購買組合共益社（一九二〇年設立）の活動を経験していた彼は、「社会事業の自主的経営について」（一九三〇年）で、協同組合は、「自主的地域の自由な結合を意味」し、「相互的しかも自助的努力的の組織機関」だと記している(18)。北市民館では、失業問題対策の授産講習会から木工の工人会、和裁の針友会、また、愛隣信用組合、医療の保険貯蓄会などが設立されていた。これらの組織は、日常の生産、金融、医療の領域を、個人の仕事から、地域の協同の仕事へと再構築するものだった。

志賀は、二、三人の親たちと相談し、一九二五年七月に、次のような「協同保育の宣言」を発表した。

私共の家庭では忙しいやら手不足やらで子供の守をおろそかにして（……）わが子の一生を台なしにして了う事がままあると思います。然し今日の時勢では自分の家庭の力だけでは子供を立派に育て上げることは困難です。（……）私共はここにお母様お姉様の協力を求めます。（……）皆様の心と力を一つにして協同で子供を保育し、その幸福を増進するに必要な事業を致しましょう(19)。

「協同保育の宣言」に基づいて保育組合が組織されたのは、先行研究も注目している。しかし重要なのは、子どもの養育を「家庭の力だけ」に押しつけてきた生活のあり方を主題化したことであり、さらに、そのような生活から協同で養育を担う生活へ移行しようとした過程である。

「協同保育の宣言」は、それまで女性が担ってきた子育ての労働を、家庭という私生活の領域から引き出し、地域の人々との「相互主義」における協同事業に組み替えることをめざした。志賀が「子供は公私立の幼稚園や学校が育てて呉れる」という「考え」は「改められる」というように、この事業は、行政や民間の専門機関に育児を委託するものではない(20)。母親たちは、自ら資金や知識、身近な人々をつなぎ合わせ、新たな保育の場を協力して構築したのである。一九二五年八月に北市民館保育組合は、保育組合で保育者を雇い入れ、大阪市内でただ一つ、市の経費によらず組合費と保育費で運営される保育所として誕生した。

子育ての領域を、母親の協同事業として再構築することは、子育てを個人の私的労働とした従来の生活様式ではない、新しい生活様式の創造を意味している。北市民館保育組合への参加を通じた母親たちの自主的な結びつきは、旧来の地縁や血縁による結合とは異なっていた。彼女たちは、協同で保育することの社会的意味を見出している。その生活は、新たな相互扶助の生活感覚に基づいて、子育ての相互支援関係を創り出すものだった。北市民館保育組合は、母親たちがこのような支援に基づく生活を集団で実践する場となった。

ところで、子育ての協同事業を生んだ志賀の協同組合運動は、彼が経験してきた物質的財の配分をめぐる労使間の労働運動とは性格を異にしていた。大阪市社会部の調査報告「本市託児施設の利用者に関する調査」(一九三六年)によると、北市民館保育組合に通う子どもの家族の職業は、その七四%が、鉄工および鍛冶業、洋装品や食品の加工・製造、販売などの自営業である。大阪市勤労生活者の家計調査によると、月収五〇円から一〇〇円の世帯の家賃平均は一五円六〇銭である。これに対し、北市民館保育組合の場合では、作業場や店舗を有するため、三〇円以上の高家賃を払う家庭が全体の三六%(二六家庭)であった。その割合は、全市二一保育所の中で最も高い(21)。労働者層でも高家賃の支払いに耐えうる家庭が比較的多かったのである。

志賀の協同組合運動は、理念や行動原理においても労働運動とは異質のものである。彼は、「保育の協同組合に就いて」(一九二九年)で、「現代の著しい社会運動には階級闘争に進む労働組合運動と直接闘争に進む代りに雨だれのように階級の硬い鐵扉を穿孔する運動即ち協同組合運動の二つがある」と示し、保育組合を後者の協同組合運動に位置づけた。そして次のように記述する。

> 総べての組合運動は硬化せる階級、組織、機関に対する反抗でなくて、も一度人間の素直な目で見た通り、考えた通りに建て直すあらゆる人々の運動である。

北市民館保育組合の実践も、「階級」「組織」「機関」という抵抗し打倒すべき敵を想定して展開されるものではなかった。北市民館保育組合が問題にしたのは、子育てを私生活の中に閉じ込め、母親の不安や閉塞感を増幅させてきた日常の支配的な価値観や生活の様式である。保育組合は母親にこれを自覚させ、できる範囲の金銭的負担と利用の「権利は平等に獲得」するという原理によって、子育てのあり方を建て直す機会を与えようとした(22)。このような原理の下に子育てを再編していく実践は、労働運動とは別の系譜に位置づく市民生活の運動に連なるものであった(23)。

2 「家族」から「協同社会」に向かう道筋

一九二二(大正一一)年、志賀は、ロンドンのトインビー・ホールで開催された第一回セツルメント国際会議に、当時の内務省官僚や東京帝国大学文学部助教授の社会学者戸田貞三らと参加した。この席上で、セツルメントの目的として「家族生活の再建及び家族紐帯の強化」が掲げられた。志賀も、「隣保事業の再検討」(一九三五年)でこれに着目し、「実に『家族生活の再建及び家族紐帯の強化』こそ今日の隣保事業の負える任務」と考えたという。国際会議以降、志賀はセツルメントにおいて「家族」に焦点をあて、「家族生活」と「家族紐帯」に関わる二つの問題を議論した。

志賀は「家族生活の再建」に関して、協同組合を組織して「多数世帯の地域的経済的結合」および「人格の結合」を広げ、「隣保生活の発展向上に資する」見通しを持つ(24)。「隣保事業の再検討」では、次のように記されている。セツルメントの対象を「個人」から「家族」に移行させることは、「隣保団結の旧習を尊重」し、「今日の利益社会関係の色彩強き社会に、共同社会関係を導入確立し、もって今日の社会の内在的矛盾を緩和」する目的にかなうものである(25)。すなわち「家族生活の再建」は、地域の世帯と世帯を結びつけて、近隣の住民と協同できる生活領域をいかに回復させるかという課題となった。「愛燐信用組合綱領」(一九三五年)では、「協同組合の細胞は個人ではなく、家であり世帯であります」と示されている。協同組合組織の拡充の方途としても、「我が組織運動は、常に一家生活の組合化を目指し、其の家を通じて近隣に及ぼし、やがて全町内を率いると云う順序を踏む」と記されていた(26)。「協同保育の宣言」で、志賀が「お母様お姉様」と女性に「協同保育」を呼びかけたのには理由があった。志賀は保育組合の「一つの特色」として、家庭での保育に「直接関係あるもの、即ち原則として母親もしくはそれに準ずるもの」を組合員にすることをあげる。その理由は、愛隣信用組合の組合員に家庭の父親の多くを組織しつつあることに対して、母親同士を結びつける働きを保育組合に期待したからである。保育組合の事業の目的も「(一)組合員の児童を共同保育すること」「(二)保育及家事に関する組合員の智能の向上を図ること」とされ、家庭の女性を想定していた。

一方、志賀において「家族紐帯の強化」は、家族内部の親と子、夫と妻の間の感情的紐帯を強めることを一義的に意味していなかった。「親の重荷を負う子供」(一九二三年)で、彼は、日本の家族制度を批判し次のようにいう。

親と子の関係を何時でも扶養したり、されたりする丈のものの様に考える事は、親子の関係を堕落させるものである。親と子の関係はそれより別にある。

親と子との関係を友達と同じ様に考えたらどうであろう。友達の関係は、信である。人格の尊重である。お互いに人格を尊重し、信義を守るところに、美しい友情が生まれ、共に悲しみ、共に喜び、互いに助け、親のあることは子の幸福であり、子のあること親の幸福である様な生活を打ち立てなければならぬ。子が親の手段であったり、親が子の手段であったりしてはならない(27)。

志賀が、「親と子との関係」と「友達の関係」との同質性を捉えていることに注目したい。親と子の尊重し合う互恵的な関係は、家族内部に閉じ込められた養育の関係とは区別されている。むしろ、親子の緊密な結びつきは、家族を越えた人と人との関係を形成するものと同等であった。子どもの養育を担い家族の幸福を追求する関係は、家族を超えた人々の間で感情や感覚を共有し、助け合う関係に開かれる可能性を内包していた。

北市民館保育組合では、保育を委託する母親のみならず、地域の人々を保育組合に参加させることで、保育の協同を地域に定着させることを試みている。当初の「組合の規約」では、「本組合員は北市民館付近に居住し児童の保育を組合に委託するもの又は組合の事業を援助するもの」とある。組合員の負担する費用については、組合費一口一〇銭を一月二五口以上納めると示されていた。けれども、組合費と保育の経費とが混同して捉えられ、「子供を委託しないものの組合に対する協同意識が薄くなる」ことが生じてしまった。そこで志賀は、新しい「北市民館保育組合規約」で、組合費の他に子どもの保育を委託する組合員が納める「保育委託料」について明記し、組合の維持運営費と事業の利用料とを区別した。志賀によれば、これにより「子を持つと持たざるとに拘わらず一地区の人人《ママ》の全部が協同してその地区の子供を協同で保育するために組合費を出して協力」することが実現できたという。組合員は、組合費一月一〇銭以上と、保育を委託する場合は保育費一月二円五〇銭を支払った。保育費や、場合によっては組合費も、組合員の経済力に応じて減額、免除されることもあった(28)。このように地域の人々が経済力の格差を補い合いながら保育組合に参加し、協同保育の目的を共有できることがめざされたのだった。

北市民館保育組合の組織と展開は、志賀の「協同社会」構想に位置づけられる(29)。彼は「本組合に利用事業を兼営するの必要について」で、北市民館に信用組合と保育組合の二つの組合を設置することによって、「子供か、金かのどちらかを縁にして隣近所の結び合いが出来」るという。そして、これが「次第に発達」することで「真に日常生活にぴたりと常て《ママ》嵌まる隣保生活の組み立てが出来」、「共同の利益のみを受ける」ことになるとしている。保育組合への着手は、協同組合を軸にする「共存共栄の社会を実現」することに接近する「一歩」であった(30)。願わくば、協同組合の組織を「医療機関」「交通機関」「教育機関」にも広げて、「協同社会」を一層具体化することが期待されていた(31)。

3　北市民館保育組合における保育者

1　保育者の実践感覚

北市民館保育組合は毎月一回総会を開き、組合員の中から組合業務を行う理事、監事と、組合員との連絡を取る総代が組合員一〇人に一人の割合で選出された(32)。一九二六年一〇月現在で、組合員は三七九人、在籍幼児二三一人、一日の平均出席は一六五人だった。保育者の人数は、設立時の三人から、翌年には七人に増えている。保育者は午前九時から午後四時まで、郊外での自由遊び、童謡、律動運動、自由画などの内容で幼児を保育するほか、家庭訪問をして母親の個別相談にもあたった。

写真１　園児と郊外保育に出掛けた志賀支那人（後列右端）

保育者が、自らの保育実践に意義を見出し、保育者としての職業意識を形成する過程は、母親たちの自主的な取り組みや、志賀との対等な議論、医師や看護婦との協力により支えられていた。保育者の一人だった鵜飼百合子は、十分な経済的報酬は得られなかったが、組合員約三〇〇人の資金募集活動によって、郊外の豊津村に組合園舎が建設されたことを誇りとし、保育の思い出を語っている(33)。もう一人の保育者久保房は、おやつの是非をめぐる志賀との議論、子どもの健康状態の向上、郊外での保育を通じた活動に、保育者としての充実感と達成感を感じていた(34)。

一方、保育者たちは、セツルメントの使命において、献身や博愛という言葉では言い表せない複雑な心情を抱かないではいられなかった。比嘉正子は沖縄に生まれたクリスチャンで、社会事業に強い関心を抱き北市民館の保育者となった。彼女は、就任した当初、昼食の弁当を持ってこないで、友達の食べ残しやサンドイッチのくずまでも奪い合って食べる子どもの姿に驚いている。彼女の自伝（一九七一年）には、「学生時代に習った保育理念を実践しようとする以前に、こどもをとりまく生活環境の改善に、心を砕かねばならなかった」とある(35)。比嘉は、セツルメントに従事する者としての当時の思いを次のように語った。

私たちのやっていること、セツルメント活動の理念は正しい。それが住民によく理解され、彼らの生活に実際にとりいれられ、環境が改善されてこそ効果がある。（……）私はハダカになってとびこもうと決心した。頭ではそう思っても、真実、実感が伴うかどうか。上から押しつけてはだめだ。血の通った交流でなければ。それに相手も、胸襟をひらいてとびこんできてくれなくてはだめだ。それは可能なのか不可能なのか(36)。

保育者の活動は、セツルメントの目的にも向けられるため、子どもの家庭環境やスラムの貧困、失業問題を抱え込まざるをえない。保育者は北市民館に集う人々の生活、薬物、医療などの問題に心を砕きながら、母親とその時々の話し合いを通じて、お互いの理解と協同的な関係を築かねばならなかった。保育者の心情は、比嘉の語るように常に迷いを抱え、強い社会的使命感を抱きながらも、傷つきやすさともろさ（ヴァルネラビリティ）を内在させていたのだろう。北市民館保育組合の保育者は、やりがいや挫折をめぐる感情を補い合いながら判断し行為する実践感覚を自ずと備えていたのではないか。

2　保育者の役割——母親のつなぎ手として

志賀は、型どおりの保育を行う「単なる保育技師」ではなく、子どもの「お母様」「お姉様」であることに保育者の資質を求めていた。「お母様」「お姉様」であるとは、彼によれば「いきいきしさ」と「思いやり」を兼ね備えた人を意味している。それは、幼児の心身を文字通り親身に育てるために、多くの配慮とまなざしを子どもに向け、彼らを「本当に愛し本当に怒る事」ができる人とされた。そこに職業的な「先生」らしさは求められないが、「お母様やお姉様に折々不足する理知の閃き」だけは保育者に必要だと考えられていた。

志賀が保育者に「お母様」「お姉様」であってほしいと望んだのは、保育者が北市民館保育組合に子ども預ける母親とつながっていくことを重視したからである。志賀の「子供の国（続稿）」（一九二七年）には、次の記述がある。

我が組合の仕事は子供の保育である。然しそれは今では第二次的の仕事である。もっと尊いもっと緊急な仕事は我々の仲また母性の団体に此の美しい平和を維持する事である。それが出来れば子供を共に保育する仕事位は実に容易な事である。

志賀が「子供の保育」を「第二次的」といって、これを軽んじていたわけではない。彼は、子どもという「生命をはぐくむものは平和」であり、「平和」は「仲まの人々の総てが無意識に一つの目的のために心を一つにした時に現れ」る「集団」の「心境」であると考えていた(37)。子どもを育てる共通の目的を持って、母親の間にどのように「平和」の関係を築けるかが、保育組合の保育のあり方を左右する重要な課題だった。

「子供の国（続稿）」では、北市民館保育組合への加入、脱退は任意であるが、脱退者は「毎月三割位に止まって」いるとある。保育組合を辞める人が少ないのは、「保母様と子供、保母様と母親との間にこの自由なつながりのうちに強いられぬ深い関係が出来ている」からだと志賀は捉えていた。これらの「つながり」を続ける「一つの力」は、「子供等の保母様に対する親しみと母親の保母様に対する親しみ」だと考えられている。

保育者の「自分たちの仕事と云う相当に強い自覚」も、次のように母親と子どもを保育組合に結びつけていくものだった。

毎朝の集まりに子どもをつれてくる人達と保育者との親しい挨拶や、雨降りのために保育を休んだりする時保母達が第一の任務として課せられている子どもの家への訪問の際に於ける膝つきあわせての距てのない会話に溶けあった心が親と子と組合とをむすびあわせる親しみの強い源である。

保育者は、母親と子どもを保育組合に「むすびあわせる」媒介者の役割を担っている。そのためには、「単なる話し上手や交際家」ではなく、彼女たちが「人の友としての温かい力や母性に対する理解や家庭苦やその禍福の同情者」となる資質を持つことが望まれていた(38)。

4　北市民館保育組合の郊外保育

1　志賀の自然中心の保育

北市民館保育組合の保育は、最初は市民館の建物を利用して行われた。イスもトイレも子ども用のものはないところで、窓際に三階の講堂のベンチを集め、真ん中をあけて保育に利用した。四階の屋上にも馬車一台分の砂を運んで砂場を作り、二、三の遊具を持ち込んで遊び場を作った。志賀は橋詰の家なき幼稚園の実践から着想をえて、周囲の寺院、神社、公園を保育活動の場にすることを思いついた。最もよく利用したのは、長柄にある鶴満寺だったようだ。試行錯誤しながら、志賀は、「最後にはやはり如何なる建物や設備よりも青空の下が一番よい」という考えにいたったという(39)。

志賀も橋詰と同様に、自然と子どもの調和的な関係を思い描いて自然中心の保育を構想した。「凝視する小さな眼――子供の国（六）保育事項の一――」（一九二七年）で、志賀は「子供はおとなよりも強い融合性を自然に対して持って」おり、「自然に対する知覚」が「鋭い」という。このような自然と子どもの結びつきは、雄大な阿蘇山を眺めて育ったという彼自身の「故郷の観念」から捉えられていた。さらに志賀は、「豊かな心の生活を築く第一歩は自然に親しむ事にある」と考えていた。子どもは自然の中で情緒を安定させ、生き物に親しんで自らの「観察」「理解」により「愛」することを学んでいくという。また、幼児は生き物の「観察」や自然を眺めることを通して、対象についての認識や観念を形成していくと考えられた。こうしたことから志賀は、「保育場としての自然」「保育上の理想として自然」を強調したのである(40)。

北市民館保育組合は、志賀の発案で、新京阪電車を利用して郊外の下新庄で保育を開始した。天神橋筋六丁目と京都市河原町を結ぶ千里山線の開通（一九二五年）を機に、志賀は鉄道会社と交渉し、日曜・祭日以外の混雑時を除いて、郊外の希望する駅まで幼児を乗車させてもらうことを取りつけた。彼は沿線各地を歩き回り、市民館から比較的近くて空も澄み、水田と草原の広がる自然に恵まれた下新庄を選んだ。この村にある覚林寺の青年住職の理解をえて、村の子どもたちも保育組合の活動に参加させることを条件に、寺院と青年会館を自由に使用する許可をもらうこともできた。こうして保育組合の子どもたちを電車で連れて行き、自然の中で虫遊びや穴掘り、かけっこなど自由に遊ばせる郊外保育が実践されることになった(41)。後に下新庄で土地会社の開発が進むにつれ、志賀たちは「郊外保育」の場をより北方の郡部に求めて豊津村にたどりつく。

写真２　北市民館保育組合の郊外保育

豊津村で志賀が構想した郊外園舎は、子どもが自然と交渉しやすく、かつ疲弊した心身を癒せるように工夫されていた。彼は土地会社に交渉して園舎の建築許可をもらい、設計を担当する南信氏に一三の建築の希望を出した。その中

写真３　豊津村に完成した郊外園舎

には、「九、全体として屋内と屋外とを接近し屋内にいても屋外にいるような感を与えること」とあり、窓もできるだけ多くつけることが望まれた。また、子どもが自由に扱える花壇や菜園、スズメ・ウサギ・リスなどの小動物や子馬などの小屋を作ることも含まれていた。

志賀が建物の機能として期待したのは、「（一）寒暑の避け所として（二）遊場として（三）身体を清潔にするところとして（四）休息時には昼寝の場所として（五）親達が遊びに来ても便利な所として。欲を言うならば簡単な家庭としてサナトリウムとして自然の運動場としての要求を満たすようにしたい」ことである。不良住宅に住む子どもの生活を目の当たりにした志賀には、「都市に於ける乳幼児は自分の住居に於て最も虐待せられている」という思いが強かった(42)。豊津村の郊外園舎は、幼児が心地よく過ごして眠れる部屋、太陽の下で自由に遊べる遊び場を用意し、子どもが都市の中心から避難して心身の健康を取り戻す場所として築かれたのだった。

２　親たちの協同の軌跡

北市民館保育組合の「郊外保育」は、親たちが保育活動への協力を通じて、多様な個性を発揮しながらつながりを形成する場となった。保育組合の活動が開始されてから三カ月後、親の要望により千里山花壇で第一回運動会が開催された。運動会の準備と進行は、すべて組合員の親たちの手で行われた。このとき志賀は、運動会のために玩具製造業の父親が頑丈な「協同遊戯具」を作り、呉服屋の親が幼児の運動に適した「着物」を用意するなど、職業の技能を生かして親たちが協働する様子に感銘を受けていた(43)。「子供の国」（一九二五年）には次のように綴られている。

彼等（親たち：引用者）の頭にはこの幼稚園はお上の御厄介や、恩恵によって支えられるものでない、自分達の子供を自分達が協力して養護するのであるとの意識の下に、完全なる協力が行われる。協力の基礎が等質である時には弱い。しかしその場合の協力は不等質な成分によって行われる。即ち親銘々の職業と技能と個性はそれを色づける(44)。

「子供のために親達の協力も行われる」姿に志賀が見たものは、彼らの「立派な社会を建設する美しい働き」だった(45)。前述した「協同社会」を想起させる親たちの関係が築かれつつあることを、彼は「郊外保育」に垣間見たのである。

豊津村の郊外園舎は、親たちの協同の生み出した保育組合の施設である。保育組合の活動拠点は、一九二六年秋に下新庄から千里山の一角にある豊津村に移動した。郊外園舎の建設計画が持ち上がったのは、このときである。志賀の日記や「子供の国（続稿）」によると、園舎建設資金の調達のため、組合員三〇〇人の母親が浪花節演芸会を企画し、一枚五〇銭の会員券を一月に二、四〇〇枚売りさばくことに成功した。保育者も日曜日に建設資金券を売り歩いたという。その結果、一九二六年九月に建設資金二、七五〇円、五一・七坪の開放的なロッジ風の園舎が完成する(46)。

この郊外園舎は、親や保育者、市民館職員が自分たちの連帯の意味をきざむ空間だったのだろう。市民館職員の鵜飼貫三郎は、「郊外園舎の思い出」（一九三九年）で、経費不足による園舎の老朽化や管理不足のため、一九三二年の春には、郊外保育の廃止案が出たこと、その後五年間の三度の台風水害では、屋根がとばされる、壁が崩れるなど園舎がひどく破損したことを記している。しかし、そのいずれの場合にも、保育者と職員が中心になって、新しい管理人に協力を依頼したり、屋根や壁を修理したりして、郊外保育の存続と園舎の維持に必死だった(47)。彼らの取り組みは、自分たちの協同保育の軌跡に残る、郊外園舎という象徴を守ろうした努力ではなかっただろうか。

おわりに

北市民館保育組合は、次の三点において協同組合型保育所としての特徴を持っている。一つめは、協同組合の方式を採用して保育のアソシエーションを生み出し、子育てを個人労働から協同労働へ再構成した点、二つめは、そのアソシエーションが、階級的な対抗意識や特定の政治団体に規定される集団ではなかった点、三つめは、行政システムの管理から自律した運営組織と自己資金の調達方法を獲得した点である。これらの三点において、北市民館保育組合の成立は、志賀が「託児所と幼稚園との二種の機関」という「差別相」を「超越」すると捉えた、新たな保育の系譜の誕生を意味していたといえる(48)。二つめの特徴から、それが無産者託児所運動の階級的対抗意識による保育所設立と異なる理念と方針を持っていたことも明らかである。なお、志賀が自らの協同組合をロバート・オーエンからロッチデールに引き継がれた協同組合運動の流れに位置づけたのは、北市民館保育組合の実践の系譜をたどる関心から興味深い。

北市民館保育組合は、志賀の「協同社会」建設の構想を、子育ての領域において現実化していくものだった。高度産業社会に進む時代に、行政と市場による社会の管理が強化される中で、組合員たちは、自らの生活様式を変えることで、国家の権力と貨幣に依存する社会に異議申し立てをし、自分たちの求める社会のあり方を提起した。北市民館保育組合は、志賀の「協同社会」というオルタナティヴな社会を生み出していく、近代化のもう一つの道筋を示していたのである。

ただし、北市民館保育組合の協同組合組織は長くは続かなかった。志賀が、一九三五年に大阪市社会部長に転任した後、市は、北市民館保育組合に一般の公立保育所となることを勧告した。一九三八年四月に北市民館保育組合は解散し、代わって市の管轄の北市民館託児部が、一九八三年の市民館廃館まで保育活動を続けた。上・山崎（一九六五年）の聞き取りによれば、この間、母親たちには、すべてを行政まかせにする態度が広がったという(49)。北市民館保育組合の解散は、人々の任意による協同組織が、行政のシステムと折り合っていく問題の困難さを示している。

第3章

東京帝国大学セツルメント託児部における地区別グループの実践
――鈴木とくによる保育と母親の協同――

はじめに

東京帝国大学セツルメント託児部は、関東大震災の大きな被害を受けた本所区（現、墨田区）の東京帝国大学セツルメント（以下、「東京帝大セツル」と記す）で一九二六（大正一五）年四月に開設された。

東京帝大セツル託児部は、工場や商店の自営業者、工場労働者の幼児を主な対象に、地区別グループによる「生活訓練」「社会的訓練」を特徴とし、身体検査、給食、夏季転住保育等の「身体的保育」を行った保育所として知られている(1)。保育の地区別グループに関して、これが幼児の自主的、自治的な集団づくりの単位として機能した点、グループごとに「当番」「リーダー」「相談会」が設けられ活動を充実させた点、年長児が年少児を世話する行動が活発になった点は、宍戸健夫（一九八八年）(2)、浅野俊和（一九九五年）(3)等の先行研究の示す通りであった。

「託児部史」（一九三七年）によれば、託児部では、「母の会」で働く母親を対象に「編物」「洋裁」の講習会、婦人問題や生活問題に関する講演会、「地区別懇談会」や「お勉強会」、米や白菜の廉売、「母さんニュース」の発行等の活動が行われていた。「母の会」では「母親相互の親睦向上、相互扶助の目的が高くかかげられ」、その活動は「保母と同体になって子どもの保育の為め、母達自身の生活向上のため」に行われたという(4)。東京帝大セツル託児部は、その専従職員を務めた浦辺史により「労働者農民の社会的階級的自覚」に基づく「プロレタリア教育運動」を基盤に誕生した「新しい民主的託児所」の一つとされてきた(5)。

東京帝大セツル託児部の実践が興味深いのは、地区別グループに関する次の三つの点においてである。第一に地区別グループの保育において、幼児の自己の形成と人間関係の編み直しが同時に試みられた点である。保育者の鈴木とくは、託児部の保育に対する違和感や疑問を抱える中で、いかに幼児の価値判断や振舞いを指導し、子ども同士を結びつけていくかを実践の一つの主題にした。第二に「母の会」の活動において、子育てを媒介に自立に向けて連帯するアソシエーション形成の契機が内包されていた点である。鈴木は、「母の会」の地区別グループで、母親の関心と労力を託児部の保育に向けて家庭生活の協同化、合理化をめざす中で、母親たち自身も変容していく様相を捉えていた。そして第三に、これらの実践が、一九二〇年代末～三〇年代初頭における東京帝大セツルの活動方針の転換期に創出された点である。

本章は、東京帝大セツル託児部の地区別グループによる実践を用意したセツルメントの状況を明らかにし、鈴木の実践記録の検討を中心に保育における幼児の自己形成と人間関係の再編、および保育者と母親による協同的な関係の形成の過程を考察している。託児部の史料では、地区別グループは、他に「居住別」「居住地区別」と記述される場合もあるが、本章では「地区別」の名称を使用する。

東京帝大セツルは、被災地で救援活動を行った学生救護団をもとに、一九二三（大正一二）年一二月に創設された。セツルメントの本拠地となった柳島元町は、隅田川と荒川に挟まれたデルタ地帯で、紡績業や車両の大工場のほかに、染織業、器具・金属品、セルロイド、石鹸、菓子、皮革品の零細工場の多い地域にあった。一九二六年四月、東京帝大セツルに託児部が設置されて四～六歳の四〇名ほどの幼児が集まった。一九二七年三月には児童部と兼用の児童会館が落成し、託児部には遊戯室（三〇坪）、保育室（八坪）、ベランダ（六坪）が割り当てられて、ピアノ、すべり台、ブランコなどが備えつけられた。一九三二年には在籍幼児数が七〇名を越え、保育者の人数も二名から三名に増員された(6)。

一九三三年三月から浦辺史(7)が託児部を指導し、従来の「幼稚園令」の保育五項目に倣った保育から、保育所の保育研究を基礎とした保育方法、内容による保育へと変化した(8)。一九三四年度の託児部の保育方針は、「一、生活訓練　初歩的な衛生的習慣。正しい言葉の使い方（言語訓練）初歩的な社会訓練。二、自然科学的保育　遠足、見学、飼育、観察の重視。三、身体的保育　栄養給食、保育者の健康調査、身体検査、日光浴、夏期の午睡、転住保育。四、自由遊びの重視。」である。このような保育の変化は、東京帝大セツルの児童問題研究会で、浦辺を中心に保育研究が開始されたことと連動していた(9)。

写真１　東京帝国大学セツルメント託児部で遊戯をする園児たち

鈴木とくは、一九三四（昭和九）年四月から託児部の保育者として働き始めた。彼女は宮城県石巻市に生まれ、一九三二年に日本女子大学校国文科を卒業して出版社や病院に勤めていた。託児部の保育者になったきっかけは、旧友で託児部の保育者だった庄司竹代の誘いを受けたことだった。鈴木が保育者になった年は、託児部には八〇名近い幼児が在籍し、彼女を含めて三人の保育者が年長組、年中組、年少組の保育にあたった。保育の地区別グループは、彼女の発案によって一九三四年七月から保育に採り入れられた。

以下、第1節では昭和期初頭における東京帝大セツルの方向転換の様相を明らかにする。第2節では保育の地区別グループで、彼女がめざした幼児の自己形成と人間関係のあり方を検討する。第3節では「母の会」の地区別グループの活動を中心に、協同関係の形成と母親の変容を考察する。これらの作業を行うにあたり、本章では、浦辺史氏に二〇〇〇年九月五日、鈴木とく氏に同年一一月一二日に託児部の保育に関する聞き取りを行った。

1　事業方針の転換と託児部の位置

一九二〇年代末～一九三〇年代初頭は、東京帝大セツルの事業の方向転換が「セツルメントの協同組合化」としてはかられ、住民の自主的な組織づくりが推進された時期だった(10)。一九二七年に東京帝大セツルに消費組合部が設置され、翌年八月に柳島消費組合が誕生した。『東京帝国大学セツルメント年報』第五号（一九二九年）では、労働者の「救済」から「教育」に至る過程で、労働者の「自主的組織」を通してのみセツルメントの事業が「正しく遂行される」として、「消費組合設立の意義」が謳われている(11)。指導者の東京帝国大学法学部教授末弘巌太郎は「セツルメント」（一九三二年）で、その先駆者としてロバート・オーエンをあげ、「プロレタリア運動」の高まりからセツルメントを「真に無産者のための機関」にするために「セツルメントの協同組合化」を主張した(12)。一方、東京帝大セツルの事業の中心だった労働者教育部の労働学校は、労働運動の分裂や政治闘争の激化、新人会の解散、不況による生徒の減少、出席率の低下により低迷し、一九三二年の労働者教育部の廃止によって消滅した。

当時の東京帝大セツル託児部と「母の会」による活動の活発化も、セツルの方向転換の一つの道筋を示していた。一九二七年末、震災後の都市区画整理により東京帝大セツルの対象地域では、一部住民が吾嬬、亀戸方面などに移動し、かわりに従来より生活水準のやや高い人々が転入してきた。新しい住民に対するセツルメント事業の全般が不振になる中で、彼らとの直接的な接触を通じて活動を発展させたのは、託児部と児童部、医療部だった。不況の影響でセツルメント自体が財政難に陥ると託児部、医療部における住民の自主的な自助組織による活動の自立化も模索されていく。一九三二年に役員が選出され組織の強化された「母の会」は、母親の「相互扶助機関」として家庭生活を維持する活動を展開し始めた(13)。「母の会」は、医療部の「健康会」とともに子育て、教育、医療の領域で住民を結びつける場になりつつあった。

東京帝大セツルの指導者やセツラーの間で今後の事業展開が模索される中で、託児部の保育もこの例外ではなかった。託児部内部では、前述のように一九三三年に浦辺が託児部の専従職員になることによって、新しい保育の方針と内容が採用された。さらに、託児部で保育方針の転換を進めた別の要因として、受託児の低年齢化を指摘することができる。一九二九年末以降の昭和恐慌は、都市の人々に不景気、生活難、社会的緊張の増大をもたらした。『東京帝国大学セツルメント年報』第一〇号(一九三四年)によれば、対象地域の母親の中には工場に勤める者、内職をする者が増加し、これに応じて託児部には二、三歳の幼児が増えたという。託児部は在籍幼児数の増加、保育時間の延長、日曜日の保育の開始によってこの状況に対処した。

低年齢の幼児の増加は、託児部の運営面だけでなく保育活動においても、「幼稚園式」ではなく「真の意味の託児所」をめざす保育方法や内容を導入する契機となったと考えられる。特に注目されるのは、同年報に初めて示された「団体的訓練」の重視である。同年報は、「勤労階級の育児の負担」の「軽減」のみではなく、新たに「学齢前児童の正しい保育、保健、団体訓練」を託児部の固有の役割として掲げた。「団体的訓練」に関しては、「個人的な我侭を絶対に排し、秩序だった規律の下に同じことを協力してやるように努力した」という。幼児の低年齢化は、この「団体的訓練」において「年齢、能力の差」を考慮した「組別保育」に重点をおく観点、「大きい子供が小さい子供の面倒を見る」ように留意する観点を生じさせたのだった(14)。

2　地区別グループにおける鈴木とくの保育実践

前記の東京帝大セツル託児部をめぐる状況のもと、鈴木とくは託児部の保育者として働くことになる。庄司の誘

写真２　保育者になった頃の鈴木とく（後列左、1934年4月）

いを受けた当時の鈴木は、社会主義思想や婦人解放論などの書物を読み、自活する手だてを模索していた。託児部の保育者になる決心をしたのは、子どもの世話に対する「人道主義的」な気持ちと(15)、「労働者の生活」に身を投じてみたいという思いがあったからだったという(16)。

鈴木にとって託児部の保育は、粗野で恵まれない子どもたちの無秩序で荒れた活動の印象から出発している。埃っぽい大きな部屋で「あまり綺麗でない子どもたちが思い思いにわめき散らして居る」様子に、新任の鈴木は立ちすくんで彼らを眺めるしかなかった。彼女の目には、子どもたちは「落ち着きもなく、何か荒々しさが感じられ、歌もあまり知らず、遊戯も知っていそうもない」と映っていた(17)。

東京帝大セツルの保育は、託児部の子どもを対象にどのような実践を行うかという問題をめぐり、鈴木の内面に葛藤や疑問を生じさせていた。浅野も指摘するように、鈴木は、幼稚園教育をそのまま受け入れた託児部の保育に批判的だった(18)。一方で、託児部の子どもが教育から疎外され放任された様子に、鈴木は憤懣の念を強めていた。彼女は、幼稚園教育を託児部の子どもには「そぐわないもの」と感じながらも、彼らに適切な教育を用意できない悩みを抱え、子どもをただ遊ばせ見守るだけでいいのかと迷いつつ保育にあたっていた(19)。さらに、左翼運動をセツルメントの児童教育に持ち込む学生セツラーに対しては、労働者街に住む子どもにストライキの話を聞かせ革命歌を歌わせたからといって、子どもが革命家や立派な労働者になるのだろうか、という懐疑的な思いを抱いていた(20)。

地区別グループによる保育は、東京帝大セツルの保育に違和感を抱いた鈴木の発案で、一九三四年七月から実践された。彼女にとって地区別グループの保育は、幼稚園の模倣による年齢別保育が子どもの現実の遊び集団の実態とは異なる問題を解決し、子どもの社会生活における「協同性」を養う方法だった。地区別グループでは、子どもを居住地区別に三つの異年齢グループに分け、保育者が一人一グループを担任した。実際は、地区別と年齢別の組が使い分けられ、登所、おならび、食事、衛生、自由遊び、退所は地区別、手技や見学などは年齢別が採用された。地区別グループは、託児部の「団体的訓練」をより充実させるものとして積極的に活用された。

地区別グループにおける鈴木の関心は、グループ全体の「秩序」や「規律」の統制よりも、むしろ子ども個人が抱える問題に応じて、彼らの価値判断や振舞いをどう導くかに向けられている。これは、自由奔放な子どもをいかに「自主的」「協同的」な子どもへ変容させていくか、子ども同士をどう結びつけていくかという彼女自身の課題に関わっていた(21)。

一九三六年一月から、鈴木は自分の担当する地区別グループのゾウ組で、「子ども貯金」の実践に取り組んだ。「子ども貯金」は、子どもの小遣い銭の使い過ぎに困った母親たちの訴えをきっかけに始められた。鈴木は、子どもに無駄使いしない習慣を身につけさせ、自分の努力で貯金して物を購入する喜びを実感してもらいたいと願った。「子ども貯金」は、貯金を通じて社会的、文化的な価値による目的を持つこと、目的に従って自らの行為を統制することを子どもに学ばせる方法だった。おやつの時間、クレヨン画帳を買うために、毎日の小遣い銭のうち一銭を保育者に預けて一人ひとり貯金しよう、という彼女の提案に賛成した子どもはほんの一部だったという。

「子ども貯金」において鈴木のまなざしは、個々の子どもが経験する葛藤や緊張に向けられていた。「子ども貯金」の開始から九日後、貯金した子どもは、ゾウ組二〇数名のうち五人だけだった。彼らが鈴木の編んだ巾着に貯めたお金を入れて喜ぶ様子を、貯金に強情に反対した「長重ちゃん」が見つめていた。この「長重ちゃん」に対する思いを、鈴木は当時の保育記録に次のように書き記している。

この子にはまだ、将来の喜びのために忍耐ができないのだ。郁夫ちゃん、きむ重ちゃん（貯金した子ども：引用者）と同い年でも、こうした気持ちの発達が、ずっと遅いようだ。（……）今日は、いつものようにダンマリ虫でいるが、遊び友だち五人の喜びは、何かさびしく胸に応えるらしい(22)。

鈴木は「長重ちゃん」の表情から、自分の欲求や行動を統制することに抵抗を感じながらも、貯金をしなかった結果への満たされない思いに揺れる心情を読み取っていた。

子どもの葛藤を捉えた鈴木は、ひたすら大人の権力による強制を排除して、子どもを注意深く見守りながら適切な指示や援助を与えようと保育に臨んでいた。彼女が特に配慮したのは、子どもと子どもの関係を紡いでいく際に、他者への意識をどのように喚起していくかという課題だった。

「保君」に対する鈴木の考えと働きかけは、この課題における彼女の慎重な対処の仕方を示している。鈴木と貯金した子どもたちが上野の百貨店に画帳を買いに行った翌日、「保君」は「路ちゃん」だけが当日汚い服を着てきたと話し出した。彼の向かい側には、しょんぼりとその話を聞いていた「路ちゃん」がいた。彼女に気づいた鈴木は、「あら保君、それ何あに?」と聞き返し、「保君」自身も汚い服を着て他人から同じことをいわれたら悲しい気持ちになるだろうと諭した。鈴木の言葉にはっと気づき、声をあげて「侘びたいようなまなざし」で泣き出す「保君」に、彼女は、子ども自身が「すでに自分の発した言葉に、自分で批判を与えて居る」ことを理解している。鈴木の言葉と態度は、子どもを注意して大人が解答を与えるのではなく、自らの言動に対する振り返りによって、子ども自身にその判断や振舞いの適切さを問い直させるものだった。

鈴木が子どもに教えようとしたのは、一人ひとりの固有の存在を認めて、相手に対する気遣いをもとに仲間と関係を築くことである。彼女は、「路ちゃん」が母親に構ってもらえないこと、「路ちゃん」が「保君」の言葉によって悲しみ傷つくことを彼に伝えた。鈴木は「保君」に「何故いうべきでなかったのかを、相手の気持ちになることでわからせたい」と考えていた(23)。「保君」の「路ちゃん」との関係は、鈴木の代弁により「相手の気持ち」に対する思いやりと外見に構わず相手の存在を受け入れることを通じて紡ぎ直されようとしている。子どもの関係の編み直しと、反省的な態度により言動を調整する倫理的な主体としての自己の形成は、鈴木の地区別グループの実践で一体となっていた。地区別グループは、子どもが保育者や仲間と関係を築く中で、お互いの存在の承認に基づくケアリングの関わり方を学ぶ装置として機能していたといえるだろう。

3　「母の会」の地区別グループにおける協同

東京帝大セツル託児部は、一九三〇年代初頭に母親の「自主的な組織」の結成、「託児所の経営」への「参加」、「母親の社会的教育」など「母の会」の組織、活動の理念と方法を確立している(24)。この時期に就任した鈴木は、「母の会」の活動を通じて「大きな夢」を抱くようになった。「無産者の託児所を語る」（一九三六年）で、彼女はその「夢」を「託児所を通して広げて行かねばならぬ運動、真の婦人の解放!!生活に追われ、蒼ざめて只子どもに自己の悲喜を託す疲れた母達の、安住し得る世界を――」と語っている。この「夢」は、地域で孤立する母親たちを幾重にもつなぎ合わせようとする実践に、彼女を突き動かしていた。

写真3　上野公園への遠足（1935年頃）

地区別グループでの鈴木の母親への働きかけは、保育者と母親の関係を、託児部と家庭という場所や立場において分断された関係から、子育てや家庭の問題を共有し協同する連帯の関係へと変容させた。「無産者の託児所を語る」には、いかに自分自身を母親たちに結びつけていくかを試行錯誤した鈴木の次のような記述がある。

「小母さん。今晩は、内職はどう？お金になる？」仕事の暇な夜等、自分の地区のお母さんを尋ねる、（……）子供の話を中心に、母の会の事、生活の事など話し合う時、私はも早先生ではない。すっかりお友達になって、来る日も来る日も家庭、子供、生活苦に追われ通しの母と語る。私は此の人達と一緒に、自分を敲きなおさなければならない(25)。

これらの働きかけは、母親たちの関心を託児部の保育へ向かわせ、保育者と協力して実践の一端を担う方向へ彼女たちを導いた。例えば、母親からの提案で、保育者だけが昼食の給食を担当するのは大変なので、母親が調理の手伝いの当番として地区別グループごとに順番で参加することが実現している。

しかし、母親に託児部の事情を理解してもらい、「母の会」を円滑に運営することは容易ではなかった。鈴木は、託児部に来た頃にある幼児をひいきしたとして「母の会」の査問会で問い質された事件を回想している(26)。「母の会」に意欲のない母親に対しては、鈴木は「当惑」と「困惑」、物足りなさを感じていた(27)。

保育者と母親の連帯を模索する中で、鈴木の意識は、母親の保育への参加を通じて、母親自身や家庭生活の改善を促す回路をいかにめぐらせるかということに向けられていた。彼女にとって、母親の関心を絶えず保育に向けさせることは、「自分達の問題」について関心を持ち、考え方を明確にする「一つのプロセス」である。地区別グループの保育は、子どもの「集団的訓練」を通じて「母達の向上」をはかる便宜を考慮し、もとよりあった「母の会」の三つの地区分けが採用されていた。母親から三度の食事の用意の煩わしさを聞いた鈴木は、給食のおかずを彼女たちに三銭で売るようにした。これは「共同炊事を思う糸口」として、母親たちに経済的で合理的な家庭生活の共同化を意識させるものだった。一九三四年秋からは、近隣の母親同士の親しい話し合いを目的に、「母の会」の総会、例会とは別に「地区懇談会」が会員の家などで開かれた。ここで「産児制限」「小児衛生」「選挙の話」など、母親からの「知識を求め」る要求が汲み上げられている(28)。

やがて、母親たちも保育への関心と、自分自身や生活の向上に対する意識を持つようになり、ともに託児部の活動に参加することに新たな価値を見出していく。「スモック」「ピクニック」の提案など、「母の会」役員会の運営は順調に進み、母親たちの間に自らの問題に自主的に対処する傾向も芽生えてきた。講演会に「内職を持ってきて」話を聞く母親、役員の忙しさを見て仕事を手伝う母親も現れた(29)。ある母親は、夏季転住保育で多摩川にキャンプに行った保育者と幼児の通信を聞く地区別の集まりに、毎回参加することを楽しみにしていた。この集まりを通じて保育に参加する実感は、彼女が保育者に報告したように、「何かとてもよい事」という共通の価値に結びつく喜びと満足感をもたらしている(30)。これは、地区別グループを通じて、身近な者同士で子育てや家庭の領域を共有する生活のあり方に、彼女たちが改めて意味を確認していったことによるものだろう。

写真4　1935年3月に行われた退所式

母親たちの変わりつつある姿を目の当たりにした鈴木にとって、母親は自分と共に「夢」を紡ぐ存在として立ち現れるようになる。政府払い下げ米の購入をめぐり、「母の会」で「貯金会」の資金を運用するよう母親たちが自主的に活動する様子を見て、鈴木は、次のように母親を自分の同志と捉える。

私は此の人達と一緒に進まなければならない。託児の後に手をつなぐ母達、そして其の後に広がり、広がる多くの組織されない母達を想う。じりじりと押し進めなければならない仕事、手離してはならない。執拗に続けられなければならない(31)。

子育てと生活の悩みを抱えた母親たちが、問題を共有し連帯していく過程を、鈴木は自らも母親と協同して生み出していった。彼女の「夢」は、託児部の母親を越えて、見えない母親にも広げられようとしている。東京帝大セツル託児部は、彼女の「夢」の実現を試みる場であると同時に、その実現のために母親たちをつなぎ「夢」の可能性を広げる場でもあった。しかし、鈴木の「夢」は、以下の事情により託児部においては夢半ばに終わることになった。

おわりに

一九三八（昭和一三）年三月、東京帝大セツルは自発的に閉鎖を断行し、託児部も一二年間の短い歴史を閉じた。戦時体制により思想統制の強化される中で、セツルメント関係者の検挙が相次ぐ過酷な状況は、彼らの創造的なエネルギーを奪い去った。鈴木は、安定した給与を求めて東京市の保母採用試験を受験し、合格して一九三七年三月に託児部を後にする。

東京帝大セツル託児部は、次の三点において震災で崩壊の危機に面した都市の再生を試みる実践を展開していた。第一に、地区別グループや母の会を基礎にして、子育てや家庭の問題を共有し協同的に学習や問題の解決をはかる関係が構築された点、第二に、保育者が幼児の保育を請け負うだけでなく、母親を協同の関係につなぐ媒介者の役割を担った点、第三に、地区別グループにおいて、幼児の保育と母親の活動が有機的につながり、母親の保育実践への参加が促された点である。これらの実践の特徴は、東京帝大セツル託児部が都市に保育のアソシエーションを生み出したことを意味している。

東京帝大セツル託児部の実践は、母親の協同組合を組織することはなかったが、志賀志那人の大阪北市民館保育組合、賀川豊彦の光の園保育組合など、協同組合型保育所の実践と理念や性格を共有している。志賀と賀川が「協同社会」「協同組合社会」の社会構想において保育所の機能を捉えたのに対し、東京帝大セツルには多様な社会像が混在し、共通の社会像が提示されることはなかった。けれども、保育のアソシエーションや柳島消費組合が組織され、人々の自立と協同を手掛りに社会を編み直していく方向が、その実践に示されていた。

東京帝大セツル託児部は、保育における地区別グループを、幼児の自己形成と人間関係の構築をともに促す装置として機能させていた。児童問題研究会、東京保育研究会、保育問題研究会への託児部関係者の流れと研究を考えると(32)、東京帝大セツル託児部は、その後の保育所の人間関係や集団づくりに関する保育を基礎づける実践を展開していたといえる。

第4章 子供の村保育園の設立とその意味（平田のぶの思想と実践）

はじめに

平田のぶ（一八九五～一九五八年）の子供の村保育園は、一九三一（昭和六）年に深川区（現、江東区）東大工町（翌年、白河町と改称）の同潤会清砂通アパートに誕生した。関東大震災の翌年から昭和初期にかけて建設された同潤会アパートは、福祉を目的とする住宅であると同時に、当時の最先端の生活空間を提案する新しい都市型住宅でもあった。子供の村保育園は、平田の構想する「子供の村」の中心に位置づけられ、幼児の親や近隣の人々を母様学校、父様学校、同窓会などに結びつけていた。

子供の村保育園が興味深いのは、次に二つの点においてである。

第一に、母様学校が子供の村保育園とほぼ同時に開設されたことに示されるように、「子供の村」の主要な担い手として、最初に動員されたのが母親だった点である。当時の多くの婦人運動家と同様、平田においても母親は、「母性」をキーワードに社会を変革する行為者として、また、そのための教育対象として登場してくる。平田は「母性」

の概念について明確な規定をしていないが、一九二六（大正一五）年に長男を出産して以後、その語り方に変化が生じた。当初、平田において子どもを産み育てる女性の自然的、生物的性質を表すに過ぎなかった「母性」は、女性を組織するための戦略的な意味あいを持って強く主張されるようになった。平田が「母性」を強調し、その使用幅を拡大する過程には、当時の婦人運動の抱えた問題が影を落としていた。

第二に、子供の村保育園に関わる人々が、これまでの都市生活を「自治」と「協働」を掲げた「子供の村」の生活に再編していった点である。子育てにおける親の自己中心性を痛烈に批判する平田は、父親も巻き込んで、自発的に他者と協同する空間として子供の村保育園を成立させる。親たちは、自主的に「協働」「自治」の考え方を受け入れ、「子供の村」の秩序を思想的にも組織的にも補強していく。子供の村保育園では、「子供の村」での生活の規範、様式として、子どもに「協働」「自治」を伝達することを重視していた。

本章は、平田が子供の村保育園を中心に母親を動員した経緯を明らかにし、「子供の村」における「自治」と「協働」を検討している。そのため、（1）平田における「母性」の検討、（2）親の活動と保育実践における「自治」「協働」の特徴の考察、（3）保育施設の歴史的系譜における子供の村保育園の再考、という三つの作業を行っている。

先行研究では、舘かおる（一九八四年）が、「子供の村」の歴史的性格を、池袋児童の村小学校における教育の世紀社の理念と実践を継承発展させたもの、資本主義における利己主義と競争原理に基づく都市社会の批判原理となるもの、という二つの側面で捉えている。舘は、「子供の村」の子どもや支援者を除いた人々の居住地域、人数、世帯数、職業構成などを明らかにし、村の人的、財政的、組織的基盤についても解明している(1)。舘のように、大正新教育運動の延長に子供の村保育園を位置づけたのは、宍戸健夫（一九六六、一九七一年）、田辺敦子（一九八〇年）も同様である(2)。宍戸は、子供の村保育園の掲げた「生活訓練」「協働自治」の概念と、野村芳兵衛におけるそれらの概念との同質性を指摘し、この二つの概念を保育に持ち込んだ子供の村保育園の実践を評価している。これに対し、浦辺史（一九六九年）は、倉橋惣三を中心とする幼児教育の児童中心主義の系譜とは対立する系譜、一九三〇年代の東京帝大セツルメント、無産者託児所と並ぶ新しい保育運動の系譜に子供の村保育園を位置づけた(3)。保育史における子供の村保育園の歴史的配置に関する議論は、このように二通りある。

また、平田の生い立ちから教育思想、実践の形成と展開の様相を網羅的に検討したものとして新井淑子（一九七五、一九七七、一九七八、一九八三年）の研究があり、平田と婦人運動、女教員運動との関わりに言及した研究もある(4)。浅井幸子（二〇〇八年）は、女性教師のジェンダーに関する視点から平田の「愛」をめぐる言説、「母性」に関する葛藤を検討し、「女、教師、母たる試み」の「挫折」を通じて規範化された平田の「愛」の虚構性と権力性、および彼女のアイデンティティの変容過程を明らかにした(5)。

平田のぶは、一八九五（明治二八）年に広島県世羅郡で刀鍛冶業を営む家庭に生まれた。一九一〇年に広島県三原女子師範学校予備科に入学し、卒業後は広島県師範学校、三原尋常高等小学校に勤めたが、一九二一年に広島事件の中心人物として責を問われ退職する。その後、新婦人協会の補助、淡路島洲本第二尋常小学校の代用教員を経て、一九二四（大正一三）年に池袋児童の村小学校の訓導となり、翌年に妊娠して休職、退職する。一方、婦選獲得同盟、東京連合婦人会、全国小学校連合女教員会などの活動に参加し、これらの機関誌へ多数の執筆を寄せた。

写真1　子供の村開設十年の会（中央に平田のぶ、1941年3月）

平田の保育事業への接近は一九二六年の出産以後である。一九二九年に山梨県中巨摩郡で農繁期託児所を開設し、一九三〇年には、深川区猿江裏町に住んで奥むめおの婦人セツルメント託児所を手伝った。子供の村保育園の設立は一九三一年で、三六歳の時である。平田は、同潤会清砂通アパートに住む知人の助言で、同自治会長にアパートの倶楽部室を開放し保育組織を作ることを交渉した。同年二月より開設された保育所は、二カ月間試験的に無料で約六〇名の子どもを保育し、四月六日からは月二円の保育料を徴収して、正式に子供の村

保育園として開園した。一一月には、平田も同潤会アパートに移住している。また、同年四月八日に母様学校、二カ月遅れて自治学校、一九三三年に第二母様学校、一九三四年に父様学校、一九三七年に同窓会などが設置され、「子供の村」の組織が形作られていった。

以下、第1節では、平田において「母性」の意味が拡張されていく過程と母様学校を準備した平田の婦人運動について明らかにする。第2節では、「子供の村」の母様学校、父様学校、同窓会を基盤とする親の「協働」「自治」活動を検討し、戦時期の社会体制との関係を考察する。第3節では、子供の村保育園において「協働」「自治」を子どもに伝達していく方法、内容について解明する。そして、子供の村保育園を保育施設の歴史的系譜の中に位置づけ直すことを試みたい。

1　平田のぶにおける「母性」

1　「母性」の肥大化

池袋児童の村小学校時代、平田にとって「母性」は、妊娠・出産という女性の生物学的機能や母親にあるとされる子どもへの私的で肯定的な感情を意味している。当時の平田の「母性」は、「女」「女教員」とともに、「私」というアイデンティティを内側から異化し、意識させていく自己認識のバリエーションの一つに過ぎなかった。

一九二〇年に平塚らいてう、奥むめお、市川房江により創立された新婦人協会の機関誌『女性同盟』の創刊号には、女性の権利と母親の権利の獲得を主張した「宣言」が掲げられた(6)。「宣言」は、母であることの肯定に立脚する婦人運動の起こりを平田に告げる。同年一〇月、三原尋常高等小学校に勤めていた平田は、広島県の女教員を先導し同協会の広島支部を設立して幹事長となった。しかし、新婦人協会の政治活動を危惧した県当局は、女教員の入会禁止、機関誌の購読禁止などの圧迫工作をはかった(広島事件)。この事態を終息させるために、平田は一九二一年三月に退職を選択する。退職の直前、上京して田端にある平塚の自宅兼新婦人協会事務所に身を寄せた平田は、二人の姉弟の母親であり社会運動家である平塚の生き方を羨望と共感を持って受けとめている。

平田にとって「母性」は、新婦人協会や東京連合婦人会の中心メンバーとの関わりを深める中で、社会変革を志す運動家のエートスを構成するものとして意識されるようになる。一九二五年より『婦女新聞』（婦女新聞社）で婦人運動に携わる女性を紹介する平田の連載が一三回掲載された。平田は、婦人運動家として敬愛した平塚や奥について、「女性離れした処」とともに豊かな「母性愛」を持ち合わせていることを記す(7)。一九二七年には、「偉大な教育家、宗教家、社会改造家」は、「女性の持つ母性愛と男性の持つ意力」を兼ね備えているとされた(8)。平田の「母性愛」は、婦人運動家に不可欠の心的態度として、どのような女性的特質よりも優れたものとして把握されつつあった。

一九二五年に教育の世紀社の志垣寛の子を授かった平田は、出産と前後して南葛飾郡堀切町に移り住んだ。電車賃の拠出にも苦しむ貧しい生活を送った彼女は、自分の生活基盤の弱さに由来する苦悩を、長男の誕生による「母性」の強い自己意識を梃子に乗り越えようとしていく。すべての婦人問題を考える場合、「よき母性生活」を求める主張は、平田にとって社会への自らの異議申立てを可能にするものとなった(9)。母という女性の一側面を強調し、子どもという他の生命の存在を前提とした言葉によって、彼女は自分の社会活動の正当性を獲得しようとしたのである。

母としての社会正義を追及する平田において、「母性」の言葉は、社会や教育の体制を変革する運動に世の中の母親を駆り立てる戦略的な呼びかけとなった。「寺子屋は滅びた――工場式学校教育を呪う」（一九二七年）で平田は、「私は大声で叫びます。世の母性よ」といい、母親の手で「工場学校」を廃して新しい学校を建設することを訴えている(10)。また、女工や農村婦人の危機的状況に関する議論でも、平田は、「あの人達も私共と同じ母性」であるとの自覚から「お母さん方はもっと社会意識に目覚めてほしい」と主張した(11)。平田の「母性」は、母親や子どもを社会的、経済的に虐げる生活を変えていくために、女性を統合するシンボルとなっていったのである。

2 「母性の立場」での婦人運動

平田が「協働」「自治」の問題について考え、自ら行動を起こすのは、児童の村小学校を辞めた後にさまざまな婦人運動に精力を傾ける中であった。平田は、一九二九（昭和四）年一一月に山梨県中巨摩郡大鎌田村字窪村で農民組合の誘いに応じて農繁期託児所を開設した。彼女にとって、社会的、経済的に「最も劣悪」な状態にある農村婦人は、「母性生活」の虐げられた存在だった。甲峡託児所と呼ばれた保育所では、村の荒神を祭る場所で一二畳のござが敷かれ、竹や木材のブランコ、シーソー、風除けなどが備えられた。平田も、色紙やちり紙、万国国旗、絵本、応急処置用の薬を用意し、東京女子高等師範学校出身の保育者一人と六〇余人の保育にあたった。この時の決意を、平田は「農村託児所」（一九三〇年）で次のように述べている。

創める時にも、毎《ママ》性の自発的意思の有無に私はひどく千《ママ》心をもった。自分達の分担すべき仕事。自分達が主体でやる仕事。というはっきりした意識がなくては、私はとりかからぬ積りだった。（……）女が受身で働くのは大嫌だし、受身でやっているのでは、（……）何時までたっても女は独立人にはなれない。「やる気だ。やりたい」というなら、私も母性である。私の出来る協力はしたいと手を差出そう(12)。

平田は農村婦人に対して、「母性」としての「自発的意思」を持ち、「受身」ではなく自らが「主体」となって保育所を要求し運営に関わることを訴えた。平田にとって農繁期託児所は、農村婦人を「母性」として呼びよせ、自主的に「母性生活」の改善、向上させる取り組みだった。

一九二八（昭和三）年五月には、婦人消費組合協会が奥や平田を発起人として発足された。同協会は、家庭の主婦と母親を対象としたが、より重きがおかれたのは母親の方であった。平田は、婦人消費組合協会のメンバーとして、女性が担うべき社会的役割とそれを実行する方法について論じている。「共同積立金のお勧め」（一九二九年）で、平田は「婦人の協力！婦人の団結！」以外に女性を「救う道はない」とし、消費組合や共同授産場、共同炊事場、保育所の設置などを「婦人の共同利益」となる仕事として紹介する。さらに彼女は、生産者から消費者への産地直売を勧め、「生産者から消費者へ！消費の合理化！」を掲げている(13)。婦人消費組合協会において、女性の社会的役割は、特に消費者として家庭の消費生活を合理的に組織することに見出されていた。家庭生活の合理性を積極的に訴えることは、衛生や教育など生活に密着した運動で女性の社会正義を主張する足場であった。

以上の活動において、平田は自らの立場を「母性」におくことで都市や農村で生活の不安や緊張を強いられる母親を照準化し、自らの活動を労働運動とは異なる文脈において展開している。雑誌『教育女性』に掲載された鳩山一郎への公開状（一九三六年）によれば、「母性の立場」は、「女」「人間」「無産大衆」のどの立場よりも政治、教育問題、日常生活の問題を批判的に検討するもので、平田自身の判断、行動のあり方を基礎づける立場とされている(14)。彼女が一九三〇年以降に対象とした母親は、深川地区の下層社会と新中間層に挟まれた都市労働者層の女性たちである。その多くは、小規模の自営業、製造業世帯、工場労働者世帯の妻として、慢性的な不況の中でさえ膨らむ消費生活への対応に追われ、都市の家庭生活のあり方を模索しなければならなかった。平田の「母性」は、こうした母親に繰り返し発せられ、子供の村保育園の母様学校の設立に向けて、彼女たちを結び合わせていく思考や振舞いを準備していた。

2　子供の村保育園における親の活動

1　親を中心とする「協働」「自治」

一九三〇年代初頭は、国家的な「母」のキャンペーンが開始され、人々の関心が神聖化された「母」の地位や精神に向けられていった時期である。一九三〇（昭和五）年に始まる昭和恐慌で深刻化した経済危機は、母子心中という痛烈な形での「家」の抹消を進行させていた。「家」の解体への危機感は、家族の亀裂を修復する役割としての「母」への関心を生んだ。一九三一年、政府は皇后誕生日の三月六日を「母の日」と定め、その前後を「母の日週間」として母性尊重・母への感謝・家庭教育の振興をテーマとする行事を行うと決めている(15)。同年五月一〇日には、民間による「母の日」キャンペーンとして「母をたたえましょう」の街頭行進が東京で行われ、「母の日」は全国的に広まっていった。

子供の村保育園の母様学校は、「母の日」の誕生した年の四月に開校している。母様学校は、平田の「母性」と女性の自立、協同の理念の具現化された場であった。開校直後に保育園を訪問した雑誌記者の記述によれば、保育園のモットーには、「新しき母性」「賢き母性」「よき母性」である母親は、「我子」だけでなく「凡ての子供の母」として自覚し、自分の子どもを「我子」として、同時に「社会の子」として育てるとされていた(16)。母様学校の母親は、母であることに積極的な意味を与える「母性」の旗印のもとに「凡ての子供の母」として統合され、子育てを社会的な営みとして再編することを通じて、家庭生活の鍵を握る役割を担っていた。

母様学校への母親の参加を支えていたのは、子育ての改善と充実への願いであり、そのための賢母としての自己の形成である。母親たちは、母様学校の開始時に次のような「母様学校々歌　日本の母」を合唱した。

まなび学ばん　子とともに　老も若きも　母という　大きつとめに　生きんため　よい子供は　よいお母様から　聡い子供は　聡いお母様から　健かな子供は　健かなお母様から（……）(17)

「よい子供」「聡い子供」「健かな子供」を育てるために、母親にも知識と技能を身につけることが求められている。母様学校は、毎週水曜日の午前一〇時〜午後二時、土曜日の午後二時〜四時に開かれ、育児衛生、栄養学、社会事業事情などの講義や料理、洋裁の講習会、石鹸や菓子の共同購入などが行われている。一九四〇年には、「子供の村」

の最高の栄誉とされる「母子賞」が、家業と家庭教育を両立して六人の子どもを「徳性高く」育て、数々の婦人会や隣組で活躍した母親に贈られた(18)。模範的な母親の表彰という行為を通じて、平田は、母親の関心と意欲を母様学校のめざす子育てのあり方と母親像に引きつけようとし続けたのである。

一九三四（昭和九）年には、子供の村保育園の父親からの要求で父様学校が設立された。これにより、親たちの意識は、子育ての成功のための賢母のみならず、模範家庭の創出へと方向づけられていった。父様学校、母様学校の「規約」おいて、両校の目的は「子供の村の精神」に基づき、「お互いの協働、自治」により「親としての修養」、「子供の村の事業に協力援助」をすることとされた。さらに「父様母様学校宣言書」によって、「親としての義務を自覚し、両親の協力によって、子孫をよき国民、よき社会人」として育てること、「家長」「主婦」として「健全なる家風を建設」すること、「親の自覚に立ちて、国家社会に貢献」することが宣言されている(19)。これらの「規約」「宣言」は、一九三一年の満州事変により中国との戦端が開かれ、日本国内のナショナリズムも高揚し、一九三七年の日中戦争へと突入していった当時の文脈において捉える必要があろう。母様学校、父様学校において「国民」となる子どもの養育が最も重要であり、そのために模範家庭を確立するという理屈は、親の社会的要求や活動を「国家社会」に資するという理由で実現させるための便法でもあった。

写真2　「子供の村」の昇降口

母様学校、父様学校の注目すべき特徴は、子育てを中心に母親、父親の「協働」「自治」活動を促し、地域の人間関係を編み直しながら都市の保育と生活を模索した点である。親たちの「協働」「自治」を掲げた具体的な活動は、次の三点において捉えることができる。

第一に、母様学校の母親が、子供の村保育園の利害関係をめぐる問題や婦人運動の提起する問題に関わりながら、地方自治の政治空間へ参加していく活動があげられる。保育園開園以来、平田はアパートの家賃の工面に苦しみ、また幼稚園の設立を口実に選出された自治会役員により、平田と保育園の追い出し工作も執拗に行われていた。これを知った母親たちは、二百数十名の署名を集めて同潤会本部に保育園の存続を申し入れ、続いてアパート自治会の議事を傍聴して保育園を自治会の経営とし、平田に全権を委任するという決議を勝ち取った。また、平田の指導で婦選獲得同盟、東京連合婦人会、東京婦人市政浄化連盟などへ加盟した母様学校は、一九三二年以降の深川ごみ焼却問題、東京市政浄化運動、母性保護運動、一九三三〜三六年の築地中央卸売市場単一化反対運動へ母親を送り出した。煙害対策のため東京婦人市政浄化連盟を中心に展開されたごみの分別処理の開始、普及運動（一九三三年）では、母様学校は、六つの講演会の一つを主催し、「ごみ運動報告会」でその模様を報告している。

母親たちの活動は、家庭生活に関わる社会問題についての意見を交換、折衝し表現する新たな公共空間を作り出していた。このような活動に参加し、日常生活のあり方を変えることで、既存の政治、経済、社会の制度の変革を試みることは、彼女たちの生活の様式でもあったといえる。母様学校の母親は、家庭の台所に象徴される私的空間から抜け出し、この自分たちの生活様式を女性たちの相互作用の中で実践したのである。

しかしながら、前記のような運動は、女性の参政権の獲得を目標とした婦人運動にとっては、準戦時下でやむをえず運動路線を転換させた戦術であった。政治権力による女性の思想統制が進行し、従来の婦人参政権一筋の路線は、目標を転換せざるをえなかった。その代わり、一見婦選獲得とは無関係な日常生活に関わる領域での運動が、実質的な婦選の獲得につながると理解されていた(20)。だが、女性たち自身が政治参加への道を開拓した衣食住や母性に関わる問題領域は、女性に解放の幻想を抱かせつつ、戦争遂行のために国家に掌握されていく危うさを抱え込んでいた(21)。

第二に、親たちが子供の村同窓会を自主的に組織し、これを中心に保育園の行事の企画、運営を行った活動があげられる。一九三七（昭和一二）年に親の有志の発案により、「子供の村」の各組織を連絡する子供の村同窓会が結成された。同窓会は保育園の在園児、卒業生、母親、父親、賛同者を組織し、保育園の事業に協力援助することを目的とした。親たちは、同窓会の会合において七夕祭り、運動会、遊園地や芋掘りの遠足、東京第三陸軍病院への慰問、出征家族慰安会などを計画し、当日の仕事を分担して運営した。一九三九年五月に行われた谷津遊園への遠足では、参加者の人数や予算、交通手段や班編成の方法、各仕事の責任者などが親と保育者の合議で決定され、二〇〇人近い参加者をえて盛況を博している。同窓会は、親たちが保育者と協力し、自主的に保育に参加することを可能にしていた。

同窓会の活動を通して、親たちは平田の「協働」「自治」の理念を受け入れている。「同窓会へお入りください」の案内書には、同窓会は「自治と協働をモットーとする村の精神を自主的に実践する集まり」であると示されている(22)。平田も、同窓会が「村の精神が最もよく表われ、理解された組織」であり「全部の村人が、ホントの自治協働の組織をもち、活動に入って」いくものだと歓迎した(23)。

同窓会を基盤とする親たちの活動は、「子供の村」の精神に基づく社会関係や行動を団結して生み出すものだった。平田のいう「村の精神」を「村人の誓」に見るならば、それは「吾子をふくめた凡ての子供の幸福」を「祈願」し、そのために「各の力、各の立場に応じて無私の協力を献《ママ》げる」ことである(24)。同窓会の活動は、子どもの「幸福」を望む親の願いを媒介に「子供の村」の人々の連帯関係を編み出すものだったといえる。「子供の村」では、朝鮮人の子どもを優先的に入園させ、遠足では朝鮮人保護者の班長の任務を支援し、民族服で来た母親を歓迎するというように、保育を通じて親たちが民族の差異を認めて協力する人間関係も形成された。

第三に、親の「協働」「自治」活動として、「ポスト」制度による近隣組織を独自に形成した点があげられる。一九三六年前後の選挙粛正運動の時に、平田が一軒の家に近隣の人々を集め、正しい投票のあり方を語り聞かせたことから、「もより会」という会合が始まった。同窓会の設立以後は、百数十世帯の同窓会員を二〇の地域に分けて「ポスト」という近隣組織が作られ、それぞれの「ポスト」に責任者がおかれて、「村だより」の発行や責任者の自宅における「もより会」が行われる。「もより会」の目的は、子ども同伴で集まった人々が、子どもの教育やしつけ、家庭や生活改善などの問題について気軽に意見を交換し合い、お互いの交流や事柄の認識を深めることにあった。一九三九年四月に豊島宅で開かれた「もより会」では、保育者の紙芝居や同窓会員によるキュリー夫人の話のほかに、平田の国民貯蓄や旅行の話がなされている。

近隣組織や「もより会」は、濃密な人間関係の網の目の中で人々の関心を日常的に「子供の村」に引きつけ、平田の「子供の村」に関する意向や関心をあまねく伝達する機能を果たしていた。一九四二年度の「ポスト別会計簿」を見ると、例外的に一九人の「ポスト」があるほかは、ほとんどの「ポスト」が一〇人前後の同窓会員で構成されている。同窓会の組織は、平田を頂点として地域別代表の常任委員会と技術部、通信部長、保育園と第一から第四までの地区、各地区における「ポスト」というピラミッド構造により構成されていた。平田が「子供の村」の活動報告、事業予告、方針、感想などを執筆して発行する「村だより」は、このピラミッド構造で上から下へ送られ、ポスト責任者の手によって人々に手渡されていた。

2 平田の人間関係の亀裂

子供の村保育園における親の「自治」「協働」は、平田との深い信頼関係だけでなく、彼女との人間関係の亀裂を孕みつつ保たれていた。平田が、「子供の村」の親に対し強い教育者意識を抱く一方で、一部の母親も彼女の強引ともいえる振舞いに不満を抱いていた。平田は、婦選獲得同盟、母性保護連盟、選挙粛正婦人連合会などの会合に母親を出席させ、新聞や雑誌に掲載される彼女たちの決議文や感想文に全面的に手を加えていた(25)。平田の行為に反発する母親も、平田に直接自分の意見をいえず、多くの場合は保育者の辻美登志や小出静子を介して伝えてもらっていた。保育者は、平田と母親の間で彼女たちの不満の調整役をしなければならなかった(26)。

一方、平田は、婦人運動における先覚者、実践者としての強い使命感、指導者意識、さらには母様学校が社会的評価を獲得したという自信を踏み台にして総力戦体制に荷担していく。一九三九年、平田は「集りの注意其他希望」において、母様学校の「精神と実行」が「社会の知識層から」国策にそう「実行団体」と認められたとして、母親に今後の集会にも積極的に参加するよう呼びかけた(27)。「村だより」(第九巻第七号、一九三九年)に記された平田の「国民の道」では、電気や衣服の節約が、金銭を「戦争」や「東亜建設」に「必要なものを作る方へ廻す」ことになると奨励された(28)。平田は『婦女新聞』紙上で、戦時下に「生活改善の意欲」を促して消費生活の水準を下げるだけでなく(29)、大蔵省貯蓄奨励委員となってからは、国家の危機を乗り越えるために「合理的方法」による国民貯蓄の「共同化」を訴えた(30)。彼女の指導する母親の活動は、家庭の消費や生活という領域で、銃後の国民生活を無駄なく合理的に組み替える体制づくりに駆り出されていった。

平田と親たちの人間関係の裂け目は、彼女が国策の推進力として「子供の村」を発展させようとするにしたがい、繕いがたくなっていった。一九四一年、大政翼賛会の指導員二人が「子供の村」を視察にきた。彼らは、常会や隣組の「原型」が「もより会」にあると考え、「母親の任務を重くみて」子供を「大御宝として育てる」ために、「子供の村」に「国策の推進力」となることを希望したという(31)。彼らの申し出に感激した平田は、「母たるものの幸せを痛感」すると述べ、協力を前提に「子供の村」への国からの援助を願い出ている(32)。これを機会に、大政翼賛会の国策への協力をめぐり、平田と親たちは意見を決裂させた。大政翼賛会の指導員との会合に立ち会った父親代表の藪崎幸吉、富岡隆と保育者の辻は、国策へ協力するのではなく、「生活に根ざした自治と協同の立場」を貫くべきだと、平田に正面から反対した(33)。ほかの父母たちも、平田に賛成する者、批判的態度をとる者に分かれたという。

平田との対立を含みつつも「子供の村」の人々は、生活を守るという願望を抱きながら、日常生活のレベルでは戦争遂行のための暮らしを余儀なくされた。母様学校の活動を土台にした生活の工夫への努力も、不要品交換会や金物収集など、戦時下の生活資源の無駄を省き生活の節約をはかる方向へ向けられた。一方、朝鮮人の親子を積極的に受け入れていた「子供の村」の姿勢は、父親の間では「五族協和」という「国民の任務」に従うものと理解されるようになった(34)。帝国日本に都合のよい「五族協和」や「大東亜共栄圏」は、アジア諸民族にとっては虚像でしかない。だが、日常生活のすべてが戦争に動員されていく中で、それを虚像と捉える批判的思考を持ち合わせることは難しかっただろう。

3 子供の村保育園における「協働」「自治」

子供の村保育園は、同潤会清砂通アパート第一号館三階の倶楽部室と六階部分の屋上を使用し、倶楽部室は五〇坪ほどでリノリューム張りの明るいホールだった。室内には、ピアノ、オルガン、図書、手作りの玩具が備えられ、屋上には、野菜や草木を植えた約二坪の畑、ジャングルジム、小人の家、砂場、三〇人乗りの手作り飛行機があった。開園直後の在籍児は、三歳から学齢までの幼児五〇人で、そのうち月謝を全額納められる者は四〇人、一日の出席児数は二〇～三〇人程度であった。保育者は開園直後に平田を含めて三人、その後二～五人となり、一九四四年から四五年までは平田一人だったという。保育時間は前後の変動はあるものの、午前八時から午後三時までとなっていた。保育園の行事には、入園式、花まつり、運動会、七夕、林間学校、芋ほり、遠足、感謝祭、クリスマス会、卒園式などがあり、「子供の村」の他の組織と合同のものも多かった。ある一日の保育園での生活は、朝の集まり(午前九時～九時半)、体操、踊り、歌、劇、自由遊び、片付け(一一時)、昼食(一一時半)、午睡、午前中と同じ活動、おやつ(午後三時)、帰宅(三時半)という流れである。鼻かみ、歯磨き、用便、着脱衣、入浴など基本的な生活習慣は、体操や踊り、劇に取り入れられて訓練されていた(35)。

平田が子供の村保育園でめざした「よい育ち」とは、子どもが「個人としては自治、又社会人としては協働の生活が出来る」ようになることであった(36)。林若子(一九八二年)、舘かおるも指摘するように、平田の「自治」には、社会生活を自主的に営むことだけではなく、生理的身体的な自己管理も含められていた(37)。保育の中心目標となった「自治」「協働」は、実際には①自己の身体管理、人間関係、物品管理を含む「生活訓練」、②上級生による年少児の世話や指導、③労働の分担、という三つの側面において見られる。以下、この三つの側面における特徴を記述しよう。

1 「生活訓練」について

一九三八年、保育問題研究会の機関誌『保育問題研究』(第二巻第五号)に子供の村保育園の「生活訓練」に関する保育案が掲載された。保育案によると、1幼児と保母との関係、2備品消耗品に対する訓練、3友達との関係、4身体に対する訓練、の四項目が、「初期に於ける訓練」から「建設時代に於ける訓練」へ段階的に設定されている。

写真3　同潤会清砂通アパートでの保育

例えば、備品消耗品に対し、「初期」には一人で独占できないことを理解させること、「建設時代」には、「大事にする習慣を養成する」ために備品の破損を調べて修繕すること、消耗品を完全に使い切ることが記された。また、友達との関係では、「初期」には保育者や備品を独占できない点で「平等」であると自覚させ、「建設時代」には「幼い者、弱い者をいたわり、ゆずる、手助けてやる、一緒に仕事をする等の実行を通して共生協働の歓びを感じさせる」指導が求められていた。

子供の村保育園の保育案では、「初期に於ける訓練」において、「建設時代に於ける訓練」にはない「非社会性に対する訓練」が重視されていた点も特徴的である。「非社会性に対する訓練」には、「1.利己的　排他的な傾向」「2.消去的な孤立性」「3.非独立性に対する訓練」「4.放縦な傾向矯正」の四項目がたてられた。例えば、子どもの「非独立性」による他者への依存的傾向に対しては、靴の出し入れなど子どもの「自治」の範囲を広げ、子どもに「自治の歓び」と「自信」を感じさせる配慮が求められた(38)。

「生活訓練」は、園児に「子供の村」の秩序や規範を自主的に身につけさせる中心的な活動だった。平田によれば、「子供の自発活動」を「尊重」し、「村の生活の統制も規範も、自然発生的に全員によって」「創り出す様心掛けて来た」という(39)。保育園での「生活訓練」で、平田の主張する合理的な生活のための工夫や節約も、日常的な生活習慣となるように指導されていた。一九三六年三月の卒園式で平田は、「身を持するに自治（自分のことは自分で）友との生活に協働の精神で努力した」と思われる卒園児六人に、「在園中克く子供の村教育精神を体し自治協働の美を発揮せしことを賞す」といった賞状を贈っている(40)。模範生への賞状の贈呈は、卒園生に対して卒園後も「自治協働」の努力に励むことを期待すると同時に、在園児に対しては、より一層「自治協働」活動に関わる意欲を喚起するものであった。

2　上級生による年少児の世話や指導について

「建設時代」における友達との関係でも指摘したように、子供の村保育園では「幼い者、弱い者」に対する子ども同士の世話や指導が重視されていた。日々の保育園生活では、つる組（六歳児）、はと組（五歳児）が、かなりや組（三、四歳児）のトイレや食事の面倒をみた。遠足では、上級生は、下級生の手をひいて電車に乗せる、座席を取ってあげる、眠くなった子を抱いてやるといった行動をとっている。一九四一年の卒園式で、卒業生代表と園児代表は、平田が代筆した「挨拶」を次のように読み上げた。

　はとぐみさんも、かなりやさんも（……）これからもよおくおはたらきをして、ちいさいこをかわいがって、日本一の子供になってください。

つるぐみのにいさん、ねえさん、よくかわいがってくださいました。（……）ぼくたちも、いいつるぐみになります(41)。

上級生が下級生に示した理想的な子ども像は、「ちいさいこをかわいい」がる子であり、下級生も「いいつるぐみ」という子ども像に自ら近づけることを期待されていた。

弱い者いじめに対する平田の指導は、時には感情的であるほど厳しかった。保育者の土橋いよ子との対談「子供の生活」（一九三二年）で、平田は、小さい子どもに自分の椅子をもたせ後ろから突き飛ばした女児に怒り、彼女の腕をつかんで怒鳴って叱ったという(42)。子供の村保育園では、他者の犠牲の上に自分が優位に立つこと、協調的な関係を乱すことは厳しく取り締まられていた。

3　労働の分担について

子供の村保育園では、子どもに労働を分担させ、自主的に働き「協働」する喜びを実感させる活動が積極的に行われた。片付け、食事の用意、おやつやお茶の分配、水道のない屋上へ水を運ぶバケツリレー、椅子や箱といった備品の製作などは、日常的な保育活動として子どもたちが分担して行っていた(43)。

平田が労働の分担を保育に組み込んだ理由は、「子供の村」で「理想の生活」を追及する意志と能力を育てるためである。「子供と労働（上）」（一九二七年）で平田は、「教育が理想の生活を暗示するものであるならば、学校は、労働と学習とを兼ねた生活場」であることを望んだ(44)。「子供と労働（中）」（一九二七年）では、家庭の仕事の分担において「よき生活の創造」のために「仲間入り」をし、「自分も責任者だという、自覚による満足感」を子どもに感じさせたいと記されている(45)。この発想が子供の村保育園に引き継がれ、「子供の村」の成員としてよりよい生活を「創造」することが、保育の目標におかれていたと考えられる。

最後に、平田の遊びの指導において注目される点についてあげたい。平田は、遊びの指導を通じて、模範家庭のあるべき姿を子どもに伝えようとした。「子供との生活から（下）」（一九三五年）には、男児と女児がままごと遊びに興じ、平田が子どもたちを指導する様子が描かれている。茶碗洗い、食卓拭き、掃除などの家事をする母親役の希望者に対し、平田は黒板にカタカナで仕事の順序を書き、「科学的」「衛生的」「経済的」に仕事をこなすように指示した。男児、女児とも母親役をやりたがったが、平田は後片付けの「徹底的でない」女児よりも、仕事の「全体を頭にのみ込んで」「無駄が少ない」男児の仕事ぶりを評価している。また、遊びの中で、父親役の子どもは母親役の子どもに威張って命令し、母親役の子どもは、台所仕事と人形の赤ん坊の世話をしながら人形を叱ってばかりいた。これに対し、平田は「私の教育意識が働く」といい、次のように子どもたちに教えている。

いいお父さんは怒鳴ってばかりいないで、忙しいお母さんを手伝って上げるものよ。
いいお母さんは、子供を泣かせないで育てるもんだ(46)。

家庭内で母親の仕事を手助けする父親、子育ての上手な母親は、平田の理想とする「子供の村」の父親像、母親像と重なり、子どもにも伝えられていたのである。

おわりに

子供の村保育園は、集合住宅という都市の新しい居住空間において、人々がこれからの家庭生活を模索する中で誕生した。保育園を中心とする「子供の村」は、次の三点において旧来の「村」へ回帰するのではなく、近代的な都市生活のあり方を提起していた。第一に、すべての子どもの幸福を追求する理念のもとに親が自主的に協同する多様な組織を形成し、これに参加する体制を作った点、第二に、母親に焦点をあてて生活や社会の変革をめざす市民生活の論理を採用し、変革に向けて具体的に行動する生活様式を生み出した点、第三に、子供の村保育園において、自己の管理と仲間との協同が重視され、合理的な生活を作る能力の育成が意図された点である。子供の村保育園では、人間関係の領域でカリキュラムを構想する保育の新しい試みが着手された。「生活訓練」では、発達段階により「非社会性の訓導」から「共生協働」を組織する保育案が作られている。

そこで子供の村保育園は、先行研究の位置づけてきた大正自由教育や無産者託児所運動ではなく、協同組合型保育施設に位置づけられると考えたい。協同組合型保育施設には、志賀志那人の大阪北市民館保育組合（一九二五年設立）、賀川豊彦の光の園保育組合（一九二八年設立）をはじめ、協同組合やセツルメントを基盤とする保育所がある。志賀も賀川も、スラムを含む地域や関東大震災の被災地で都市の家庭生活を再編し、子育ての空間を個人的な領域ではなく協同的な領域においていかに構成するかを課題とした。平田が「子供の村」の母様学校、父様学校に親を組織したのに対し、志賀と賀川は母親を中心に保育組合に組織することによって、この課題を達成しようとしたのである。

子供の村保育園は、協同組合型保育所の系譜において、戦時体制期に生じた保育の公共空間のあり方、および幼児教育や家庭生活が総力戦に取り込まれていく過程を明らかにしている。平田にとって「母性」は、婦人運動における抵抗と変革の思想であり、戦時体制に追いつめられて理想社会を描く時に国家に利用される危うさを孕んだ思想であった。「子供の村」における「自治」「協働」は、戦時期には戦争遂行のために自発的、効率的に国民生活を再編させ、保育における「自治」「協働」との裂けめを生じさせていたといえる。

第Ⅱ部

郊外住宅地に成立した保育の実践

郊外型幼稚園

橋詰良一

小林宗作

高崎能樹

第Ⅱ部では、一九二〇年〜三〇年代に大阪と東京の郊外住宅地に成立した幼稚園における保育の展開を、四つの幼稚園の事例に即して検討したい。取り上げる事例は、橋詰良一の家なき幼稚園（一九二二年設立）、小原国芳が設立の中心となり小林宗作が主任として赴任した成城幼稚園（一九二五年設立）、高崎能樹の阿佐ヶ谷幼稚園（一九二五年設立）、賀川豊彦の松沢幼稚園（一九三一年設立）である。

これらの幼稚園の設立と実践の舞台は、大正期から昭和初期にかけて鉄道という交通メディアの発展に伴い誕生した都市の郊外住宅地である。明治期には、江戸の大名屋敷地や広大な土地を取得した資本家が、その土地に本邸や別邸を建てるだけでなく住宅地として開発したり、華族や資本家が箱根や日光などのリゾート地に別荘を構えて集住したりして、郊外に住宅地が形成されていた。明治政府は官設鉄道の建設を推進したが、一方で、一九〇〇年代以降に多くの私設鉄道が敷かれ、既存路線の電化と新路線の開通が進められた。大阪では出入橋—三宮間を結ぶ阪神電気鉄道（一九〇五年）、梅田—箕面・宝塚間を結ぶ箕面有馬電気軌道（一九一〇年／現、阪急電鉄）など、東京でも笹塚—調布間を結ぶ京王電気軌道（一九一三年／現、京王電鉄）、新宿—小田原を結ぶ小田原急行鉄道（一九二七年／現、小田急電鉄）などが相次いで開業した(1)。それまで都心から切り離されていた農村の都市近郊地域は、鉄道の開通により都心に通勤可能な時間的、空間的地帯へと再編成されていく(2)。同時に鉄道会社は、安定した乗客数の確保のために、自社路線の沿線に規模の大きい住宅地を開発したり、開発地に駅を新設したりして、社運を賭けて郊外住宅地を形成していた。その背景には、大都市の産業化により都心の人口は飽和状態になり、職住分離の生活の展開と相まって俸給生活者の都心周辺への移住が準備されていた状況と、一九二三年の関東大震災により、被害の比較的少なかった近郊への移住に拍車のかかった状況がある。

本書が保育の場として郊外に注目するのは、単に都市の周辺で人口が増加し、居住地が拡大して数々の幼稚園が設立されたからではない。そこでの保育が、郊外という空間に意味づけられて新しい境地を切り開きながら、同時に郊外に内包される問題の諸相を保育の内部に抱え込んでいた点を明らかにしたいと考えるからである。この時代の郊外は、若林幹夫（二〇〇四年）が指摘するように、「豊かさ」や「理想の生活」を表象する記号や言説をまとった住宅地が次々と産出され、そうした生活を夢見た人々がそこに住みこんでいった(3)。郊外の「理想」とは、都会の荒廃を逃れて自然との調和を回復し、経済的な安定と私的な生活に恵まれながら、同じ価値観を共有するコミュニティに守られた家庭生活の充実である。このような「理想」を移住した人々が集団で創造する場が、郊外に形成されたのだった。郊外住宅地の夢が「ブルジョワ・ユートピア」（ロバート・フィッシュマン、原書一九八七年刊）と称されるのは、理想を実現しようとした人々がいわゆる「中流階級」に属していたからである(4)。取り上げた事例における保育の展開は、郊外をめぐる記号や言説と絡み合いながら多様な実践を創り出し、それらを通して子ども、教育、家庭の理想の姿を追及し、郊外における教育のモデルと課題を提起していく過程を示している。

郊外型幼稚園の保育は、この時代に教育実践の実験的な取り組みが活発になり、さまざまな教育の可能性が見出されていた状況に対応している。大正期の新教育という教育改革の潮流にのり、公教育で支配的な画一的、一方的な教育を否定して、子どもの興味や自発性、個性を重視した教育の実験学校が次々と生み出された。代表的なものに、及川平治の主導した明石師範学校附属小学校、手塚岸衛の主導した千葉師範学校附属小学校、澤柳政太郎が設立し小原国芳が赴任した成城小学校や教育の世紀社が設立した「児童の村」がある。そこでは「子ども中心主義」の指導原理に基づいて、「分団式動的教育法」「自由教育」「全人教育」「生活教育」「生活綴方」等の多様な教育実験が展開されていた。また、鈴木三重吉の『赤い鳥』の創刊（一九一八年）、山本鼎の自由画教育運動、北原白秋らの童謡復興運動等の芸術教育の分野からは「童心」の発見とその解放が謳われた(5)。郊外の保育は、自分たちの価値観に見合う教育として新教育を支持し、「童心」という子どもの見方に共鳴してきた都市の新中間層の広がりに支えられている。

当時の幼稚園教育を見ても、制度的な整備が進められる中で、国内外の新教育の影響から従来の保育を改革し、新しい教育の方法と内容を研究、実践する動きが活発になった。一八九六年にフレーベル会、一八九七年に京阪神連合保育会という保育者、教育学者、心理学者らの保育研究団体が結成され、機関紙『婦人と子ども』、『京阪神連合会雑誌』が発行された。機関紙では幼稚園教育の実際に関する調査研究やアメリカのホールやデューイの影響を受けた幼稚園教育改革運動が紹介され、フレーベル主義の教育の見直しが促された。一八九九(明治三二)年には、幼稚園の量的拡大を受けて「幼稚園保育及設備規程」が制定された。この規程により保育項目が「遊嬉、唱歌、談話、手技」の四つになり、恩物を中心とする形式的な教育からの脱却が試みられている。実践では、室内での一斉の活動から戸外活動、自由な遊びが一層重視されるようになった。

幼稚園の保育項目には、小学校の教科のような指導内容の細かな規制がなく、さまざまな教育内容や方法を開発する余地があった。一九一〇〜二〇年代には律動遊戯、園外保育、ごっこ遊び、プロジェクト・メソッドなどへの関心が高まり、橋詰良一の「露天保育」や小林宗作のリトミックも幼児教育の新傾向として注目されている。一九二六(大正一五)年に制定された「幼稚園令施行規則」では、保育項目は「遊戯、唱歌、観察、談話、手技等」となった。新たに「観察」が加わるとともに、園の裁量による保育内容の設定も認められた。東京女子高等師範学校附属幼稚園の主事となった倉橋惣三を中心に、保育者の主導的な指導を控えながら、幼児の関心に基づく自発的な活動を組織していく保育方法も広められていった。

一九二二(大正一一)年、日本における郊外住宅地の嚆矢である大阪の池田室町に、橋詰が家なき幼稚園を開園した。家なき幼稚園の誕生と発展は、ディベロッパーにより郊外住宅地が商品化され、その価値をめぐる文化的、社会的な言説やイメージと一体となって保育が創出される過程を浮き彫りにしている。箕面有馬電気軌道の小林一三により戦略的に事業化された新中間層向けの郊外住宅地は、「自然」に恵まれた「健康地」で「田園趣味」と家庭での「慰安」が約束された「郊外生活」を実現する場として宣伝された。沿線には、家族の楽しみを演出する行楽地や新しい「文化生活」のあり方をディスプレイする博覧会、大型の消費空間が配置され、メディアの企画や宣伝を通して郊外の家族を引き寄せた。大阪毎日新聞社に勤めていた橋詰は、自然の景観を生かした子どもの「楽園」として企画した博覧会から、家なき幼稚園の設立を思いつく。家なき幼稚園は、自然の中で新中間層を対象に組織される「教育」を新しい価値あるものとして提示する役目を果たしていた。

家なき幼稚園は、それ以降に郊外住宅地に成立した幼稚園の保育の基本的な主題を用意していた。それらは、（1）郊外の自然を中心とする教育の開発と実践、（2）新中間層の教育要求に対応する実践、（3）母親教育による幼稚園の再定義、（4）郊外ユートピア構想における幼稚園の機能、の四つである。家なき幼稚園に続く成城幼稚園、阿佐ヶ谷幼稚園、松沢幼稚園の保育は、この四つの主題に関わる言説と実践のバリエーションを表現している。

第Ⅱ部の各章は、それぞれの幼稚園を単独の事例として、周辺の郊外住宅地化の諸相と合わせて検討している。第5章は橋詰良一の家なき幼稚園（大阪、池田室町）、第6章は小原国芳と小林宗作の成城幼稚園（東京、砧村喜多見）、第7章は高崎能樹の阿佐ヶ谷幼稚園（東京、阿佐ヶ谷）、第8章は賀川豊彦の松沢幼稚園（東京、松沢村）を取り上げている。

前記の四つの主題を中心に、各章での重点的な考察の内容を構成すると次のようになる。（1）の郊外の自然を中心とする教育の開発と実践に関しては、家なき幼稚園における自然の教育の合理化と再生産の方法（第5章）、松沢幼稚園の「幼児自然教案」における幼児の経験の多層的な組織（第8章）において検討している。（2）の新中間層の教育要求の実践に関しては、成城幼稚園のリトミックにおける「よい子」と完全な身体の追求（第6章）、阿佐ヶ谷幼稚園における「個性」を重視した早期教育の実践（第7章）として考察した。（3）の母親教育による幼稚園の再定義に関しては、家なき幼稚園における母親の自己実現の方法としての子育ての提示（第5章）、阿佐ヶ谷幼稚園における「母性」を通じた教育の主体化と母親教育の普及（第7章）を取り上げた。（4）の郊外ユートピア構想における幼稚園の機能に関しては、小原国芳の「学校村」構想と成城幼稚園の位置（第6章）、賀川豊彦の「社会改造」と松沢幼稚園の「愛」の教育の意味（第8章）を明らかにしている。

第5章
橋詰良一の家なき幼稚園における教育
（郊外住宅地における保育空間の構成）

はじめに

日本における最初の私鉄沿線郊外住宅地は、明治末期から大正期にかけて、大阪と神戸の間で六甲山を背景とする地域に成立した。一九〇九（明治四二）年、箕面有馬電気軌道（阪急電鉄株式会社の前身、以下、「箕面有馬電鉄」と記す）の専務取締役小林一三は、全国に先がけて、大阪市内に通勤する俸給生活者を対象に、沿線郊外住宅地の開発、経営に着手した。大阪市外の北西に位置する池田室町は、その翌年に行われた最初の分譲地である。一九二二（大正一一）年、橋詰良一（一八七一〜一九三四年、雅号：せみ郎）が家なき幼稚園という「家」＝園舎を持たない幼稚園を誕生させたのは、この郊外住宅地においてであった。

家なき幼稚園を成立させた郊外という地域は、自然に恵まれた「健康地」と謳われ、茶の湯など日本の伝統を重んじつつ、西洋の生活様式を取り入れた「新日本趣味」のライフスタイルを生み出した(1)。箕面有馬電鉄、阪神電気鉄道による大阪―神戸間の宅地開発に伴い、沿線には、ゴルフや登山などの郊外型スポーツ、遊園地や宝塚歌劇、新

写真1　呉服神社で行われた第1回卒園式（1923年3月）

聞社と共催するイベント、ダンスホールなどの新しい娯楽が、また、ターミナル駅には百貨店という大型の消費空間が、都市の文化装置として仕掛けられていった[2]。

家なき幼稚園に子どもを通わせる家族は、郊外に移住した都市部の新中間層という、新たに生じた社会集団である。池田室町に移住した人々の職業は、医者、銀行・商社のサラリーマン、画家、音楽家、大学教授、弁護士、学校の教員が多数を占めている[3]。橋詰も、一九一二年に、小林のすすめで妻や子どもと移住した。彼らの家族構成は、世帯主、妻、子どもであり、子どもの数は、少なくて三人、多くて五～六人だった。夫の多くは、俸給生活者で職住分離の生活を送り、妻は、家庭での生産活動や商行為を分担する機会を持たず、「専業主婦」という層を形成していく[4]。消費と休息の場としての意味を強めた家庭では、子どもの健康と教育に高い関心が払われ、休日ともなると、沿線の行楽地やイベントに出掛けることで、家族の楽しみを演出する生活が営まれた。家なき幼稚園の成立は、幼稚園の新たな受容層が出現したことを意味すると同時に、郊外に典型的に現れた、近代の核家族における子育ての問題に深く関わっている。

家なき幼稚園を見学した池袋児童の村小学校の志垣寛は、「組織も方法も非常にすすんだものと思う。全く幼稚園の革命だ」と評し、今後新たに展開していくだろう保育の出発点を見出している[5]。家なき幼稚園は、初めから園舎を持たず、毎朝、町内の神社に集まった幼児たちを周囲の川や森に連れ出し、郊外の自然の中で保育することを特徴とした。また、幼児への「児童愛」を掲げて、若い保育者と母親が、協同で保育にあたる機会を積極的に作り出していた。

本章は、橋詰が、私鉄企業の郊外住宅地開発と新聞社の事業活動との結節点に、家なき幼稚園を成立させた経緯を明らかにするとともに、保育実践を通じて、どのような保育の言説と空間を構成したのかを検討している。郊外を舞台に、新たな受容層の欲求や価値観を表現する教育の形式が、同園で創造的に発見されたことに注目し、次の三点の考察を行っている。その第一は、郊外の自然の中で遊び場を構成し、自然の事物を積極的に活用することで、自然と融合する教育を生み出した点である。第二に、母親の保育参加を通して、家庭の幸福の基盤となる子育ての言説と、母親としての新たな自己を表現する語りを準備した点である。第三は、橋詰による自然の教育や子育てのスタイルを、雑誌、放送、百貨店のメディアによって演出し、社会に提示していく宣伝機能を幼稚園が担った点である。

これまでの保育史研究において、家なき幼稚園のような郊外型幼稚園に対する問題関心は払われてこなかった。明治期からの保育の歴史は、宍戸健夫（一九八八年）によれば、「ブルジョワジーの自己教育」組織の幼稚園、「労働者大衆の教育組織」の保育所、「労働者の自己教育」のための保育施設の系譜に分けて捉えられてきた(6)。郊外という地理的、文化的基盤や新中間層の登場を背景にした家なき幼稚園は、これらの系譜のいずれにも位置づけられていない。また、家なき幼稚園に関する先行研究では、上笙一郎・山崎朋子（一九六五年）をはじめとして、園舎を持たずに郊外の自然を利用した実践が注目されてきた。橋詰の教育は、官製の教育方法と内容に反発し、子どもの自主性、自発性を尊重するものとして、「大正自由教育」の流れに位置づけられた(7)。森上史朗（一九八四年）は、保育に自然を求める脅迫的な心理作用が、橋詰に働いたのではないかと指摘している(8)。だが、これらは、郊外住宅地の歴史的位相や文化的特徴との関連で、橋詰の教育の成立や実践の様式を検討したものではない。

橋詰に関しては、保育以外の文化、社会事業分野における活動も明らかにされている。富田好久（一九八七、一九八八、一九八九年）は、農漁村託児所の設立、大毎慈善事業団の巡回病院、全国盲人文化大会などへの橋詰の関与を示している(9)。山崎千恵子（一九九〇年）は、橋詰の設立した姉様学校の基盤が、彼と幼稚園を中軸とした未婚、既婚女性たちの私的な友好関係にあることを指摘し、その機関誌『愛と美』の特徴を、「〈子どもと女性〉を主題」とする生活文化、社会教育、幼児教育に関する記事に見出している(10)。メディア・イベントの研究からは、津金澤聰廣（一九九六年）により、橋詰が、箕面有馬電鉄と大阪毎日新聞社（以下、「大毎」と記す）のタイアップによる「山林子供博覧会」の企画、運営の中心人物であること、および家なき幼稚園と新聞社事業との深い関わりが指摘された(11)。

本章は、都市新中間層の価値観を体現して郊外住宅地が誕生したこと、および彼らのライフスタイルに着目し、橋詰が、大毎で培ったメディア戦略を通じて、どのように人々の関心を家なき幼稚園に動員し、実践を展開したのかを検討する(12)。そこで、次の二つの作業を行っている。一つめは、保育において、子どもと自然との直接接触を重視する教育論が、郊外という地理的、文化的基盤のもとに産出され、大量に再生産された過程を明らかにすることである。二つめは、近代日本の保育の系譜において、郊外と新中間層を背景に成立した幼稚園の歴史的な配置を試みることである。

橋詰は、一八七一（明治四）年一〇月に兵庫県尼崎市に生まれ、一八九五年に神戸師範学校を卒業してから、大阪市の安治川小学校、西区第二高等小学校の訓導などを勤めた。一九〇六年に大毎に入社し、内国通信部員として教育担当の記者を経て、一九二〇年に初代事業部長となる。アメリカのパーカスト女史の来日に際しては、同社主催による女史の全国講演を斡旋するなど活躍した。池田に幼稚園を設立した後は園長を務め、ほかに宝塚、箕面、十三、雲雀ヶ丘、大阪（以上、一九二四年）、千里山（一九二五年）に、あわせて六つの家なき幼稚園を開園している。

以下、第1節では、郊外住宅地を形成した新中間層の欲求と、大毎のメディア事業による遊び場の演出について明らかにし、家なき幼稚園が企業とメディアの交差する場に成立したことを記述する。第2節では、橋詰による自然中心の教育の言説と実践が、どのような方法、内容により産出されていたのかを検討する。第3節では、若い保育者や母親が、幼稚園で実践し語った「児童愛」による子育てについて明らかにする。

1　家なき幼稚園設立の舞台
──小林一三の企業戦略と大阪毎日新聞社の事業活動との交差する場

1　池田室町の誕生──郊外住宅地として

大阪の都心から郊外への移住は、明治三〇年代半ばから大正期に、大手紡績会社、商社、関西系財閥の系列会社などを経営する実業家や大商人が、大きな邸宅や別荘を建てたことに始まる。彼らの主な移住先である大阪の天王寺や神戸の御影、住吉の山手地区は、広大な敷地に風格のある建物がたつ高級住宅地として発展した(13)。

しかし、小林は、富裕層向けの高級別荘地として、箕面有馬電鉄の沿線郊外を開発したのではない。彼の新たな企業戦略は、都市部のもう少し所得の低い層を対象に、彼らの価値観と生活意識に訴える郊外生活のイメージを喚起して住宅を販売することだった。箕面有馬電鉄の宣伝する郊外の自然景観は、きわめてツーリスティックな意匠に満ち、それ自体が、都市部の住民には接近しやすい観光地的魅力を持っていた(14)。池田室町で買収した二万七千坪の土地に、二〇〇戸ほどの屋敷を建設した小林は、一九〇九年発行のパンフレット「住宅地御案内」で、次のように「模範的新住宅地」として、この地を宣伝した(15)。

如何なる土地を選ぶべきか　美しき水の都は昔の夢と消えて、空暗き煙の都に住む不幸なる我が大阪市民諸君よ！出産率十人に対し死亡率十一人強に当る、大阪市民の衛生状態に注意する諸君は、慄然として都会生活の心細きを感じ給うべし、同時に田園趣味に富める楽しき郊外生活を懐うの念や切なるべし。（……）

如何なる家屋に住むべきか　家屋は諸君の城砦にして安息場所なり。（……）郊外に居住し日々市内に出でて終日の勤務に脳漿を絞り、疲労したる身体を其の家庭に慰安せんとせらるる諸君は、（……）以て田園的趣味ある生活を欲望すべく、従って庭園は広きを要すべし、家屋の構造、居間、客間の工合、出入に便に、日当たり風通し等、屋内に些かも陰鬱の影を止めざるが如き理想的住宅を要求せらるるや必せり(16)。

小林のめざす理想的な「郊外生活」は、それが拒否した対立物、つまり劣悪な環境で非人間的なメトロポリスとの関係で把握されている。当時の大阪は、従来の伝統的な舟場の商業、金融業に加えて、淀川から大阪港にかけて繊維、機械工業などの工場地帯を有するアジア最大の商工業都市に発展していた。同時に、急激な人口増加と不良住宅の密集、自然条件の悪化や衛生問題が深刻化した(17)。このような大都市に対し、郊外住宅地の出現は、自然の豊かな「田園趣味」に富み、家庭での「慰安」を保障される都市空間の新しい形の創造を表現していた。

池田室町は、大阪の新中間層が、自然との合一、家庭生活での精神的充実を理想として、自分たちの価値観を反映する世界を集団で創出する場となった(18)。小林は、彼らの住宅購入の便をはかり、わが国初の月賦制住宅ローン方式を販売に取り入れ、第一回分譲では、ほぼ完売させている。南博ら（一九六五年）によれば、社会的に相対的な安定をえた新中間層にとって、生活は単なる生存のレベルを超えていた。彼らに心理的安定をもたらすのは、家庭生活の文化的内容を充実させることだった(19)。池田で分譲された家屋は、一区画一〇〇坪の土地に二〇～三〇坪の二階建ての和風住宅であり、従来の「接客重視」型を廃して(20)、居間、客間の配置、台所、風呂場の勝手を工夫した「家族本位」の構造である(21)。箕面有馬電鉄発行の『山容水態』（一九一五年）には、池田に移住した人々の、その動機や気に入った点、健康状態、子どもに関する質問の回答が掲載されている。彼らは、「家族の健康」や「園芸の趣味」、自然への敬愛のために「不潔なる市街を避け」て移住し、帰宅すると「気分が一新する」「精神上何となくゆったりした気分」になると語った(22)。彼らは、郊外への移住という行為を通じて、これまでの都市生活を、自然と融合した幸せな家庭生活へ再編する動きを見せていたのである。

2　橋詰と「山林子供博覧会」

小林の郊外開発の特徴は、沿線の住宅地開発に、各種の行楽地開設やイベント開催をあわせて、電車の乗客誘致をはかった点である。箕面有馬電鉄は、一九〇九年に大阪から箕面、宝塚への両線を開通させ、同年に箕面動物園、翌年に宝塚歌劇の前身となる新温泉、遊園地を開場させている。沿線では「山林子供博覧会」「婦人博覧会」「家庭博覧会」などが開催されるほか、六甲山ハイキングやスキーも宣伝された。吉見俊哉（一九九〇年）によれば、これら私鉄沿線に開設される行楽地やイベントは、江戸時代以来の行楽客目当ての名所的・花街的な行楽地とは異なり、新しい中産階級の家庭、特に婦人と子どもを対象としたものであった(23)。

沿線のイベントや行楽地に出掛け、家族を楽しませる人々の意識を背景に、子どもの遊び、娯楽空間も、メディアの企画や宣伝を通じて、自然の中に配置され演出されるようになった。大毎記者時代の橋詰は、まさに、そのような演出空間としての遊び場を生み出した中心人物の一人である。一九〇三年に、本山彦一が大毎の五代目社長に就任すると、他社との部数拡大競争から「中流」読者層の獲得を目的に、読者の関心を動員する公益事業が推進された(24)。なかでも家族のレジャーを狙い「子供の楽園」を作ったのが、箕面有馬電鉄との共催による「山林子供博覧会」（一九一一年一〇月一〇日～三一日）である(25)。会場には、大阪の北郊に位置する紅葉の名所で、広大な森林地帯と渓流、動物園を持つ箕面地区が選ばれた。橋詰は、その「全山の自然を会場にしたという趣旨」を明確にするために、「山林子供博覧会」という名称を小林に提案している(26)。開催期間中、大毎は六回にわたり、見開きの使用や写真入りで博覧会の盛況の様子を取り上げた。特に、自然の景観を利用して、お伽噺の場面を人形で表現した「お伽パノラマ」や「子供電車」が人気を集めたようである。連日家族連れでにぎわい、会場内で開かれた「箕面子ども会」で、講演を担当した橋詰自身も「相応の成果を得た」と述懐する(27)。

橋詰の家なき幼稚園は、この「山林子供博覧会」から着想されたうえ、大毎のメディア事業と密接に結びつくものだった。橋詰は、一九二六年六月一一日付の『阪神毎朝新聞』で、池田室町に移住して一〇年たった時に、「自然をそのままの会場にして『山林子供博』を開いたような、自然をそのままの保育室にして幼稚園ができないものか」と考えたという(28)。当時、大毎の事業部長として手腕をふるっていた彼は、「大毎婦人見学団」の付設事業として幼稚園の開設を企画した。その企画通りに実現したかは不明だが、まずは大毎の常設事業として幼稚園は開園され、一九二三、二四年の二回にわたり、大毎の慈善事業団から三〇〇円ずつの寄付金を受けている(29)。しかし、周囲のさまざまな「邪推や憶測」から、彼が自分の個人事業として幼稚園を引き取らねばならない事態に至ったという(30)。こうした経緯がありながらも、家なき幼稚園は、本山による幼稚園歌の贈呈や数回の寄付、「婦人社会見学団」の幼稚園見学など、大毎の関係者や事業と深い関わりを持ち続けていた。

2　演出される自然の教育

一九二二年の春に家なき幼稚園は開園された。これに先だって、池田室町の約二〇〇戸の家々に配布された幼稚園設立趣意書「『家なき幼稚園』の発起」には、次のように記されている。

広い広い自然を占有している郊外住宅地の人々が大阪あたりの真似をして窮屈な家を建てることから手を着けなければ幼稚園が出来ないように考えるのは詰まらないことだと思います。工夫のつけかたによっては『家なき学校』でも立派に出来るものだと考えて居ますが、保育にあっては特に『家なき幼稚園』が自由で、簡単で、愉快だと思われます(31)。

大阪との対比で郊外の価値を謳い、自然の中で教育することの創造性と合理性をあげた橋詰の戦略は成功している。「自然をそのままの保育室に」という発想を端的に表した「家」＝園舎を持たない幼稚園は、自分たちの価値観に見合う教育を求めた郊外の住民に受け入れられた。園児の募集に、最初二〇人の予定が、実際は六〇人の申し込みがあり、園の趣旨を理解してもらうために町の倶楽部で懇談会も開かれたという。橋詰の趣旨に賛同し、幼稚園を見学する教育関係者も後を絶たない。奈良女子高等師範学校の森川正雄、成城学園の小原国芳をはじめ、一九二四年には、東京女子高等師範学校附属幼稚園の倉橋惣三が雑誌『幼児の教育』に、池袋児童の村訓導の志垣寛は雑誌『教育の世紀』に見学記を掲載し、常に幼児を自然の動植物にふれさせる方法を絶賛している。

橋詰による自然の教育が人々を惹きつけたのは、保育空間としての自然が、新しい意味を持って強く意識的に主張されたからである。橋詰の著書『家なき幼稚園の主張と実際』（一九二八年）によれば、家なき幼稚園の教育は、「大人の理屈から割り出した園舎等という家や建物から幼児を解放して純真な大自然の中で、伸び行く子供の生命を思いのままに伸びさせようとする」ものである(32)。家なき幼稚園にとっての「大自然」は、「純情をもつ娘と神性の輝ける幼児とを結び合わせて」、「おのずからのうちに自然の愛の発露」させる場として設定されている(33)。橋詰の自然教育は、園舎に表象される教育の目的合理的な方法や内容よりも、大自然との調和的な関係において、子どもがありのままの姿で健全に成長する過程を志向するものだった。この意味で、彼による保育空間としての自然は、無垢で純真な子どもを中心とした地上の楽園であり、子どもと保育者との相互交渉を神聖なものとして捉えていく美的な舞台装置でもあった(34)。

写真２　呉服神社の境内に集まった家なき幼稚園の園児（大正14年頃）

家なき幼稚園における自然の教育は、園舎を持たない幼稚園の日々の保育活動そのものによって生まれ、演出されていた。毎朝、集合場所の呉服神社の境内に集まった後、保育者と幼児は、ござ、組み立て机、折り畳み式の椅子、乳母車に取りつけたオルガンなどを持ち運び、付近の猪名川、大光寺の森、城山

写真３　河原での水遊び

の野原などに出掛けて活動している。雨や猛暑の日は、神社の絵馬堂を借りていた。幼稚園の保育項目は、「歌えば踊る生活」「お話をする生活」「お遊びをともにする生活」「回游にいそしむ生活」「手技を習う生活」「家庭めぐり」の六つである(35)。自然の教育を特徴づける「回游」は、橋詰によれば「自然に親しむ」「自然を観察」するために、保育者が幼児を連れ歩き「石つみ」「魚つり」「水あそび」「土ほり」「草つみ」「虫とり」「鳥の声を聞く」の活動をさせることである(36)。開園の一年後、傾斜した絵馬堂の使用に反対する声があり、有志の協力によって代わりの小さな建物が建てられた。橋詰は、これが園舎ではなく幼児集合所であることを強調し、あくまでも悪天候の時のみの室内使用を貫こうとしている(37)。

幼稚園から戸外に出て、幼児を自然に親しませる活動は、家なき幼稚園だけでなく、当時ほかの幼稚園にも取り入れられている。大阪の愛珠幼稚園をはじめ、「郊外保育」「園外保育」は、すでに明治期の幼稚園でもしばしば行われていた。大正期になると、幼児の直接経験を広めることが重視され、「郊外保育」がよく行われたほか、園芸や動物の飼育を通じて、自然界のことを談話に取り入れる試みもなされた(38)。一九二六年の「幼稚園令」公布の際には、「幼稚園令施行規則」第二条の保育項目に新たに「観察」が加えられ、自然に関する教育方法や内容が全国的に制度化されている。

家なき幼稚園の実践が興味深いのは、郊外住宅地において美化された自然教育の言説と実践が、園の名称の変化にともない、メディアと消費空間を媒介に産出、宣伝されていくからである。

昭和期に入り、家なき幼稚園は府の認可をえるために、園の名称や施設の変更を余儀なくされた。一九二九（昭和四）年、大阪家なき幼稚園が、郊外に幼児を連れていく自動車の免税を申告するために、「幼稚園令」の定める設備を整え、府の認可をえる必要が生じた。そこで、幼児集合所のバラックに代わり「最小限度の家」を建てたが、園舎があるために「家なき」の名称を担当者から注意され、同年一〇月に大阪のみ「自然幼稚園」と改称することになる(39)。これを機に、橋詰は、自らほかの家なき幼稚園の公認化を進め、一九三〇年に箕面、翌年に池田を含む四園の認可をえて、すべての園を自然幼稚園と改称させた。

　橋詰の、幼児が自然の中で自由に遊ぶ教育のイメージは、「家なき」を演出してこそ、日常的に実現されていく感覚をもたらすものだった。しかし、幼稚園の名称や施設の変更を通じて、自然の教育のイメージに変質のきざしが見られるようになる。橋詰は、各園が自然幼稚園として開園するたびに、改名披露の目的をかねて全園合同で「自然物手技」の展覧会を開催した。「自然物手技」とは、例えば、ドングリを頭に、木の葉を着物に見立てた人形のように、自然物を材料にした製作品を作ることである。橋詰はフレーベルの恩物を引合いに出し、「神さまが御手づから子供に下すった恩物」として自然物を捉え、しばしば「自然恩物」と称している(40)。初めての展覧会（一九二九年一〇月）で、保育者たちは「少しでも多くの自然物をとり入れ度い」と苦心し、普段の遊戯の見学が無理なら製作品だけでも見てもらおうと、会場の保育室を製作品で陳列しつくした(41)。自然との一体感をアピールする「家なき」という名称の喪失を、「自然物手技」の展示で埋め合わせようとする差し迫った思いとともに、自然物の取捨選択によって、教育に適するように自然を再編して取り込む意識も垣間見られる。

　すべての園が自然幼稚園になったとき、橋詰は、『愛と美』（一九三〇年一一月号）誌上にて、新たに「自然保育の時代」が来たといい、積極的に保育界に「自然物手技」を打ち出す方針を宣言している(42)。保育者たちの保育日記においても、「自然物手技」に関する所感や実践が、以前にも増して記録されるようになった。千里山自然幼稚園の保育者坂口みさ子は、『愛と美』（一九三一年一月号）に「子どもと協力して」と題して次のように述べている。

> 子供は何時も自然恩物で何かをして遊んでいます。（……）先ず私等は子供の前でいろんな物を作り初《ママ》めます、

見て居る子供はそれに対してよき暗示と助言を与えてくれます。子供も又私等のを見て何かを考え出します。（……）自然の事象に対して深い注意を払うようになれば――本当に子供の観察眼が発達して行く事が、余りに勿体ない嬉しさだと思います（43）。

保育者の製作案が示すように自然を眺める行為は、「観察眼」や「発達」などの教育的効果に結びつくことを期待されている。これに適合しない、例えば、人間生活を脅かすような自然の部分は、教育から排除されていく。「自然物手技」は、具体的な製作品を通じて、自然を用いた保育の価値をアピールするものであるが、同時に、教育上の効果という視点から自然の一部を切り取って、それで幼稚園を構成しようという意識を表している。

自然に対するまなざしの変化は、これまで以上に、さまざまなメディアを通じて「自然物手技」を宣伝し、その教育的価値をいかに演出するかという努力を生じさせた。まずは雑誌である。一九三〇年発行の『愛と美』（六月号）は、「自然の恩物号」として自然物を用いた製作品について特集し、写真と文章で作品例を説明して、家庭への普及をはかっている。翌年の同誌七月号から一二月号では、大阪自然幼稚園の保育者森垣操子により、春と秋に行う「自然物手技」の作品の材料と作り方が、図柄入りで説明された。一九三三年一月号の広告によれば、自然幼稚園保母編『自然恩物手技の創作例』という冊子も、姉様学校から出版されるという。一九三〇年七月三一日には、ラジオの子ども向け番組で、橋詰と森垣が「こんな手技を御存じですか」と題し、テキストを用いて自然物での自動車や蝶、兵隊の作り方を教えている。同年一〇月一七、一八日に名古屋で開催された第五回全国幼稚園関係者大会では、橋詰と保育者の幸田花枝が、「自然恩物の手技創作」という発表を行い、その翌日には、名古屋放送局から「自然恩物手技」の放送を行った。

注目したいのは、大阪三越という百貨店で開催された「自然物の子供手細工展覧会」である。これまで、展覧会は幼稚園の保育室で行われていたが、一九三一年に四つの自然幼稚園の開園を記念して大阪三越で開かれてからは、ここの六階を会場にするようになった(44)。毎年一一月中旬の三日間を会期として、親子連れ、学生、教育関係者らが千数百人も来観し、第二回以降は、各園の保育者がパンフレットも作成して製作品の説明にあたった。『愛と美』に掲載された会場の写真や橋詰、保育者らの記述によると、画用紙に木の葉で人物や車を型どった作品が会場の壁面を埋めつくし、陳列台には松かさや木の実、果物を材料にした動物園や大演習の模型などが数多く並べられていた。これらは、幼児の製作品と、保育者が幼児に示す製作案として作ったものである。ここでは、切り取られた自然の一部が製作品として目録化され、来観者に「此の自然を要素」として幼稚園の作り出した教育の世界が提示されていたのだった(45)。

3 「児童愛」の子育て

新中間層の社会層としての成立は、鹿野政直(一九八三年)によれば、日露戦争から第一次世界大戦期を通じ、資本主義の急成長した一九一〇年代の特徴である。これは、世帯主、妻、子どもからなる単婚家族の大量の析出を意味した。新中間層の家族では、夫は職場での仕事、妻は家庭での家事・育児という性別役割分業が生じ、家庭は、もっぱら消費と休息の場としての意味を強めた(46)。各家に女中をおいた池田の場合、「室町婦人」と呼ばれた妻たちは、室町倶楽部で社交を深め、大阪に観劇にいくなど「中流」としての充足感を満たしている(47)。一方で、彼女たちには、夫の不在中に、家庭で育児の責任を一人で引き受ける不安や負担がつきまとっていた。

家なき幼稚園は、自然の中での教育を演出するだけでなく、家庭における子育てのあり方を見直させる点からも、彼女らに新しい幼稚園の誕生を告げている。橋詰は、一九二一年夏に大毎から派遣された洋行の途上で赤痢に罹り、シンガポールから帰国して自宅で三カ月間静養せねばならなかった。家庭の子育てを観察する機会をえた彼は、箸の持ち方、鞄のかけ方など、生活習慣に関する母親の配慮に、親自身の「楽しみ」と子どもへの強要があり、その「どちらにも始末の悪い」ことを感じた。「母親の持物になって居る幼児」には、「ほんとうの子供の世界が恵まれて居ない」というのが、彼の実感だった(48)。橋詰の家なき幼稚園の設立は、このような子育ての閉塞状況を打開し、幼児のための「子供の世界」を作ろうとする動機から生じている。家なき幼稚園は、幼児の家庭を基盤としたり、家庭教育の欠陥を補完したりするよりも、親の過剰な管理から子どもを解放し、理想的な大人—子ども関係のあり方を模索する場として構想されたのである(49)。

日中、多くの男性が大阪市内へ出勤する郊外住宅地で、家なき幼稚園には、留守を預かる母親や、若い女性たちが招きよせられていった。開園時に採用された保育者二人が一年で退職した後は、女学校を卒業したばかりの橋詰の次女芹子と女友達が手伝い、以後は、奈良女子高等師範学校や梅花女学校を出た女性が保育者に採用されている。また、日常的に母親を保育実践に参加させるために、保育当番を定めて、担当者に徽章をつけさせ、弁当、水筒持参で半日保育に加わってもらっている。橋詰は、職業的な「教育の技師や、教育の官僚」による「幼稚園という堅苦しい連想」を退け、「素人主義」に基づく「娘と母のつくる子供の国」の建設をめざしていた(50)。

これらは、保育から「素人」の女性や母親を排除するのではなく、専業主婦の親が、子育てについて自らのあり方を社会に表明する場として、幼稚園を意味づけ直すことにつながっていく。大正期には、資本主義の急速な発達から事務員、タイピスト、電話交換手、店員などの新しいタイプの「職業婦人ブーム」が生まれた(51)。風俗の洋化、女優の映画スターの誕生、政治への参加など、家庭の文化から分離した女性文化は、従来の良妻賢母主義を否定するものとして革新的な意味を帯びるようになる(52)。良妻賢母への否定的見方に危機感を抱いた橋詰は、女学校の「教育の職業化」を批判し「母の準備として」の教育の重要性を唱えている(53)。一方で、彼は、大毎で「婦人社会見学団」を創設(一九一六年)し、女性の社会進出と社会問題への関心を満たす啓蒙活動を重視していた。そこで、幼稚園で「母と姉ちゃんと幼児の協同家庭」を作り(54)、「幼児教育の理解を社会的に広める」という、女性の関心を家庭と育児に引き寄せつつ、社会に対する発言の機会を女性に与える論理が生まれたのである(55)。

若い保育者や母親が担った役割は、橋詰の「児童愛」による子育てを幼稚園で実践し、その心情や身振りを繰り返し日記で語ることだった。橋詰によれば、「児童愛」とは、若い女性と幼児とがふれあうことで生じる「自然の愛」であり、子どもへの親近感や好意的な感情を表している(56)。彼女たちは、教育するという抑圧的な意識を取り除き、ひたすら子どもに接近し、彼らの純粋さや素朴さを守ろうと、それらを敏感に感受する努力をしている。保育者たちが記した「所感録」と、保育当番の母親による「お当番の日記」の記述を見てみよう。

写真4　家なき幼稚園の園児と母親

早く可愛い子供に逢って遊んでもらいましょう。永い間子供たちに逢わぬうちに、すっかり自分の心が荒んでしまった。（……）ああ早くあの純な子供の心で暖かく抱いて頂こうそれが私の生きる喜びだから。おはよう！といって手を差出する子供たちに、私はもう何といっていいか分からない嬉しさと感激とに充たされました(57)。（池田家なき幼稚園保母、葛野幸子）

いつ見ても変わらないのは子供たちの純な心です、ずいぶんいたずらをして先生たちやおばちゃんを困らせますけど、それらを皆子供たちの純真が補ってくれます。ここは大人の世界に見ることの出来ない綺麗な世界であることを感じました。（……）今日一日浄化された心で一緒に楽しく遊びましたことを嬉しく思います(58)。（同幼稚園園児の母親、島千鶴子）

保育者や母親が語るのは、子どもと接する「喜び」や「楽し」み、彼らを可愛がる気持ちだけでなく、その結果「荒んだ」気持ちが癒されること、「心」が「浄化」される体験である。ほかの日記にも「若がえった」「子供にかえる」心境などが散見される(59)。彼女たちは、子育ての中で充足感や幸福感を感じている自己、あるいは子どもの世界と通じる自分の神聖性と向き合う機会を獲得していた。家なき幼稚園は、橋詰によれば、まさにこのような技法を身につける「児童愛道場」であり、母親の保育当番は、「自己の心性浄化」を目的としていた(60)。子どもに対する愛情や献身だけでなく、子育てを通じた大人自身の生の革新という意味を重視した点において、新しい子育ての語りが、幼稚園で準備されていたのである。

前掲のような日記は、「児童愛小品」と称されて『愛と美』に毎号掲載された。第一巻一月号（一九二七年）から第八巻七月号（一九三三年）まで、毎号平均で約一四編、その総数は一、一七三編にものぼる(61)。橋詰は、これらの日記を「児童愛を率直に現している」と評した(62)。しかし、日記に綴られる女性たちの姿は、他人の目に映る自分の姿を意識的に操作し、「児童愛」という一定の様式に適合する子育ての行為を演じているように感じられる(63)。彼女たちの振舞いの背後には、家庭の慰安の基盤として、母親が充足感をえるような、幸福な子育てのあり方を求める郊外移住者の意識があると思われる。母親たちは、幼稚園の実践と日記に演出された自己表現を通じて、幸福な子育ての中に自らの幸せを求める意識を共有しつつ、子育てをする主体として自己を立ち上げていたのではないだろうか。そして、自分たちの子育てのあり方を社会に発信する方法として、「児童愛」の語りを用いていたのではないか。

おわりに

家なき幼稚園の成立した郊外は、田園趣味と牧歌的心情による自然主義的な空間であるだけなく、大正期から昭和初期のモダニズムのうねりの中で、家庭や娯楽への欲求を満たす消費文化と、高度なメディア社会の生成する場であった。そこで生まれた幼稚園の保育は、次の二つの点において、当時の官制の幼稚園とは異なる性格を持つものだった。

第一に、イベントや娯楽、消費の対象として美化された自然を礼賛する言説を保育の領域からも生み出し、多様なメディアを通じて自然の保育を演出した点である。特に、イメージを通じて流行を作り出す百貨店という消費空間の活用は、「自然物手技」の教育を社会に効果的に広める機能を果たしていたといえるだろう(64)。

第二に、専門家による家庭教育の補助または代替として幼稚園の機能を捉えるのではなく、母親が自分たちの子育ての様式を開発することに、その社会的役割を見出した点である。保育者と母親は、子どもとの接触による自己の再生という物語の共有を通じて、地域の中で子育ての一体感を生み出していた。

家なき幼稚園の成立は、郊外型幼稚園という、新たな幼稚園の類型を誕生させる歴史的出来事である。橋詰が、大阪を除く六つの幼稚園を郊外に設立したこと自体、そのような幼稚園の広がりを示している。箕面有馬電鉄の住宅地開発事業は、関西の阪神、関東の小田急、東急などの電鉄会社にも採用され、一九二〇年には渋沢栄一らの創立した田園都市株式会社が、東京の西郊で事業を開始した。これらの郊外住宅地にも、多くの幼稚園が設立されている。

家なき幼稚園は、郊外型幼稚園としてどのような特徴を示していたのだろうか。それは次の四点でまとめられる。第一に、自然の天然なさまと子どもの生命を結びつけて、自然そのものを保育の環境とみなした点である。橋詰が「純真な大自然の中で、伸び行く子供の生命を思いのままに伸びさせよう」と語るとき、穢れなき自然の生命と子どもの生命は重なり、調和的な成長のイメージを彼に抱かせている。第二に、「自然物手技」が、幼児と自然の直接的な関わりを表象するものとなり、さまざまなメディアを通じて広く伝達された点である。第三に、家なき幼稚園の成立と実践が、新中間層の郊外ユートピアに抱く願望に基礎づけられ、同時にその願望をかき立てていた点である。第四に、家なき幼稚園の実践を通して、母親の自己の活性化を促す場として、幼稚園が再定義される契機をもたらした点である。神聖な子どもという表象や、雑誌メディアへの登場を通じて、子育てをする母親自身の新しい自分も見出されていた。

一九三四(昭和九)年六月に橋詰が死去した後、残された家なき幼稚園は、池田の園以外は解散したとされる。池田の場合は、一九二三年に箕面有馬電鉄の管理から独立した室町会という自治組織が設立され、会社の所有する倶楽部建物の室町会への譲渡を実現させていた。池田の幼稚園の経営全般は、この室町会の運営する倶楽部に移管され、園長には、橋詰と親交のあった大阪朝日新聞社の辻村又男が就任した(65)。こうした園の存続は、すべての家なき幼稚園の中でも例外的だった。郊外の住民が追求した「文化生活」という生活モデルには、社交という私的な交際関係の広がりはあっても、その関係は、幼稚園を存続させる協同性の構築よりも、個人の私的充足を満たす方へ向かうものだっただろう。

第6章

一九三〇年前後の成城幼稚園における保育の位相

——小林宗作のリズムによる教育を中心に——

はじめに

本章は、小原国芳の「学校村」における成城幼稚園の成立と小林宗作のリトミックによる保育の特徴を明らかにし、一九二〇〜三〇年代に郊外で産出された幼稚園の教育言説および実践について考察している。

成城幼稚園は、一九二五(大正一四)年に郊外住宅地をデザインする学園都市構想において設立され、郊外という地理的、文化的状況に基づく教育実践を行った。その実践は、次の三つの点から特徴づけられる。

第一に、私学の経営戦略と都市新中間層の教育熱が作り上げた「学校村」で、成城幼稚園は、両者の要請に応える教育の場として構成された点である。関東大震災(一九二三年)を契機に、牛込区原町にあった成城小学校の関係者は、北多摩郡砧村への学校移転を進めた。当時の成城小学校主事小原国芳は、この移転を決行し、かつリトミックを日本に導入した小林宗作(一八九一〜一九七九年)を同園に招いている。第二に、小林宗作のリトミックを中心とするリズム教育で、科学的に開発される身体、自然と調和する身体、すぐれた頭脳を獲得する身体という三つの子どもの身体をめぐる言説が産出された点である。その子どもの身体は、従来の保育が対象にしてきた自然に発達する身体ではなく、衛生や医療の対象として清潔にされ治療される身体でもない、早期教育の前提となる身体を意味していた。第三に、小林のリズムによる教育において、郊外の幼稚園における早期教育が構想され、成城幼稚園での教育が「よい子」を生み出すために展開された点である。

小林宗作が成城幼稚園にリトミックを導入した時期は、新中間層にとって、身体の問題が新たな関心事となった時期に重なる。「文化生活」をライフスタイルとする新中間層は、自らの幸福を追求するために身体の「健康」を獲得すべき目標として強く意識している。「健康」は、社会に役立つ個人として認められ、豊かで文化的な家庭生活を実現する資質の象徴でもあった。それゆえ新中間層は、スポーツや体操などの科学的合理的な行為を通じて、自らの身体、夫や妻や子どもの身体において「健康」を達成しようとした(1)。小林のリトミックも、新中間層の人々の身体と健康への関心を成城学園の教育に結びつけていく役割を果たしていたといえる。

小林は、従来の学校教育の体育が、身体の問題からのみ捉えられていることを批判し、リトミックを念頭に音楽のリズムを重視した身体の運動を主張した点で、当時の教育界では特異な存在だった。「リズムへの入門（一）」（一九二九年）では、「健康を目的とした」「衛生的体操及競技的の体操」は、「身体」を「リズムとは関係なしに練習」させるものとして批判され、「よく整った身体の美」は、子どもの「リズムに対する本能」の程度に応じて獲得されると主張される(2)。当時の小学校教育ではスウェーデン体操が学校体操の基本で、これは解剖学・生理学を基礎とし、年齢や能力に応じた身体の均整のとれた発達を促すものだったが、音楽的な要素を盛り込んでいない。一方、外国のフォークダンスを模倣した小学校の「行進遊戯」や土川五郎の考案した幼稚園の「律動遊戯」は、身体的精神的な側面での音楽やリズムの教育的効果をねらった身体活動である。しかし、あくまでも「遊戯」であり、小林のように「よく整った身体の美」を得るべく積極的な身体の訓練を目的とするものではなかった。

これまで成城幼稚園や小林宗作に関する研究は、部分的にしか行われてこなかった。小林恵子（一九七八年）は、小林のリトミックによる保育の成立の背景として、新教育の実験校だった成城小学校を母体に幼稚園が設立された点や、土川五郎の「律動遊戯」をはじめとする大正期の「遊戯」改革の流れが存在した点を指摘している(3)。佐野和彦(一九八五年)は、小林の個人史や著作、戦前の成城幼稚園に関する史料の発掘、紹介をしてきた(4)。しかし、戦前期の保育にどのように成城幼稚園を位置づけるかという歴史的配置に関する議論は行われてこなかった。そこで本章では、当時の郊外住宅地の社会的文脈を視野に入れて、小原の「学校村」における成城幼稚園の教育の意味を検討し、リトミックにより生じた幼児の身体への関心と教育との関連を考察する作業を通じて、成城幼稚園を都市の郊外型幼稚園に位置づけていている。

小林宗作は、一八九三(明治二六)年に群馬県吾妻郡の農家に生まれ、音楽教師になることを志して一九一六年に東京音楽学校師範科乙種に入学した。一九二三年にパリに留学してジャック・ダルクローズの学校でリトミックを学び、一九二五年より成城幼稚園の主任、六つの保母養成所の講師となって幼児教育界にリトミックを広めた。同年五月五日に成城幼稚園が開園されると、学校の教職員の子どもを中心とする幼児六名前後が入園した。当初は幼稚園の独立した園舎もなく、小原の自宅の下座敷で保育が行われることになった。開園の前日、小林は園児の玩具を買いに行き、小原の自宅に人形を飾って開園式をあげたという。また、野原の雑草を抜いてきて花壇を作り、ニワトリ、ヒヨコ、ウサギ、伝書鳩も幼稚園で飼うことにした。

翌年、園児が一六名になって幼稚園の保育室は小学校の一室に移され、その翌年には場所を高等女学校に移された。一九二七年には、「工場のような建築はいや」という小林の設計で、採光や通風の考慮された新園舎の建設が始まり(5)、平屋の保育用の建物(床面積一九七㎡)に廊下でつながる事務室(床面積四五㎡)

写真1　成城幼稚園の園児と小林宗作(後列右から3人め)

とトイレのある園舎が完成した。一九二九年には、園児は三八名、教師は四名に増えて幼稚園の規模も大きくなった。一九三〇年前後の成城幼稚園の園則では、入園の年齢は満三歳以上で定員は五〇名、一組の定員は一〇名となった。小林は、成城学園退職後に『窓際のトットちゃん』（黒柳徹子、一九八一年）で知られるトモエ学園を創設（一九三七年）した人物でもある。

以下、第1節では、小原国芳の構想における「学校村」の設立の経緯とそこでの成城幼稚園の位置づけを記述する。第2節では、小林宗作のリトミックを中心に、リズム教育における子どもの身体への関心を明らかにする。第3節では、成城幼稚園における小林の早期教育と「よい子」への関心の特徴を明らかにし、成城幼稚園の保育の意味を考察する。

1　「学校村」構想と成城幼稚園の成立

1　私学経営の戦略における小原国芳の「学校村」構想

成城第二中学校の移転計画を機に、小原の企てた私立学校の経営戦略では、不動産業に乗り出して学校の設立と住宅地造成を組み合わせるという新しい手法が採用された。大正期末の東京西郊での郊外住宅地開発で、学校の移転が関わったものには、渋沢栄一の田園都市株式会社による「洗足」の第二期売り出し（一九二四年）、堤康次郎の箱根土地株式会社による「大泉学園都市」「小平学園町」の開発（一九二四年）などもある(6)。これらの郊外住宅地開発では、いずれも住宅地の開発主体と移転する学校の経営主体が異なっている。これに対して小原は、成城小学校長の澤柳政太郎より学校運営と移転問題の主導権を任された立場から、私立学校における教育事業と不動産業の兼業を実現させた。彼は、生徒の保護者からなる「成城学校後援会」に「地所部」を設置し、「地所部」に第二中学校移転予定地の周囲に広がる土地の買い上げと宅地分譲を担わせ、収益金を学校に寄付させる仕組みを作った。こうした兼業の目的は、幼稚園から小学校、中学校、女学校、高等学校までそろえた「一大学園」の建設資金を、移転先の土地経営によって調達することにあった(7)。

小原は、学校移転地周辺の土地の利用価値を高めて、用地の買収と分譲を効果的に行うため、小田原急行鉄道との提携も取りつけた。小田原急行鉄道の重役を務める生徒の保護者から北多摩郡砧村喜多見に鉄道が通ることを知らされた小原は、同社の利光鶴松社長、大地主の鈴木久弥との三者会談を行った。この会談で小原は、小田急に駅用地を提供する見返りとして、学校名をつけた駅を建設してもらい、急行を停車させる約束を取りつけた。武蔵野台地の南縁に位置する平坦地で雑木林の広がる砧村喜多見で、小原は、約二万四千坪の学校用地のほかに、付近の約二万坪の土地を購入している。

小原による私学の宅地開発の特色は、「学校村」というイメージ戦略に基づいて開発予定地が計画、整備された点にある。「成城だより」(一九二四年)での小原の報告に見られるように、彼が思い描いたのは「幼稚園、小学校、中学校、高等学校、チャペル、図書館、大講堂、運動場」などを備えた「夢の学校」の建設であり(8)、「学校を中心として父兄およびその知己よりなる学校村」の創出であった。「夢の学校」と「学校村」の構想は、小原によって「プラトンの理想国」(9)「日本のケムブリッジ」(10)と喩えられた。そして「武蔵野の広い広い大自然の中に、子達と一緒に親も教師もホントに共に学び共に考え、共に遊び、共に何物かを創り上げて行きたい」という彼のロマンティックな願いを象徴していた(11)。

「学校村」のイメージを小原の幻想にとどめずに現実化させたのは、学校関係者と生徒の保護者に積極的な移住を促す住宅地の分譲だった。成城小中学校後援会住宅地経営委員の発行した「住宅地分譲に就て」(一九二四年)によると、第一期の土地分譲では、一区画約一〇〇~五〇〇坪の土地が、一人二区画まで坪一二~一八円で売られた。同文書には「職員の方々へは三割引保護者の方々へは弐割引とする」と記され、すでに「郊外生活」の目的から宅地の分譲以前に申し込みを希望する者が「六十余名」にのぼり、「内三十名は保護者、二十名は職員、十余名は保護者又は職員の御紹介」と示されていた(12)。教職員と保護者への優遇措置と彼らが実際に宅地購入を希望しているという宣伝内容は、同じような立場にある人々の関心と購買意欲をかき立てただろう。第一期分譲の公募では、約二万五千坪の予定坪数に対し、申し込み坪数が約二倍の五万五千坪となり、一九二四年五月に抽選が行われた(13)。この時、澤柳政太郎、小原国芳、小西重直（京都帝国大学学長）、長田新（広島高等師範学校教授）、今村明恒（東京帝国大学教授）ら学者、教育者も宅地を購入しており、彼らの存在が「学校村」の学問的、教育的雰囲気を一層高めていた。

『全人』第二一号（一九二八年）に掲載された「第四回土地分譲」の広告は、小原の「学校村」を発展させて喜多見を「学園都市」として宣伝している。一九二五年の成城第二中学校の移転、成城玉川小学校、幼稚園の開設に続き、一九二六年には「財団法人成城学園」が設立認可され、高等学校も開校し、小原の「夢の学校」は着実に実現された。一九二七年四月には、小田原急行鉄道も開通して「成城学園前」駅が利用可能になり、移住者もさらに増加した。同広告によれば、喜多見の宅地分譲も、第三回まで「申込殺到」で「売切れの盛況」だった。同広告は表題に「学園都市（College-town）」を掲げ、これまでの事業が順調で小田急線沿線の「第一の発展地」となり、住宅と商店が増加していること、「東洋一と誇る」「大運動場」と「大講堂（母の館）」「澤柳教育図書館」の設置準備が進められていることをあげ、次のように喜多見の魅力を売り込んでいる。

各種の体育大会や音楽会や劇や映画の会や或は教育方面の種々なる諸集会の開催に際しては啻に、父兄のみならず朝野の名士や教育家を初めとして満都の子女の雲集し来るは明らかにして、将来、英国のオクスフォードやケンブリッジにも比すべき東京郊外に於ける教育中心の学園都市となる事でありましょう(14)。

成城学園で開催される「体育大会」「音楽会」「劇」だけでなく、教育関係の「諸集会」までもが地域の重要なイベントであり、「名士」や「教育家」に混ざってこれらのイベントを享受することが、その地域に居住することの価値を象徴していた。「成城学園」の教育の受け手として喜多見に居住することは、住宅地購入者のステータス・シンボルになっている。小原による成城学園の宅地開発は、人々の社会的地位への欲望を特別な教育の享受という面で刺激しながら、教育のために作られたコミュニティを形成していったのである。

2　新中間層の教育への関心と成城幼稚園の設立

初期の分譲で土地購入契約をした人々の多くは、生徒の保護者だったといわれる(15)。彼らは専門職や官吏、俸給生活者であり、学者、会社役員、官僚、教育者、弁護士、医者、軍人などの職業についた新中間層に属する人々だった。一九二九年に東宝砧撮影所の前身の写真化学研究所ができてからは、芸能人や文化人も増えている。彼らの移住に寄せるどのような思いが、彼ら自身を小原の「学校村」構想に結びつけたのだろうか。

砧村喜多見に引っ越した親たちは、自分と家族の仕事の都合や自らの健康やどのような家に住むかという家庭生活の問題において、子どもの「教育」「勉強」を何よりも優先させる意識を持っていた。一九二六年五月に移住してきた弁護士の山崎今朝弥は、「移転の目的は勿論子供教育にあったが、多少は神経衰弱症撃退の為もあった」と語っている。深町ふみ子は、『教育問題研究』を読んで成城小学校の教育に「共鳴」し、一家で長崎から上京して長男を同校に編入させた母親である。彼女は、学校建設予定地を小原に案内されて感激し「此処が私も欲しう御座いますワ、家を建てたい、質チャン（長男：引用者）の勉強部屋を」と小原に訴えた(16)。彼らの言動は、子どもの教育に家族の主要な価値をおく「教育家族」の親の意識を表している(17)。子どもの教育を第一に考える生徒の親こそ、小原の「学校村」への最も積極的な参加者だった。

「学校村」は、新中間層の親が子どものよりよい教育の実現を望み、自らの資金と労働と職業的な知識や技能を動員させた、いわば親の教育熱が作り上げた村でもあった。「成城学校後援会」の「地所部」「寄附金募集部」の活動や「購買部」「交通部」の計画などは、小原にとって「愉快」なほど「学校のお父さんお母さん方の手で運」ばれた(18)。

さらに、生徒の保護者の医者一一名が「理想的病院」を、電気関係の保護者が「発電所」の設立を希望したという(19)。親の活動を支えていたのは、小原によれば「可愛い子供の為に」「ゼヒ七年制の高等学校をつくりたいという、お父さんやお母さん方の熱心」である(20)。教育への「熱心」に突き動かされて働く彼らの様子を、小原は「世界に於て理想的」とさえいい、「真実の教育の王国」の実現を確信している(21)。

わが子の教育に人々の関心と労力が集中する「学校村」の実現する過程で、その中心である「学園」における成城幼稚園はどのような意味を持っていたのだろうか。小原の議論によれば、次の三つの側面で成城幼稚園に期待された役割を捉えることができる。

第一に、成城幼稚園は成城学園の「全人教育」の理念を支える役割を担っていた。一九二一（大正一〇）年の「八大教育主張」講演会の「全人教育論」によれば、小原の「全人教育」は、「真人間の教育」つまり「本統《ママ》の人間を作ること」を目的とする。「真人間の教育」の着想に最も大きな影響を与えたのは「フレーベル」の幼児教育である。フレーベルの一八二六年刊の著書を『人の教育』として邦訳した（一九二二年）小原は、「Menschenrziehung」に「深い意味」を感じ「人の本性」「本然の性」に根ざした「『人』の教育」に「根本問題」を見出している(22)。

第二に成城幼稚園は、成城学園の小学校を中心に新教育の研究を拡充する新たな教育現場としての役割を与えられていた。小原は「わたしたちの幼稚園」で、小林に「リトミックのデモンストレーション」や「幼稚園研究会」を行うことを提案している。成城幼稚園でのリトミック教育の方法、内容、研究は、幼稚園に設置された「韻律教育研究会」（一九三〇年「リトミック協会」と改称）主催の「ダルクローズ式リトミック　リズム運動法　聴管の開発法　ピアノ即奏法　講習会」（一九二九年八月）や「リトミックと音楽の講習会」（一九三〇年七月）で発表され、教育研究の現場としての幼稚園の特徴も明確である。

第三に成城幼稚園は、成城学園の私学経営の基盤を支えるものとして捉えられていた。小原は、中学校や高等学校は遠方に設置しても、幼稚園は、小学校と女学校とともに学園内に設置する必要があると考えた。その理由は、「学園村の経営から生まれて来る利益が中学校高等学校の創設費の主なるもの」で、「経営上からも、どうしても幼稚園と小学校」を「作らねばならない」からである(23)。なぜ、幼稚園が小学校とともに経営上必要なのかは、ここでは明言されていない。それでも幼児や児童の通園、通学を考慮して「学校村」に移住する家族が増加すること、幼稚園や小学校の卒業生が中学校、高等学校、高等女学校の生徒となって私学の経営を安定させていくことなどが理由として考えられよう。

2　小林宗作のリトミックにおける子どもの身体

1　科学的に開発される身体

小林が紹介したダルクローズのリトミックは、その方法の合理性を説明する言説において、科学の対象として分析される身体を前提としていた。「ダルクローズの韻律教育（二）」（一九二八年）では、リズムを身体で表現するために、「リズムを知覚して分析する精神と、リズムを演行する肉体との間に、速やかなる交通の行わるる事が大切」であり、この「交通」は「神経組織の作用に基づく」とされている。リトミックにおける意識と無意識との関係、反射的な行動の獲得、身体の器官や組織の機能に関しては、次のように述べられていた。

リトミックに関する凡ての練習法の目的は、集中力を強め、肉体を其の保持に慣れしめ頭脳の命令を速やかに実行する用意を備え、意識と稍意識とを連結し、此の目的の為に企てられた特別教化の成果を以て、稍意識力を増加さすことである、之に加えて是等練習法は更に多くの習慣的運動と新しい反応とを創造し、最小努力を以て最大効果を得、精神を純化し、意志力を強め、器官組織中に秩序と透明とをもたらすのである(24)。

写真2　1927年8月の第3回リトミック講習会の様子

リトミックの理論は、当時の生理学や心理学の用語で説明されている。一九〇〇年前後よりダルクローズは、ピアジェの共同研究者だった実験心理学者のクラパレードと親交を持っていた。ダルクローズは、クラパレードとの会談でリトミックに欠かすことのできない心理学、生理学の用語法を学び(25)、リトミックを「神経組織の分析」に基づいて構築したという(26)。

小林が雑誌『全人』に翻訳掲載したダルクローズの著作、および小林の言説に現れるリトミックにおける子どもの身体は、このような科学的研究に導かれた生理的で機械的な身体である。このような身体への関心は、小林の「幼な児の為のリズムと教育」（一九三八年）にも引き継がれている。同著で小林は、人間の体は「精巧な機械組織」で「心はその運転手」だという。リトミックは、「体の機械組織を更に精巧にする為の遊戯」であり、「心に運転術を教える遊戯」であるとみなされた(27)。

機械のメタファーで語られた子どもの身体は、音楽のリズムに肉体の運動のリズムを同調させることをめざす身体とされた。小林は「舞踊改革論」（一九二八年）で、近年の舞踊が「肉体のリズムと音楽のリズム」の「完全」な「一致」の「原理」を「無視」している点に、ダルクローズによる舞踊批判の理由があるとする(28)。リトミックは、音楽のリズムに同調して、速やかにそのリズムを運動に移行させる身体の訓練法として考案されていた。「ダルクローズの韻律教育（一）～（三）」（一九二八年）によると、リトミックの基本的な練習は、音楽に合わせた歩行や停止などの運動を生徒に行わせ、リズムや音の強弱の変化に即座に反応して動きを変えさせることを繰り返す「韻律運動」にある。小林は「リトミックの課程中最も重要なる基礎」として、成城学園の教育に「韻律運動」を重点的に取り入れた(29)。

音楽の変化に応じて肉体の動きを自在に調整し統制する身体を獲得することは、同時に、リトミックの理論において芸術の出発点と考えられていた。リトミックは、「心身のリズム運動に依って神経作用を整調し、心身の調和的発達を助け、想像力と実現力とを調和し、想像力を醒し創造力を発達させる」ものとみなされた。試行錯誤を繰り返して獲得されるリトミックの身体技法は、鋭敏な感性に基づいて音楽を認識し運動を生じさせる能力を子どもに習得させる。リトミックは、子どもの身体の感覚において音の細かな差異を識別する繊細な認識をもたらし、子どもの創造性を基礎づけ、より高い身体の価値の実現を準備するものだったのだろう。リトミックは、そのような目的で子どもの身体を開発し、「リズムに依って立つ凡ての芸術教育の基礎となる」ものとして重視されたのである(30)。

2　自然と調和する身体

一九二〇年代の小林は、ダルクローズの著作の翻訳を通じて、リトミックの身体をめぐるダルクローズの言説を再生産していた。その小林の転機は、一九三〇（昭和五）年三月から翌年一月にかけての二回めのヨーロッパ留学において生じている。小林は、成城幼稚園でのリトミックの経験から、これを「単に音楽教育の部門にのみ専らする事は甚だ遺憾」との思いを募らせていた。そして、リトミックの方法は「他の様々な芸術的指導の基礎原理をなすもの」と確信し、再度欧州でリトミックを研究することによって、「リトミックの原理に依って児童芸術の凡ての指導原理を打立てようと企てた」(31)。小林は、留学中にダルクローズやデュディンのリトミック、ケーデーのピアノ教育法、ジェダルジュの音楽教育法、幾何学リズム、色彩のリズム、リズム学を学び、モンテッソーリ、フレーベル、ドクロリー、デューイなどの方式に基づいたさまざまな幼稚園を視察してきた。帰国後の小林は、留学で得た知識を「リトミックの原理に依って総括して幼児教育に応用」し(32)、ダルクローズの理論を越えて自ら考案した「綜合リズム教育」の理論の構築に力を注いでいく(33)。この試みの中に、成城幼稚園で子どもの新たな身体のあり方を志向する小林の挑戦が埋め込まれていた。

小林の「綜合リズム教育」は、自然と人間生活との調和的な関係を実現する目的を持って展開されている。著書

『綜合リズム教育概論』（一九三五年）で、「綜合リズム教育」は、「天分開発を企て」「芸術的修養に依って科学の進歩を促し、リズム的教養に依って心身の調和と発達を企て、（……）生活を頽廃より救い、人生と自然との同和をもたらすもの」と謳われた。小林の「人生と自然との同和」への欲求は、「ジャズ、空論、反宗教、社会手技、ファッショギャング、等々」に象徴される都市文化への批判から、その対極として田園での幸福な生のあり方を想起する思考の様式に基づいていた。

　同書では、小林がダルクローズの理論から自らの理論を「発展」させ、「人生と自然との同和」の観点を獲得した契機として、独自に「自然リズム」に着目したことが指摘されている。小林は、ダルクローズやデュディンの方法でさまざまなリズムの型が提出されてきたが、「波」や「松ふく風」の「音」や秋の稲穂の「黄金の波」などの「自然リズム」の中には、彼らの説くリズムの型は「存在していない」という。そして「天才」は、これらの「自然リズム」の中から「美妙なるリズムの主題を、動機を発見し、把握する」として、「リズム教育」において「自然リズム」を捉えることの重要性を唱えた。

写真３　園舎の周りの雑木林で過ごす園児たち

　「綜合リズム教育」では「自然リズム」と「芸術リズム」との関係を捉える際、子どもの身体は、「自然リズム」を「芸術リズム」として「再現」する場としてあらためて認識されている。小林は、自分たち「リズム家」は「リズムを媒介として自然に接し、其感激印象を様々な芸術様式に再現する事の可能を示す」という。そして「リズム教育の意義」は、「複雑なる自然運動を見る時高尚なる芸術的リズムを感ずる」ように子どもを「発達させる」ことにあるとされた。リトミックは、そのための「最も理想的な手段」とされている。リトミックにより「自然界と吾々の生活との間に介在する諸相特に音楽、舞踊、体操ピアノ美術、工芸等の諸教科に共通な原理」による指導法が成立し、

「初めて自然リズムと芸術リズムとの交通の道」が開かれ「人生と自然との調和と同化が行われる」と、小林は確信するのである(34)。

「人生」と「自然」を「調和」「同化」させる存在として子どもを把握することは、大人より自然に近い存在として幼い子どもを位置づける子どもへの美的な関心と一体になっていた。小林によれば、自然界のあらゆる現象も人間の生活も「大自然の法則」に「規制」されており、その「法則」を成り立たせているのは「リズム」である。心身の機能を調和的に発達させた幼い子どもは、「リトミックの媒介に依って」「宇宙の大自然の奏でる大シンフォニーに和する」ことを学ぶことが可能な理想的存在とされていた。なぜなら、幼児は「肉体と精神との関係は極めて自然に密接されて」おり、「音楽リズムに感官が興奮すれば全身躍動となり、彼の精神も其れに刺激せられて興奮し益々活動旺盛になる」と考えられていたからである(35)。

3　すぐれた「頭脳」を獲得する身体

成城幼稚園でのリトミックは、将来すぐれた頭脳をそなえる場として、子どもの身体に注目する言説も生み出している。

小林は、すぐれた「頭脳」は、すべての人が獲得することを望む目標だと考えた。しかし彼は、幼稚園の保育内容が小学校低学年の教育内容と「混同」され、幼稚園で「概念的な智育」が行われているとして、その「智育」偏重の「欠陥」を批判した。この批判は、幼稚園教育から「智育」を排除することを意図するものではなく、幼児期に適切な「智育」のあり方を提起するためになされていた。「幼稚園教育の可否に就て（その二）」（一九二九年）で、小林は幼稚園教育の内容を一一項目で論じ、最初に「智育」の項目をあげて次のように語っている。

（イ）智育、聡明な頭脳がほしい（……）とは、おそらく誰人でも望む処であろう。（……）その結果かどうかは速断出来ないが、従来の教育が智育に偏したという欠陥に対しては、多くの人が認めて居らる様であるが、教育の実際に就て未だ極めて低級な常識的な範囲から一歩も脱していないと思える。完全なる肉体を所有せざる頭脳は、その聡明たる事を得ないと信ずる事が出来る。而も幼ければ幼いほどその頭脳は肉体の支配を受けるものである。

小林が言及した子どもの「完全なる肉体」は、「聡明な頭脳」を準備するために必要不可欠な身体的資源と捉えられている。そのため次の項目としてあげられた「(ロ)肉体の教育」では、「完全なる肉体」の獲得をめざす体育のあり方が問われるとともに、「完全なる肉体」が、単に病気でないとか虚弱でないという意味での「健康」とは異なることが示された。

(ロ)肉体の教育、聡明なる頭脳を招来すべき完全なる肉体となさんとするには、如何なる体育を要するか。健全なる精神は健全なる肉体に宿ると昔から云われているが、衛生的健康が必ずしも頭脳の聡明をもたらすとは限らない。それ故に、従来の学校体育では私はこの目的の為には不完全だと断言せねばならない(36)。

すぐれた「頭脳」の獲得が最も重要な目標であると示唆されて、その目標を達成するためにより高い「肉体」の完成がめざされている。彼のいう「聡明な頭脳」と「完全なる肉体」との関係は、ダルクローズのリトミックの理論にはなかった。この二者の関係は、リトミックによる幼稚園教育の意義を主張するべく小林から出されたものだろう。これが成城幼稚園の『園則抄』中の「教育の方針」にも盛り込まれた点から、「聡明な頭脳」と「完全なる肉体」の関係は、幼稚園の教育と親の教育要求とを接合する理念として捉えられていたと予想される。

当時の小林は「聡明なる頭脳」について具体的に記さず、その「頭脳」のイメージは読み手の受け取り方に委ねられていた。新中間層の親たちにとって子どもの頭脳に対する関心は、一つには、高学歴を獲得しいわゆる「学歴エリート」として高い収入と地位をえるために、知的な判断力、認識力、思考力を養うという問題に向けられていただろう。後に小林は『綜合リズム教育概論』で、「頭脳の聡明サ」を「科学的頭脳」といい表すようにもなる(37)。一九三〇年代のテクノクラシーの思想に影響されて、「科学的頭脳」は高度の科学的知識や専門的技術の獲得と関連づけられたのではないだろうか。

3　小林宗作のリズムによる教育――早期教育の方法として

1　成城幼稚園における「よい子」の育成

よい子がほしい、よい子に育てたい、よい子とは?どうしたらよい子になるだろうか(……)(38)。

成城幼稚園の園児募集パンフレットの「方針」には、子どもを「よい子」たらしめんとする養育者の思いが代弁されている。引用文に象徴されるように、成城幼稚園の保育は、「よい子」の産出を目的に構想されていた。このパンフレットでは、「よい子ども」が「よい体」「よい頭」「よい性格」の三つの要素からなることが示されている。

成城幼稚園の「保育の三大方針」では、「よい体」を作る「体質改善」、「よい頭」を獲得する「天分開発」、「よい性格」を養う「性格誘導」があげられた。「体質改善」は、「自然林」の中で「心の自然な健康」を獲得させ、「栄養研究」「養護」「運動」により「寿命」「気質」「体質」を改善させることである。さらに、「精巧な機械」「均斉の整った美しい体」として体を「磨き上げる」「特殊な体育方」をとることによって、「丈夫」「長寿」で「精美」な「よい体」を作ることをめざしている。「天分開発」は、「感覚の訓練」に「特に留意」して「神経の組織を整調練磨して、心身調和を完全に」し、「心のアンテナ」と「神経組織」を「整調」して子どもの頭を「感のよい頭」にするものである。「性格誘導」は、「趣味豊か」で「自然に親しむ心」「芸術的感性」「宗教性」などを育み、「注意の集中と持続等の習慣を培い」「意志力強化の準備」を工夫し、「太っ腹で朗らかで、自然を愛し、友と和し、長に順う様な気分」を養うことによって、「美しく」「強く」「すなお」な「よい性格」を導くとされている。これらの記述が、先述の子どもの身体への関心をもとに構成されていることは明らかである。

小林は、「此の様にして三拍子そろった子供を真のよい子どもと考えます」といい、「真のよい子」の育成に向けて、リトミックを中心とするリズムによる教育を展開していた。そこでの「よい体」作りと「よい頭」の獲得に関しては、先述の議論に重なるところも多い。ここでは「よい性格」の形成における言説を検討しよう。

リトミックを通じて小林は、頭脳だけではなく、望ましい性格を涵養する場としても子どもの身体を捉えている。「幼稚園教育の可否に就て（その二）」では、神経の次元で身体を訓練する理由が記述されていた。それは、幼児の感情と道徳的な意識の芽生えに関連して言及されていた。小林があげた三番めの項目「（ハ）神経の特殊訓練」では、「心の活動と身体活動とを調和結合する」神経の「訓練」によって、思うままに「肉体」を動かせるという「心の自由は心の喜悦を呼び起こす。喜悦は道徳意識の原動力である」と記されている(39)。

成城幼稚園のサンルームでの「裸体生活」は、幼児の健康増進よりも、性格の形成において効果が期待されていた。小林は、「上流の家庭」や「有産有閑階級」の「自然な子供とは思われぬものが多い」幼児たち、「あまり手数のかかる子、気むずかしい子、神経質であったりする」子どもに「裸体の生活」をさせたら、「きっと効果がある」と考えていた。一九二九年三月九日、石井漠と山田耕作の出演による音楽と舞踊の会が成城学園の母の館で開催され、純益金の約二、二〇〇円が園舎の増改築資金として寄贈された。この寄付金をもとに、小林は園舎にサンルームを作ることを計画し、中に芝を植えて砂場、玩具をおき、子どもたちをさるまた一つで遊ばせようと考える。同年六月には、砂場のあるサンルームの併設された新しい園舎が完成した。そこでの「幼児の裸体生活」は、「性格を指導することを第一の目的とし、健康を第二目的としている」のであった(40)。

「性格」の改善を意図して身体に働きかける教育方法も、ダルクローズの議論には見られず、小林が成城幼稚園で独自に実践したものといえる。「幼な児の為のリズムと教育」では、「体の機械組織を更に精巧にする」リトミックにより、「性格がリズミカル」になると記されている。小林のいう「リズミカルな性格」は、「美しく、強く、すなおに自然の法則に従」うものと考えられていた(41)。

2 「真の文化人」の教育

成城幼稚園での「よい子」作りをめざす保育の試みは、小林のどのような子どもへの関心と結びついていたのだろうか。

小林の身体に関する認識は、リトミックを通じて古代ギリシャの舞踊につながっていた。ダルクローズが古代ギリシャを参照した理由は、一つには、音楽や舞踊を通して身体と精神の調和を求める理念の正統性を根拠づけるためだった(42)。小林も、ダルクローズと同様に古代ギリシャを理想化し、「舞踊改革論」(一九二八年)では、ギリシャ文化を「調和的文化の理想的実現」と表現した(43)。

小林が古代ギリシャの文化を賞賛するのは、そこに教育の理想形を見たからではないだろうか。古代ギリシャでは、身体を鍛えるギュムナスティケーが、魂を育むムーシケーへの参照のもとで扱われるという教育の様式を特徴としていた(44)。また、徳の涵養におけるムーシケーの重要な教育的意義も意識されている。「裸体生活」のモデルは「ギリシャ時代」に求められ、この時代に「立派な体」「立派な芸術」が生まれたのは、「単に運動が盛んで、健康が進んだから」という解釈では不充分だとみなされた。「性格」の「指導」を目的とした「裸体生活」は、リトミックとともに、近代において見失われてきた古代ギリシャの「肉体」と道徳的価値としての「性格」を形成する保育の方法として捉えられていた。

古代ギリシャの教育への想像力に基づいて、小林は、当時の社会や文化を再編していく存在として子どもを捉えている。小林は、「ジャズの流行する現代、主智的教育の清算時代、宗教道徳の頽廃期」として「不安と焦燥に満たされた」時代において、「今日程感覚の精神サ、頭脳の聡明サ、道徳感の純敏サの要求される時代は曾てなかった」という。彼にとって子どもは、リズムを通じて「科学的頭脳と芸術的教養」を兼ね備えた「真の文化人」として養育される存在だった(45)。「真の文化人」としての子どもは、リズムによって「個性を発揚し人格を高め」、「人と人とを協和」させて「社会を高め一層進化せる文化社会をもたらす」役割を担う文化的な実践者として捉えられていたのである(46)。

おわりに

成城学園の保育は、郊外型幼稚園の教育の一つのバリエーションを表している。成城幼稚園の成立と小林宗作のリズムによる教育について、次の三つの点を指摘することができる。

第一に、郊外住宅地という新たな都市において、新中間層の人々のライフスタイルや意識に基づいて保育を構想し、従来の枠組みにとらわれない様式を生み出した点である。小林は、古代ギリシャの教育原理を手掛りに、郊外の文化的実践者として子どもを育てていく教育の実験を試みていた。リトミックは、新中間層のよりよい身体への関心に支えられ、小林のリズムによる保育実践を基礎づけていた。一九三〇年前後の成城幼稚園の園則では、「本園は幼児の心身調和と発達の並行及び生活の自然化を目的とす」とされ、「科目」には「散歩、園芸、音楽、舞踊、美術、観察、談話」があげられている。当時の幼稚園の保育内容は、「幼稚園令施行規則」（一九二六年）により「遊戯」「観察」「唱歌」「談話」「手技」の保育五項目として規定されていた。成城幼稚園の保育内容は、郊外の自然やリトミックを採り入れ、規程の枠にとどまらない独自の保育を実践しようとした小林の挑戦の現れだろう。

第二に、成城学園の教育と経営のめざす方向と新中間層の家庭の教育要求との交差する場に、成城幼稚園が成立していた点である。小林のリトミックでは、子どもの身体は、科学的に開発される身体、自然と調和する身体、すぐれた「頭脳」を獲得する身体の三つの像で捉えられていた。成城幼稚園では、「よい体」の形成を通して「よい頭」と「よい性格」を獲得するという早期教育が意図されていた。「よい体」「よい頭」「よい性格」を兼ね備えた「よい子」は、新中間層の親たちが求めた「パーフェクトチャイルド」(広田照幸、一九九九年)(47)の姿だったといえる。また成城幼稚園は、新教育の享受と私立小学校への進学という親の二つの要望を同時に満たす条件を備えていた。当時私立の新学校の抱えた悩みは、創設時の教育の理想や教師たちの教育と、親の要求する受験準備教育との深刻なずれが生じたことにあったといわれている(48)。これに対し、成城学園には幼稚園から小学校、中学校に無試験で入学できる制度が作られた。小原の私学経営は、成城の新教育を支持しながら子どもに学歴を持たせたいという親の思いを、積極的に学園の経営を拡充する方向に組織していった。

第三に、成城幼稚園のリズムによる教育を中心に、郊外で自然と調和する子どもと教育の言説が再生産された点である。そこには、自然の自然性をありのまま捉えようとするのではなく、自然を美しいものとして芸術的に捉える自然の文化的なイメージ、人間と融和的な自然のイメージが介在している。郊外で産出された子どもと自然の教育論には、人間化され理想化された自然のイメージでもって自然を鑑賞し語る近代的なまなざしが存在していた。

しかしながら、成城幼稚園での小林の実践は、長くは続かなかった。成城学園における借金と金銭の管理をめぐって、一九三三(昭和八)年に小原を排斥しようとする「成城事件」が起こると、小原は成城学園を辞任して玉川学園(一九二九年設立)の教育に専念するようになった。小林は事件後もしばらくは成城学園に残っていたが、しだいに自分の仕事がやりにくくなり、面白くなくなって学園を去ることを決意したという(49)。ちょうど、手塚岸衛の私立自由ヶ丘学園という小学校の買い取りの話も持ち上がっていた。石井漠のすすめもあって、小林は成城時代の保護者の援助をえて、成城にあった自分の家も売り払って同小学校を手に入れた。この学校は、一九三七年四月に私立自由ヶ丘小学校と幼稚園として開設され、トモエ学園と名づけられた。小林の教育実践の場は、成城学園から自由ヶ丘という別の郊外に移されたのであった。

第7章　高崎能樹による阿佐ヶ谷幼稚園の設立とその意味
（郊外における母親教育と子どもの保育）

はじめに

本章は、東京の郊外に成立した高崎能樹（一八八四〜一九五八年）による阿佐ヶ谷幼稚園の設立の経緯を明らかにし、母性を掲げて展開された母親教育と個性を重視した保育について検討している。

高崎能樹は、一八八四（明治一七）年に鹿児島県種子島に生まれ、独逸学協会中学を卒業し、一九歳でキリスト教の洗礼を受けた。一九一〇年に賀川豊彦と同期で明治学院高等部神学科を卒業し、九州で伝道活動をした後、赤坂教会牧師、日本基督教会日曜学校局主事、聖マリア館主事、青山学院講師を歴任した。一九二五（大正一四）年に阿佐ヶ谷幼稚園の園長に就任した高崎は、四年後に阿佐ヶ谷東教会を設立し、キリスト教保育連盟の創設にも尽力した人物である。

阿佐ヶ谷における郊外住宅地の誕生と阿佐ヶ谷幼稚園の保育、母親教育の成立は連動している。高崎は、一九二五年七月に東京市杉並町阿佐ヶ谷に移住し、同年一〇月に阿佐ヶ谷幼稚園を設立した。当時の杉並町は、武蔵野台地のほぼ中央部の南側を占め、雑木林、畑地、沼沢地の広がる地域だった。一九二二年の中央線沿線高円寺、阿佐ヶ谷、西荻窪の新設に伴う住宅と人口の増加により、この地域は、次第に東京の市街地に隣接する生活環境に恵まれた空閑地として郊外住宅地を形成していく。高崎が阿佐ヶ谷に移住し、幼稚園を設立したのは、まさに阿佐ヶ谷周辺が農村から郊外住宅地へと急速に変貌しつつあり、郊外移住者がこの地で新たな人間関係を形成し、自分たちの生活を構築していくさなかでのことだった。

阿佐ヶ谷幼稚園は、高崎のいう父母、保育者を含む「教養者」の資質が母性に一元化された点、保育の機関であると同時に、雑誌出版を媒介にした地域の母親教育の機関であった点において、郊外型幼稚園の一つのバリエーションを表現していた(1)。高崎は、同じく郊外に住む武南高志（小金井幼稚園）、赤井米吉（明星学園）、佐藤瑞彦（自由学園）、細井次郎（成城学園）や上沢謙二（童話作家）、岡田道一（医学博士）などと子供の教養社を設立し、自ら主筆となって、雑誌『子供の教養』（一九二九年創刊）を刊行した。『子供の教養』誌上では、同社主催の「子供の教養研究会」や阿佐ヶ谷幼稚園での「母の学校」における講演、講義内容が紹介され、読者の参加が呼びかけられた。また、阿佐ヶ谷幼稚園の園児の母親を対象に「母の会」が組織され、子育てに関する読書会、講演会、勉強会、子どもに関する調査などが行われていた。

先行研究で高崎能樹と阿佐ヶ谷幼稚園に関するものは、ほとんど見られない。高崎に関しては三好浪江（一九八六年）により、キリスト教保育連盟創立の功労や、「母の学校」の設立、『子供の教養』の創刊に関する活動が紹介された(2)。小林恵子（一九九一、一九九二年）は、『子供の教養』の特色として、親のための教育雑誌である点、新教育運動の中で子どもの発達に応じた科学的な児童教育を重視し、心理学者、医者、科学者などの執筆者を揃えた点、「中間市民層」を読者とした点をあげている。また、小林は「両親再教育」の運動との関連で『子供の教養』の役割と意義を検討し、雑誌の一時廃刊と戦後の復刊、廃刊に至る経緯についても指摘した(3)。しかし、『子供の教養』の同人については、編集者武南高志の雑誌創刊にいたる経緯を中心に論じられており、高崎と阿佐ヶ谷幼稚園に関しては武南との出会いや協力関係において補足的に言及されているにすぎない。阿佐ヶ谷の郊外住宅地としての成立と阿佐ヶ谷幼稚園の設立との関係、郊外の幼稚園を舞台とする高崎の母親教育と保育の意味については、これまで十分に検討されてこなかった。

以下では、第1節で阿佐ヶ谷の郊外住宅地化と阿佐ヶ谷幼稚園の設立の経緯について記述し、第2節で阿佐ヶ谷幼稚園における実践と高崎の保育論について検討し、第3節で阿佐ヶ谷幼稚園を中心とする母親教育の特色と高崎の「母性」に関する言説について考察する。本章では、阿佐ヶ谷幼稚園が創設された一九二〇年代半ばから、『子供の教養』が、戦争による紙の入手困難と紙価の値上がりにより一時休刊された一九四〇年代初頭までの時期を視野に入れている。

1　阿佐ヶ谷の郊外住宅地化と幼稚園の設立

阿佐ヶ谷が東京の郊外住宅地として急速に開発された最大の要因は、一九二三年九月一日の関東大震災であった。震災により東京市街の住民が大量に郊外に移動し、杉並町（当時は村）内の駅周辺の地域から住宅地としての発展が見られるようになった。震災当時は赤坂教会の牧師だった高崎も妻、長男とともに、被災地から東中野、阿佐ヶ谷へと居住地と幼稚園の敷地を求めて移住した。

高崎が阿佐ヶ谷を幼稚園設立の地として選んだのは、ここがまだ武蔵野の豊かな自然を残しながら、新しいコミュニティ形成の可能性に富む空間だったからである。彼は、一九二五年二月末に東中野に越してから、四カ月間ここで敷地を探し歩いた。しかし、住宅地化の進んだ東中野は、「地代が高いのと、余り環境がブル（ブルジョワ：引用者）過ぎる二つの理由」で、高崎にとっての「カナンの地」すなわち定住のための理想郷ではなかった。これに対し、東中野よりも市内から離れて西方に位置する阿佐ヶ谷は、まだ住宅もまばらで、移住者の人間関係や生活様式は固定されていなかった。さらに、雑木林、田畑、空き地に恵まれた阿佐ヶ谷の立地条件は、幼稚園を作るには「好適の地」であることを彼に確信させた(4)。

写真1　旧園舎（1935年まで）のすべり台にて（右端に高崎能樹）

高崎が、伝道者としての使命をかけた阿佐ヶ谷で、最初に教会ではなく幼稚園を設立し、保育を自らの活動の基盤にしようとした理由は三つあった。一つめは、これまでの大人を対象とした自らの伝道活動における挫折と失望からである。赤坂教会の牧師だった高崎が、同教会創立以来の受洗者の信仰状況について調査した結果、七割もの人が三年以内に信仰を失って除籍されていたことが判明した。この結果は彼を失意に追い込み、「そうだ。大人相手の伝道でなく、子供からの教育的伝道こそわが祖国を救う道！」という決意を生じさせている。二つめは、キリスト教の回心に至る過程において、幼少期に宗教的な教養を授かることの重要性を確信したからである。高崎は、日本の各派キリスト教会の教職者、一〇年以上の信仰生活者一、三〇〇人について宗教心の発達を調査し、彼らが、幼少の時に何らかの形で宗教教育を受けたことをつきとめた(5)。三つめの理由は、一九二五年三月まで続いた被災児を対象とする震災救護活動で無力感を痛感せざるをえなかったからである。高崎は上野公園竹の台でテントを張り、被災児の世話をしたが、次第に多くの子どもが各所に散らばったため、長く面倒を見ることができなかった。これは、高崎を非常に落胆させ、今後は「一人前になるまで引越してゆかない子供たちの居る処」で宗教教育を試みたいという夢を抱かせることとなった。「それには幼稚園を開いて幼い子供から」という目標はこの時彼の中で明確になり、幼稚園開設の構想が具体化していったのである(6)。

一九二五年一〇月に阿佐ヶ谷幼稚園は、阿佐ヶ谷での最初の私立幼稚園として開園する。約三五〇坪の敷地には四七坪の民家風の園舎が建てられ、すべり台、ブランコ、花壇などが備えられた。初年度には二六名の幼児が集まり、保育料月三円を徴収して、高崎の妻あい、河内功、郷野輝子の保育者三人が保育を担当した(7)。翌年には園児も六〇名を越し、一組二五人と定めて、二年以上の通園を原則としている(8)。一日の保育の様子は、一九四三年頃の場合だが、朝九時に園庭での自由遊びに始まり、クラスごとに保育室に集合して歌の練習などをした後、一〇時にホールで会集が行われ、礼拝、賛美歌の合唱、高崎による聖書や物語のお話、一一時半に昼食、一二時半より園庭で遊んだ後、三歳児は帰宅、四、五歳児は手技、恩物、絵画などを行い帰宅した。

高崎の話ぶりは、動物の物まねなど多彩な声音、身振りを交えて、子どもを惹きつけるものだったという。園児に教えた歌にはフレーベルの『愛児保育歌曲集(*Mutter und Koselieder*)』(教会音楽社、一九三九年)の歌も多く、恩物も使用されたことから、保育内容におけるフレーベルの影響は強かったと思われる。保育者は、ランバス女学院、玉成保母養成所、東洋英和女学校を卒業した者が多く、クリスチャンであるか受洗の意思のあることが採用の条件になっていた(9)。

阿佐ヶ谷幼稚園に通園する幼児たちは、多くがこの地域に移り住んできた都市新中間層の家庭の子どもであった。昭和初期の杉並町全体では、居住者の八割近くが大正後期以降の移住者と見られる。彼らの職業は、旧来の住民の約半数が農業従事者であったのに対し、約半数がホワイトカラー層(会社員、銀行員、官吏、軍人、教員)で、ほかは農業以外の自営業(各種小売業、サービス業、開業医)や文筆家、芸術家が多かった(10)。高崎によれば、一九三八年ごろの阿佐ヶ谷幼稚園の園児は、約八割が知識層で俸給生活者の家庭の子ども、約二割が商業を営む家庭の子どもであった。この地域の子どもの高学歴化傾向も顕著になり、六年間の義務教育を終了して奉公、家業や家事手伝いに携わる者は急激に減少し、中学校や高等女学校などへの進学率が上昇していった。

2　阿佐ヶ谷幼稚園における保育

1　高崎の保育論

高崎の保育の目的は、第一に「良き性情の涵養」、第二に「発動的態度」のしつけ、第三に「学習に対する基本能力」の養成の三つを主な内容としていた。高崎は「子女教養の方針に就て」（一九二九年）で、教科書の範囲で知識偏重に陥った学校教育や機械的な暗記で優劣の決まる試験制度とともに、子どもに良い成績をとらせ良い学校に入学させようとする親の教育願望を批判している。

高崎にとって、「良き性情の涵養」は、「人間教育の根本義」として保育の基本に位置づけられている(11)。「良き性情」は、キリスト教の宗教的情操を養うことにより獲得されると考えられた。また、子どもの「発動的態度」は、「良き性情」に基礎づけられ培われるものだった。高崎は、「全ての積極的発動は良き性情から生まれ出づる」とし、まず「態度」を良くしてから、その積極的な「発動」を見ることを注意すべきという(12)。「発動的態度の躾け方」（一九三四年）によれば、「発動的態度」の「真の意味」は、「内面の強さをもって、受身でなく、すべてに全き力と全き心とを打ち込んで試みてゆく態度」である。この「態度」をしつけるためには、難しい事柄、抵抗のある事柄に対する子どもの興味と、自分で何かを試みようとする興味を尊重することが大切とされた(13)。

高崎は、幼稚園は小学校の予備校ではないとしながらも、将来学習生活を送る子どもに、基本的な学習態度と能力を身につけさせる訓練を主張している。『子供の教養』第八巻では、六回にわたり高崎の「実際的幼児教育法」が掲載され、学習の「基本能力」とされる「注意力」「観察力」「記憶力」「思考力」「創作力」の養成の方法が述べられている。例えば「注意力」に関しては、注意する際の集中力や持続力を養い、注意の及ぶ範囲を広げるために視覚、聴覚、味覚、嗅覚、触覚、筋肉運動ごとの訓練法がある。具体的には、上空の飛行機を探させる、長い鐘の音を最後まで聞き取らせる、用事を聞きながら鉛筆削りをさせるなどの方法が紹介された。

高崎の幼児教育論は、「三つ子の魂百まで」に表れる教育観、および「筍の親まさり」に見られる親の子どもに対する期待と密接に結びついて産出されていた。

「三つ子の魂百まで」は、「人間教育の基礎工事」として幼児期の教育を重要に扱うことを主張するために使用された(14)。幼児期は、子どもの独自性が明確になり特性も伸びる、記憶が明瞭になる、自発的態度と良き習慣を形成する、感覚や感情が鋭敏である、模倣が盛んで環境の影響を強く受ける、想像力が豊か、宗教性が発現する時期だとされた。幼児期の特徴や教育の大切さを強調した言説は、保育者や母親の子育てにかける関心と労力を幼児期に集約させるものである。

「筍の親まさり」も、高崎が頻繁に用いたいいまわしである。『子供の教養』の「親としての意識に立ちて――発刊の趣旨――」(一九二九年)で、「筍の親まさり」は、子どもは理想的な教育を受けて親よりも人格的、学問的にすぐれ、人生において成功して欲しいという高崎の願いが込められて使用されている。彼は、「筍の親まさり」は、「筍の生命に、親竹の生命が加わった結果」であるとみなし、親の子どもに対する「愛と犠牲」の不可欠なことを説いた(15)。

「三つ子の魂百まで」「筍の親まさり」に象徴される子育ての成功を謳った保育は、郊外に住む親たちの教育、学歴に対する要求にかなうものだった。阿佐ヶ谷幼稚園は、高崎の評判が広まって年々入園者数を増加させ、三歳児一クラス、四歳児と五歳児二クラスずつの五クラスとなった。電車で通う園児も多くなり、希望者を収容しきれず入園を断る場合もあった。高崎自身は、卒園生に地元の小学校への入学を勧める場合もあったが、実際には、小学校受験を経て明星学園、成蹊小学校、成城小学校、武蔵野学園などへ入学を希望する者が後をたたなかった(16)。

高崎の保育論は、「三つ子の魂百まで」「筍の親まさり」に教育学や心理学、生理学の科学的な用語による近代性を刻印し、これらを新しい子育ての手法として再生させるものだった。そして、母親教育において母親の関心を幼児の教育に向け、新中間層の家庭の教育戦略に明確な方針と正当性を与えていた。

2　保育の実際

阿佐ヶ谷幼稚園では、さまざまな活動において、子どもの意欲的に最善をつくそうとする態度や、キリスト教の精神を基盤に、他者と協調し自然に共感する心情の形成が求められていた。阿佐ヶ谷幼稚園の掲げる標語は「元気で本気に」であり、幼児に示す「三つの約束」は「（一）心のありったけでしましょう。（二）力のありったけでしましょう。（三）神様に喜んで頂きましょう。」であった。また、幼児が活動や仕事をする時の「心得」として、「まず落ちつけ、静かに考えよ、たしかにきめよ、まっすぐに行け、力の限りをつくせ、喜び喜べ」という六つの注意点が掲げられていた(17)。こうした態度や意欲に関わる活動として、保育五項目の中でも談話、手技、観察に力が注がれた。なかでも高崎は、手技の教材や内容、教え方には細心の注意を払い、保育者たちは折り紙の折り方、切り紙の切り方など順番通りに完璧に教えられるよう練習させられたという(18)。

写真2　園庭でのすもう

高崎らが子どもの育ちとして捉えようとしたのは、獲得された知識や技術の内容よりも、物事に対処する子どもの態度や心情のあり方である。例えば、不器用で切り紙を上手くできず涙を流す太郎に、高崎は「泣いても好いがやめてはいけない」と最後まで仕事を終えるよう励ましている。卒園前には誰よりも優れたハサミ使いをするようになった太郎が、友達に「本気」になれば上達すると話す様子は、自らの教育の成功例として高崎を満足させていた(19)。

活動に対する意欲や積極的で注意深い態度の形成をめざした保育は、高崎の「個性本位の教養」と表裏一体の関係で実践されていた。高崎は「個性本位の教養」（一九二九年）で、幼児期こそ「個性本位の教養」をするには「無二の好時期」であり、子どもの独自性を把握して教育することは「真に至当」だとしている。彼の「個性」は、気質や生まれつきの「先天的要素」と、「後天的要素」及び「男女の性別」から理解されている(20)。

子どもの「個性」を把握するために、阿佐ヶ谷幼稚園では幼児の観察、調査、指導が細かく行われた。入園後の五月の保育目標は、「団体生活の訓練」と「個性本位に園児を保育すること」だった(21)。幼稚園では、子どもの「個性」を判断するため、会話、仲間遊び、落ち着きなど一二項目にわたり幼児を観察している。また、幼稚園の「母の会」を通じて、子どもの生い立ちと家庭生活に関する調査が行われたほか、六月には、次のような三六項目の調査用紙が配布され、親が見る子どもの性格や特徴が調べられた。

特性調査事項　一、ふさぎがちの子供　二、観じ易き子供　三、移り気な子供　四、心配しすぎる子供　五、あわて易き子供　六、乱暴な子供（……）(22)

阿佐ヶ谷幼稚園では、これを五月の調査と比較し、幼稚園での生活記録と照合して、子どもの「個性」を把握した。子どもに関する調査は七月の「知能測定」まで続けられ、幼稚園の保育資料として個々の子どもに対する保育方針、方法を決定する際に活用されている。高崎は、同じ課題を与えた場合でも、「多血質」の子には「注意と正確」、「胆汁質」の子には「愛と親切」、「神経質」の子には「果断と実行」、「粘液質」の子には「感激と敏速」を促し、子どもの特質によって奨励の仕方を変えるよう指導した(23)。

園の独自の取り組みとして、年度末に個人の「園児保育考査」を家庭向けに発行していたことがあげられる。これは、「特性」「遊戯」「お話」「唱歌」「観察」「手技」「図書」「恩物」「鑑賞」「訓練」「教養」「健康」の内容ごとに、全六九項目を設けて評価を記したものである。例えば「教養」は「学習能」と「社会性」に分け、前者で「注意」「記憶」「思考」「想像」「創作」「模倣」、後者で「協同」「従順」「奉仕」「忍耐」「礼儀」「秩序」「忠実」「互助」「整頓」

について記入された(24)。阿佐ヶ谷幼稚園において「元気で本気に」という態度や意欲の重視は、このように子どもを詳細な観点から把握していく個性の教育と結びついていた。

3 阿佐ヶ谷幼稚園を中心とする母親教育

1 高崎能樹の「母性」をめぐる家庭教育論

高崎は「阿佐ヶ谷幼稚園満十年の思い出」（一九三五年）で、幼稚園設立以来「子どもをよくするにはどうしても先ず母性を教育せねばならぬ」ことを深く経験し、「母の会」の指導に全力を注いだという(25)。ここで「母親」の教育ではなく、「母性」の教育と記されているように、高崎の母親教育のキーワードは「母性」であった。

高崎が母親教育を展開した昭和初期は、国家や知識人、メディアによって母への関心が高められ、母親や母性が政策や思想、マスコミの主題の一つとして確立した時期である。大正期の母性保護論争、婦人雑誌や婦人新聞の相つぐ創刊を経て、一九三一（昭和六）年には三月六日の皇后誕生日を「母の日」とする国の取り決めがあった。また家庭の母親は、国や地方自治体の教育対象としても注目されるようになる。

高崎が母親教育に関心を寄せたのは、当時の母をめぐる社会的関心のほかに、次の二つの理由がある。一つは、自らの母親の愛情と教育が、キリスト者としての自分のあり方を支えているとの信念を抱いていたからである。幼い頃より病弱で喧嘩好き、勉強嫌いの高崎は、「母の愛と理解に慰められ励まされ」たという(26)。もう一つは、郊外住宅地で実際に子育てを担う人々が、家庭の主婦である母親だったからである。職住分離を前提として成立した郊外住宅地では、必然的に「夫は職場、妻は家庭」の性別役割分業が定着し、父親不在の家庭では、母親が子育てと家事の責任者とならざるをえない。高崎が保育の協力者を家族に求め、母親をそのための教育対象としたのは、郊外の現実に即した選択だった。

高崎の母親教育は、母親自身に「母性」を自覚させ、自ら精神を練磨することを意識させることから始まっている。『子供の教養』の「発刊の趣旨」で、彼は次のように母親に訴えた。

私は、誰に対してよりも母親に対して、教育的自覚を懇請してやみません。（……）「お母様よ、修養して下さい」との叫びが、全人類の口から直ちに続いて叫ばれて居ることを記憶して頂きたいのであります(27)。

高崎の「子供の新しい育て方」では「母性の教育精神」が提唱され、自らの家庭教育論の新しさを印象づけている。彼は、「父性よりも純潔なる母性の教育精神に、新しい教育の方向を定めて」、「母性の向上と母性の忠節」による「生きた教育」を追求するべきと説く(28)。彼の家庭教育論は、「母性」を基盤とする親の人格を模範に、子どもが理想的な人格を形成してゆくために親は何をするべきかを議論したものだった。

「母性の教育精神」における「母性」は、出産という女性の生物的な側面よりも、子どもを育てる母親の感情や精神的態度の意味合いが強い。彼は「子女教養の要領」（一九二九年）で二つの「教訓」を示し、子どもに対する「教養者」の態度として「純真、至誠、驚異、心酔による没我」であること、子どもを「熱愛」し「正しき理解」を持って「要求に応答」することをあげた(29)。とりわけ「母は即ち神の型である」とされ、母親には子どもに「愛と正義と神」「犠牲と恩寵の真理」を教える特別な役割が与えられた(30)。

高崎の「母性」として理想化されたのは、キリスト教の聖母マリアだった。「母の典型」（一九二九年）で、高崎は「実に尊き母性の典型」、あるいは「唯一の理想的母性」として聖母マリアを紹介している(31)。彼の描くマリアは、処女性ゆえに貞節と純潔の模範を示す女性である。さらにマリアは、名誉や地位からの自由、神への服従、愛情、謙遜、修養の美徳を体現する特権化された身体を持つ存在として語られた。彼は「女性より母性へ」（一九三二年）で、女性の肉欲と身体の汚れを表象するイブとマリアを対立させ、次のように母親に呼びかけている。

母よ！女性の意識を捨てて母性の意識に立て！そして愛する者の心の中に神の理想を貫徹せよ。これこそ神が汝に授け給うた職能なのであります(32)。

高崎は女性、妻として生きたイブよりも、子どもを育てるために自ら神に従ったマリアを賞賛し、「母性」であることこそ女性の最大の幸福、特権とみなすよう母親を駆り立てていた。

高崎にとって「母性」を語る行為は、聖母マリアとしての母親イメージをかき立てるだけでなく、次の二つの重要な意味を持っている。第一に「母性」は、高崎の思い描く理想的な家庭の創出の核となるものだった。高崎は「学校」「乳母」による教育や子育てを批判して、「飽くまでも子女に真生命を与うる処は家庭の祭壇」という(33)。子どもを育てる場として「家庭」を「祭壇化」することは、高崎の伝道と子供の教養社のスローガンの一つだった。彼らは、キリスト教を基盤に父親、母親ともに道徳的な生活を営むクリスチャンホームを理想とする。「母性」を自覚する母親を中心にした家庭教育の提唱は、民主的、近代的な家庭のイメージを具体的に提示し、雑誌を通じて読者の理想的な家庭への憧れを喚起している。高崎の家庭像は、伝統的な地域社会から切り離されて郊外に移住した不安定な家族に、従来とは異なる新しさをまとった家庭の方向性を示そうとしていた。

第二に「母性」は、高崎において「新しい社会」を現実化させる原動力と捉えられていた(34)。高崎は「母性」を母親の子どもに対するものとしてのみ捉えず、女中、夫、自然、あらゆる物事に対する女性の関わり方を示すものとして把握した。そして、「社会の母として」「真の母性に目覚めた母」は、「人間同士の連帯責任を感じ、人間全体の幸福を建設しようと努力する」という(35)。さらに『親心のゆくえ』（一九三四年）の「序」では、「母性の教育精神」は母親だけでなく、父親、教師、保母にも共有されるべきものと主張された(36)。家庭、学校、地域で「母性の教育精神」が徹底されることは、高崎にとって「純潔の義務を守り合う」社会の実現を意味している(37)。女性の罪を克服し、美徳を体現する聖母マリアの象徴である「母性」は、神とともに生きる楽園の回復の可能性を高崎に夢見させた。「母性」に導かれて形成される人間関係、日常生活こそ、高崎が郊外で求めた理想的な社会生活のあり方だったのである。

2 幼稚園を中心とする母親教育の展開

一九三一年の「杉並町内居住者名簿」(杉並町報社)によれば、当時阿佐ヶ谷に居住していた世帯主三、八一八人のうち、七六・六％に当たる二、九二四人が本籍地を離れてきた寄留者である。このような人々の多くは、戸籍地の親や親類と離れ、新しい土地で妻と子どもと核家族を形成していたと思われる。核家族では、世代間で家事、育児に関する知識の伝達を徹底させることは容易ではない。また、新中間層の家庭の母親は、家業に従事しつつ奉公人を使用して家事、育児を行う従来の知識ではなく、自分自身で家事、育児を行うための知識を必要としていた。彼女たちは、子どもを中心に家族が愛情で結ばれるように配慮し、子どもに教育を受けさせて学歴を身につけさせる中心的役割を担った。こうした新しい家族のあり方に適合する知識が、新中間層の多く居住する郊外では求められていた。

家事、育児に関する新たな知識への欲求に応えて、阿佐ヶ谷幼稚園を中心とする高崎の母親教育は、多様な学習機会や雑誌、書物というメディアを生み出して展開されている。

母親の学習機会を提供した最初の取り組みは、幼稚園開園後の二、三年間開かれた週一回の「母の講座」であり、高崎の「母性の教育精神」や家庭教育の方法について連続講演が行われた。後に幼稚園に通う園児の母親で組織された「母の会」は、子どもの入園と同時に母親の入会が義務づけられた勉強会兼連絡会である。「母の会」は、高崎により「母性の教育精神を確実に把握するための修養機関」として位置づけられた(38)。「母の会」の会長はクリスチャンであることが決められ(39)、「母の会」で「母性」の理想を追求しようとした彼の姿勢がうかがえる。「母の会」では、月一回第二水曜日の午後に例会が開かれ、「よき性情の養い方」(五月)、「発動的なしつけ方」(六月)、「個性本位の教養の仕方」（一一月）、「メンタルテストの研究」（一二月）などの講演、勉強会が行われた。このほか、高崎は母の日、子どもの日、七五三、クリスマス、感謝祭などの年中行事を機会に、絶えず母親に学習の機会を与えるべきだとしている。

「母の会」における講演、勉強会は、参加した母親の子育てや教育に関する知識欲を満足させるものだった。座談会「新入学児童の問題」（一九三五年）で、阿佐ヶ谷幼稚園の卒園生の母親喜多野朝子は、次のように感想を述べている。

今まで阿佐ヶ谷幼稚園にお世話になっておりましたが、毎月一度づつ母の会がありまして、その時子供の心理や精神生活について、いろいろお話を伺って本当によかったと思いました（……）(40)。

引き続き彼女は、小学校入学後も教育の効果を十分にするために、母親教育の機関を作ってほしいとの要望を出している。阿佐ヶ谷幼稚園は「智識階級」の家庭の子どもが多く、母親たちは「智識を受けてきた方」が多いので、「教育の必要を認識」していることを高崎も喜んだ。むしろ彼女らは、商家の母親と比べて、より子どもに夢中になり、手をかけすぎることが非常に多いとされた。高崎は、あえて子どもを放っておくことを強調し、能動的、かつ自分の責任で行動する子どもをいかに育てるかを母親に説くことを意識していた(41)。

一九三六（昭和一一）年には、阿佐ヶ谷幼稚園内に「母の学校」が開設されている。「母の学校」の当初の目的は、園児の母親以外の母親にも学習の機会を提供することだった。「母の学校開設」の案内によると、毎週二回、各二三時間で一〇ケ月修了の課程を予定し、入学金一円、月謝二円、会場は阿佐ヶ谷幼稚園と記されている。講座内容は常識、育児、精神衛生、栄養学、児童心理および教育学を順次開講するとされ、講師には賀川豊彦、佐藤瑞彦、細井次郎、高島平三郎、廣瀬興、村松常雄、加藤普佐次郎、倉橋惣三、岡田道一、高崎能樹の名が連ねられた。一九三七年二月は火、金曜日に「婦人子供服に関する常識」（飯島栄次）、「子供に聴かせるレコードの選び方」（津川主一）、

「子供に読ませる図書の選び方」(武南高志)、「犯罪少年の原因に就て」(藤井琴子)、「幼児ばなしの作り方と仕方」(高崎能樹)、「家庭経済と消費組合」(藤田逸男)、「冬期に於ける子供の衛生」(岡田道一)の七講座が開かれている。同年三月には「母の学校」の第一回卒業式が行われ、二三名の母親に卒業証書が授与された。

　高崎は、母親教育のために育児や教育に関する図書、雑誌の出版に意欲的だった。阿佐ヶ谷幼稚園には宗教教育図書刊行会が設置され、高崎の著書『子供に聞かせたいお話』(一九二二年)、『楽しき家』(一九二五年)、『親心のゆくへ』(一九三四年)などを発行した。また、一九二九年に高崎と武南を中心に教育に関する研究、出版活動を行う子供の教養社も杉並町馬橋の武南宅に設立され、翌年には阿佐ヶ谷に移転された。子供の教養社の発行する雑誌『子供の教養』は、主に乳幼児から児童の子育て、学校教育、家庭教育、生活、医療に関する記事を掲載している。『子供の教養』は、「母の会」の教科書として使用されるだけでなく、書店を通じて京都、大阪、名古屋、金沢、福岡、仙台など全国にわたり読者を獲得した。同誌の創刊から二年後には、武南によれば「千や二千の読者」に読まれ、朝鮮、台湾、関東州、樺太、アメリカの読者もいたという(42)。子供の教養社は、ほかにも『母性愛とその聖化』(高崎能樹)、『母の姿』(佐藤瑞彦)、『渡辺崋山の母』(赤井米吉)、『母性愛と母性知』(細井次郎)、『母性三型』(長谷川初音)、「お母さん』(上沢謙二)の母親向けリーフレットや月刊誌『友』、『愛児教養の実際』(高崎能樹)、『母に捧ぐ』(佐藤瑞彦)、『子供と絵・手工』(霜田静志)など同人たちの育児書や教育書、童話を多数発行した。これら二〇数種類の図書の発行部数は、一九三九年までの一〇年間で一〇数万部に達したという。

　子供の教養社から出版される雑誌や図書は、母親の理想像や親の心構えを示すだけでなく、教育学、心理学、医学などの学問的立場から子育てや教育に関する実用的で科学的な知識、技術を具体的に伝達するものだった。例えば高崎は、『子供の教養』第一

写真3　『子供の教養』創刊号の表紙（第1巻1月号）

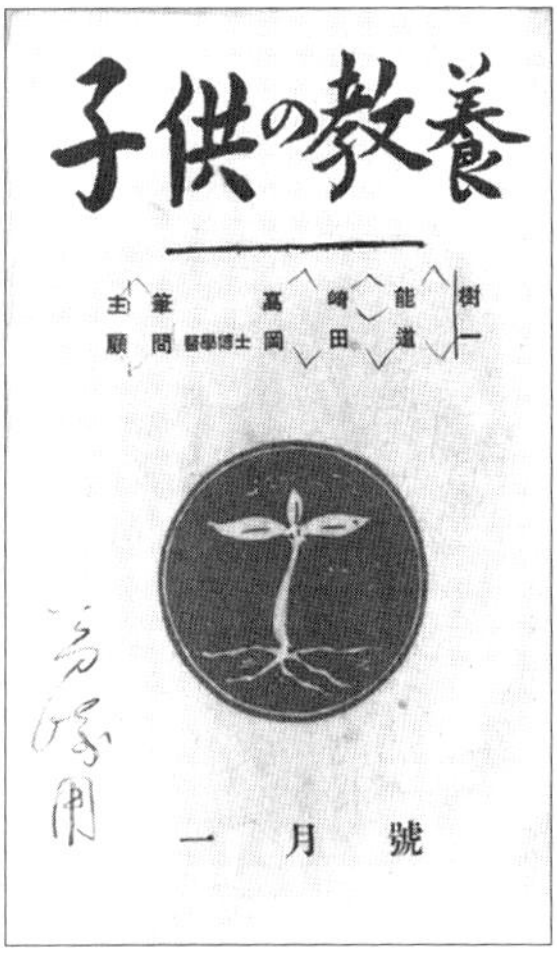

巻で「母の講座」を連載し、乳児から幼児までの神経系、精神の発達に対応した接し方や玩具の選び方、授乳の注意や抱き癖の問題、多血質、神経質、胆汁質、粘液質の子どもそれぞれに対する家庭教育の方法などを論じている。同誌の「質疑と応答」の欄では、読者から寄せられた「幼児と性教育」「気質の見分け方」「尿の異常」「四歳前後の生理」などの質問に、高崎や医学博士の岡田が返答の記事を執筆した。他にも乳児期から青年期までの心理の概説、自然科学の話や自然物の扱い方、小児病と手当ての方法などを扱った記事が紙面をにぎわせている。

子供の教養社の主催する「子供の教養研究会」や講演会も、「母の会」の会員や読者の子育てに関する研究と指導を目的としていた。第一回「子供の教養研究会」は、一九三五（昭和一〇）年七月に阿佐ヶ谷幼稚園で開催され、高崎を講師に「子供の悪戯の研究」を主題とした。以後は東京基督教青年会館を主な会場とし、会費一〇銭を徴収して、同人たちが「子供の心の伸ばせ方」「子供の価値生活」「性格と家庭教育」などをテーマに講演と指導を担当した(43)。やがて東京以外にも横浜、静岡、大阪、京都で「子供の教養研究会」が開催されるようになり、出席者は毎回二〇数名から一五〇名近くに及んだ。一九三八年までに同研究会は、東京二二回、横浜二回、静岡三回、大阪五回、京都三回行われている。ほかにも、ほぼ毎年五月には子供の教養社主催「母の日講演会」があり、一九三二年度は同社のモットーである「家庭を聖化せよ、子供を純潔に育てよ」を提唱した武南の挨拶、賛美歌の独唱、佐藤の「明日の母」、高崎の「理想の母」と題する講演が行われ、約四五〇名の参加者を得た。七月には、夏休み中の家庭教育を主題とする「子供の教養講習会」が数日間開かれた。一九三一年の第一回講習会は、阿佐ヶ谷の家庭購買組合会館で「嬰児期及幼児期の躾け方」（高崎）、「青年期の心理とその教養」（青木）、「子供の生活の基礎的導き方」（佐藤）、「子供の美術教育」（霜田）、「子供の音楽性とその導き方」（鳥居忠五郎）の五日間の講習が行われた。午前八時から一一時半まで五〇分講義を三コマ行う講習会には、七六名の母親が出席した。彼女たちの約七割は、杉並、井荻、中野など東京市外から参加する者であった。

高崎の母親教育は、母親に子育てを中心とする知識を提供するだけでなく、母親教育の観点から幼稚園の機能を捉え直そうとした試みでもある。初期の幼稚園は、女子教育で保育を学ばせたり、親に保育の手本を示したりする機能を期待されていた(44)。また、家庭の母親を対象に生活改善や子育てを主題にした学習機会は、文部省や東京市などによってもすでに行われていた。これらに対し、高崎の母親教育は、母親が集まり学習する拠点として幼稚園を積極的に位置づけ、保育との密接な関係において母親教育を展開した点で異なっている。高崎の「『母の会』の指導原理――その実際(一)――」(一九三五年)によれば、「幼稚園の働きは直接幼児を預かって保育する仕事と、母にむかって働きかける仕事との二つが無ければならぬ」とされる。高崎は、子どもの教育は、家族の中でも特に母親の考え方や影響に大きく左右されると考えていた。そこで、子どもを理想的に育てるには、幼稚園の教育だけでなく「母の感化と訓練を善導」することが必須とされたのである。このため「母の会」は、阿佐ヶ谷幼稚園の「主義方針」として「最も重要視」された(45)。幼稚園の事業として、必ず母親を教育する機関を併設すべきであるという彼の主張は、幼稚園を幼児と母親の教育機関として再定義していくものだった。

高崎は、阿佐ヶ谷幼稚園に限らず、各地の幼稚園母の会の指導にも力を入れた。『子供の教養』に掲載された高崎の講演旅行の日程と内容を見ると、幼稚園の母の会での講演が最も多い。例えば一九三四年の九州巡回講演旅行では、二月六日から二二日にかけて教育会館での家庭教育講演会二回、宗教教育講演会、幼稚園父の会各一回の他は、八幡銀星幼稚園、佐賀幼稚園、大分市愛隣幼稚園、鹿児島敬愛幼稚園、熊本市幼稚園連合など一四カ所の幼稚園母の会で講演を行っている。高崎の幼稚園母の会における講演は、東北、北陸、中部、関西、中国地方にも及び、幼稚園を拠点とする母親教育を全国に普及し指導しようとした彼の意気込みがうかがえる。なお、前述した阿佐ヶ谷幼稚園の「母の学校」は、次第に阿佐ヶ谷幼稚園の母親の入学が義務づけられ、戦後は、従来の「母の会」に代わって園児の母親のみを対象とするものとなった。

おわりに

高崎の主張した「母性」は、女性を母役割に結びつけ、彼女たちの関心を保育に引きつけていく表象だった。「母性」の言葉は、エレン・ケイの 'moderskap' の翻訳語であり、日本では大正期中頃から使われ始め昭和初期に定着した(46)。核家族という新しい家族形態において、自らの役割を模索し意味づけなければならない母親にとって、「母性」は自分の立場を積極的に表明する言葉として魅力的だったろう。

「母性」が女性を対象とする言論の根拠として正当性を獲得するにつれ、母をめぐる民間レベル、国家レベルの言説や取り組みも交錯して膨れていった。一九一八年から始まった母性保護論争は、「母性」の国家的意味をめぐる論争である。母親に対する国家の保護を唱えた平塚らいてうは、種族の論理を体現する存在として母親の自覚を高め、その意味で国家、社会の実質的基盤としての「母性」に正当な位置と保護を与えることを求めた。一九三〇年に開催された文部省主催の母の講座、家庭教育展覧会、同省の訓令「家庭教育振興ニ関スル件」（一九三〇年）などは、家庭教育と消費経済の担い手として母親を政策の射程に取り込み、国民として統合していくものであった。一九三一年以降の「母の日」に対する国家的キャンペーンも、母の崇高な地位と精神を強調し、母に対する国民的幻想を醸成する一つの文化装置として機能した。一方、婦人運動において「母性」論は、生む性として女性の人権を主張し、それが損なわれている現状をいかに改善するかを指摘したものであった。しかしながら、婦人運動が翼賛体制に吸収されることを正当化した高群逸枝の議論に見られるように、「母性」の論理を受容することは、女性の積極的な参加によって総力戦への動員を促すことにもつながった。

高崎による「母性」の議論は、虐げられた「母性」の告発や改善、国家的関心からの母親教育などの観点からではなく、自らの保育の理想を実現するために登場したものである。その特徴として次の三点をあげることができる。

第一に、高崎が、聖母マリアに模範的「母性」を重ねることを通じて、子どもの家庭教育環境、いい換えれば母親の子育てに関する領域を聖域（sanctuary）として表に出した点である。子育ては、女性のシャドゥワークから社会的な関心の中に引き出され、その価値をより高められることになった。一方で、家庭内における夫と妻の性別役割分業は合理化され、子育てや教育に関わる側面は女性に押しつけられていくことになった。

第二に、「母性」は肉体的な生殖能力よりも、精神的な愛情や犠牲的精神において理解され、家庭だけでなく社会全体を女性の特性によって理想化していく役割を母親に与えるものだった点である。第二の特徴は、一九二〇年代を通じた高等女学校修身教科書における女性特有の性質や「母性」に関する記述と共通している。

第三に、高崎の「母性」論は、郊外の新中間層の母親を対象に幼稚園教育との関連で展開され、雑誌、研究会などのメディアを媒介に、新しい子育てと家庭生活に対する彼女たちの欲求を満たしていた点である。当時、積極的な母親教育の機関として幼稚園を捉え直そうとした試みは、希有である。阿佐ヶ谷幼稚園は、郊外に成立した幼稚園の中でも、母親教育において際立った特徴を見せていた。

高崎は素朴な愛国者、天皇崇拝者だったために、総力戦体制で国家の安泰と子孫の繁栄を願う時、彼の「母性」論も危うさを抱え込んでいる。「紀元二千六百年」（一九四〇年）で、高崎は「国民の魂の根底」は「積極的な母心」にあるとし、代々「母性」は「全き犠牲愛」を持って子どもを育て、彼らが生命をかけて忠義をつくすことを自らの喜びとして感謝したと書き記す(47)。一九四〇年以降、『子供の教養』の表紙に「育児報国をめざして」のスローガンが掲げられ、高崎が皇運扶翼のための教育を母親に説く状況にあって、彼の「母性」論は、子育てを通じて母親を翼賛体制に取りこんでいくものとなった。

第8章　賀川豊彦による松沢幼稚園の設立と自然中心の保育

はじめに

幼稚園は不思議な使命をもって世界に生まれ出た。その幼稚園の児童にフレーベル氏は自然を教えようとした(1)。

賀川豊彦が、「自然と性格」（一九三三年）の冒頭で右記の引用文を書き記したのは象徴的である。賀川は、一九三一（昭和六）年に東京府荏原郡松沢村（現、世田谷区上北沢）にある自宅の敷地内に松沢幼稚園を開園し、「幼児自然教案」（一九三三〜三四年）という自然教育のカリキュラムを発表した。賀川にとって「幼稚園」の「不思議な使命」とは、「子どもを最もよく神に導き、純良なる人間として性格的に教育する」というキリスト教の宗教教育を意味していた(2)。松沢幼稚園の「児童」に教えられる「自然」は、松沢村の位置する郊外の風景を構成する「自然」である。賀川が松沢幼稚園で試みた保育は、郊外の「自然」を舞台に産出されることを通して、彼の「社会改造」によるユートピアを現出する「使命」さえも携えていた。

賀川は、「社会改造」に向けた担い手の育成を試みる場となることを、松沢幼稚園に期待していたといえる。第1章で検討したように、賀川はキリスト教の「隣人愛」に基づく「協同組合社会」の建設を進めていた。けれども、彼はキリスト教の「愛」の規範意識を純粋に追求したため、「大人」は「固まって了って教え難い」と、すでに自分なりの思想や価値観を持つ人々の意識改革の難しさを痛感している(3)。それゆえに賀川は、一九二二(大正一一)年の長男誕生を機に、幼児に対する教育に大きな期待を寄せ、早期の集中的な宗教教育を重視するようになった。彼が子どもに教えようとした神の「愛」は、人と人を結びつける紐帯であったと同時に、さまざまな「苦難」を克服する精神的動機となるものであった。松沢幼稚園は、「愛」に基づく人間関係を構築するとともに、現実を批判的に乗り越える態度を子どもたちに育む場として構想されていた。

賀川が「社会改造」の拠点となるべく幼稚園を郊外の松沢村に設立したのは、この村がユートピア実現の可能性を感じさせる新進性を醸し出していたことと無関係ではない。松沢村では、日本経済が第一次世界大戦後の好景気の波にのり、一九二〇年に京王電車が複線となる頃から郊外住宅地化が進んでいた。隣の千歳村に住む徳富蘆花が「東京が文化が大股に歩いて来ました」と記したように、この辺りは「文化住宅」が立ち並ぶようになり、田園の風景と新しい居住スタイルの融合する雰囲気をたたえていた。賀川は、一九二四年に神戸のスラムから松沢村に妻、長男とともに移住した後、一時期体調を崩して兵庫県武庫郡瓦木村で静養するが、一九二九年に松沢村に戻り、ここを終の棲家としている。子どもの教育のために「都市」を「自然に関係のある」ものにしたいと願う彼にとって、松沢村は理想的な地であったことは想像に難くない。松沢幼稚園と松沢教会を設立したのも、この地でキリスト教の「精神文化の基礎」作りを実践しようという彼の決意の証である。賀川がユートピアを構想する地点は、東京の市街地である本所区から郊外の松沢村に移転したのであった。

賀川の松沢村移住の前後に、彼の実践において、郊外の自然の意味が救済の空間から教育の空間へと転換されている。神戸での「貧児避暑郊外旅行」は、スラムの生活に脅かされた貧しい子どもたちの精神を「慰安」「治療」する場として、一時的に郊外の自然を求めていた。一方、松沢村の保育では、新中間層の子どもたちの「感覚」をそのまま「良い方向」に導いて、「純良」な「性格」を形成するための恒常的で配慮された教育の場として自然を求めていた。賀川の「幼児自然教案」では、芸術的方面、科学的方面、宗教的方面から、自然が重層的に子どもたちに経験されるようにカリキュラムが考案されている。この教案が、幼児の教育空間として意識的に構成された郊外の自然を背景にしていることを、あわせて検討する必要がある。

賀川の言説で目を引くのは、キリスト教の「愛」と自然との不思議な一体感である。長男の養育体験をもとにした『魂の彫刻――宗教教育の実際』（一九二六年）では、次のような記述がある。

死を蹂躙することによって、愛が死よりも強いことを我々は学んだ。その愛が我々の全生命の上に舞踏する時に、森と、太陽と、小鳥と、稲の穂が、神の天啓として我々に帰って来る。自分乍らに棄てゝしまった暗い私に、自然と良心が、内と外から、私に迫って来る。自然は私にとって、花婿の如く、良心は私にとっては花嫁の様なものである(4)。

賀川にとって自然は、癒しや美を求めて人間が回帰していく風景であり、その法則性から神の摂理を知る媒体であった。明治学院高等部神学予科時代に賀川はトルストイ、バイロン、ワーズワース、ラスキン、エマーソンなどから、キリスト教や近代西欧の神秘的な自然観、生命観を吸収した(5)。「貧民窟生活者の自然美論」（一九二〇年）では、「芸術としての自然の愛好者」として、都市の無機的空間を嫌い、海や河川、山岳の景観や色彩の美に憧れ「自然に帰ってゆく」心情が綴られている(6)。一九一四年から約二年半のアメリカ留学で生物学を学んだ賀川は、「宇宙の不動なる法則」の「絶対性」を「保証」する神の存在を確信する(7)。『神と永遠への思慕』（一九三一年）に至っては、

時期には、戦争への加担と捉えられる心情的な言説を産出する危うさを持っていた。

「人間の目的」と「宇宙の目的」はともに神に由来するために「衝突しない」という、人間と自然との神秘的な融合が見出される(8)。賀川の人間と自然との融合は、「幼児自然教案」のカリキュラム開発の可能性を開くと同時に、戦時期には、戦争への加担と捉えられる心情的な言説を産出する危うさを持っていた。

本章は、賀川豊彦の松沢幼稚園における保育の構想と成立を、社会の変革に向けて自然の教育により人間を形成する試みとして検討し、一九三〇年代の郊外で保育が展開される過程を記述している。検討の課題は次の三つである。第一に、神戸のスラムから松沢村に至る郊外の自然の意味の転換を、松沢幼稚園の誕生を準備するものとして叙述する。自然の意味の転換は、スラムでの子ども像と息子を見る子ども像との相違と、それぞれの子ども像に対応した環境の必要において生じていた。第二に、松沢村の郊外住宅地としての形成と、賀川が「社会改造」の新天地として松沢村に幼稚園を設立した経緯を明らかにし、園で実践された「幼児自然教案」のカリキュラムの特徴を叙述する。松沢村の田園と都市との調和に期待して、賀川は、キリスト教の宗教教育を郊外で実践することを松沢幼稚園に託した。「幼児自然教案」は、幼児の自然に関わる経験を多層化し神の「愛」を認識させることを意図している。その「愛」は、人と関係を築く結び目となるだけでなく、「苦難」を克服する精神的な動機をもたらすものだった。第三に、日本が総力戦体制に向かう中で、「愛」と「自然」の観念に心情的な飛躍が生じ、戦争遂行のイデオロギーに急接近する言説が産出されてゆく過程を叙述する。キリスト教の「愛」と「自然」とナショナリズムのトリニティーの現出に、賀川の保育も無関係ではなかったことにふれたい。

賀川豊彦の幼児教育に関する先行研究は、これまで部分的であった(9)。三原容子(一九九六年)は、賀川の個人雑誌『雲の柱』に連載された「幼児自然教案」の概要を紹介し、自然を通して「神の愛」を教えようとした点を指摘している(10)。杉原四郎(一九八八年)は、賀川の自然教育論の現代的取り組みとして神戸市の自然教育園の実践を紹介し、賀川が自然教育に科学的な観点を導入したことを評価した(11)。また、服部栄(一九八六年)は、大正期の児童観を「子どもの人格を認め、自発性を尊重し、その心の純粋性を強調」するものと捉え、賀川がそのような子ども賛美に終わらず、子どもの生活状況を見据え「子どもの生理的、心的条件にも目をむけ」たと指摘する(12)。

本章では、賀川の松沢幼稚園設立と「幼児自然教案」考案の過程で、郊外の自然とキリスト教の「愛」の結合する言説が再生産された状況に注目している。それゆえに松沢幼稚園の保育が、賀川の「社会改造」のユートピアを郊外で現出させていく一つの実験の場となったこと、およびそこに孕まれた危うさを記述する。

「幼児自然教案」は、一九三三（昭和八）年二月の基督教保育連盟関東部会での講演「自然と性格」、同年八月の全国保姆連盟講演会での講演「幼児自然教案」で発表された。その内容の原型は、賀川の長男の養育体験をもとにした著書『魂の彫刻』（一九二六年）に「自然の聖書による宗教教育」として示されていた。そこで本章では、二つの講演内容にこの著作も含めて「幼児自然教案」を検討するための史料として用いる。

1　賀川における郊外の意味——子ども像の変容との関連

1　神戸のスラム時代

一九〇九（明治四二）年に神戸のスラムに路傍伝道に入った賀川は、スラム住民の貧困生活や道徳的状態に関心を寄せ、救霊団を組織して社会事業と児童保護事業に取り組んだ。児童保護事業の中で注目したいのは、一九一〇年以降毎年夏に実施された「貧児避暑郊外旅行」である。その最初の年に実施された内容を、神戸新聞（一九一〇年八月一一日発行）にみてみよう。賀川ら付き添い八名と七歳から一二歳の子ども五〇名が、神戸から電車で明石の須磨舞子に到着し、明石城祉や人丸神社を訪れた。長屋の密集したスラムとは異なる美しい景色に子どもたちは喜び、海水浴や相撲、ブランコなど、日頃スラムでは思う存分できない遊びに興じている。また、うどんやラムネ、アイスクリームなどで食欲を満たして一日の旅行を楽しんだようである。

「貧児避暑郊外旅行」は、「大都会」の刺激を避けて郊外の自然の中で子どもを遊ばせ、「子供の性格」の「変る」

写真１　明石の海岸への「貧児避暑郊外旅行」（後列中央が賀川豊彦、1910年）

ことを目的としていた[13]。賀川の「貧児感化避暑論」（一九一九年）によれば、不良住宅、南京虫、布団不足などが原因で、「夏期」には多くの子どもが「睡眠不足」や「神経衰弱」に陥り、夜道を徘徊して「堕落」する[14]。そして「自然を与えられない貧民窟の子供は心理的遊戯（例えば「博奕をうつ」：引用者）をしたがる」という[15]。「大都会が発達して、自然が見失われてゆくと、人間の性格までが変性して来る。で自然を取返えせば人間の性格は変わる」[16]と考えた賀川は、「自然それ自身が強制力を持つ」と考えて[17]、子どもたちを連れて「郊外」に「旅行」したのである。

「貧児避暑郊外旅行」の郊外は、西欧の「避暑」の思想が日本で普及する文脈に位置づけられる。明治初期に「避暑」の概念と行動が、政府の御雇い外国人を経由して軍隊や皇族の療養に取り入れられた。日本において「避暑」は、暑さを避けるというよりも、気分転換と健康療法を兼ねた転地として浸透する。一八世紀半ばにイギリスで医療効果の認められた海水浴の概念は、一八八〇年代に病気の治療法として日本に導入された。海水浴の導入に意欲的だったのは、陸軍や内務省衛生局など、西欧の医学、公衆衛生学に関心を抱く人々である。同様に大気療法も、軍隊における脚気の傷病兵に対する療養に取り入れられた[18]。賀川の「貧児避暑郊外旅行」も、このような海水浴と大気療法の思想と方法にあやかるものだったと思われる。

「郊外」は、豊かな自然のもとでスラムの子どもの精神を改善し、正常化させるための空間とみなされていた。『自然と性格』の「概況」で、賀川は「自然の感化力」を次のようにまとめている。

自然の感化力

一、自然治療

精神病者治癒

二、自然的玩具

心理的慰安

マイケルゴールド「金なきユダヤ人」

三、自然矯正

田園犯罪少なく都市犯罪多し

不良少年

四、自然成長

偉人は田園より来る

五、自然黙示

ワーズウォース、ラスキン(19)

賀川における「郊外」は、「自然」が子どもの考えや行動に与える影響に期待し、「大都会」で疲弊した子どもの「精神」「心理」「性格」を「治療」「慰安」「矯正」する救済の空間として意味づけられている。

第1章で見たようにスラムの子どもは、賀川の孤独感と寂寥感を友好的な関係において解消してくれる唯一の存在だった。他方、将来が懸念されるとともに、その生活のあり方を改善させられるべき存在でもあった。賀川は「貧民心理について(四)」(一九一七年)で、スラムの保育所に通う子どもの性格は「恐ろしく反抗的」「凶暴的」だとし、「喧嘩好きな」子どもは、「長じては犯罪的傾向を帯びてくることは全くの事実」だと論じている(20)。ここには、愛情よりも、不安や危機感の入り交じった感情で、子どもをスラム調査の対象にした姿がうかがえる。賀川は、スラムの子どもの「凶暴」や「不道徳」の原因として、周囲の「賭博」や「犯罪」が蔓延する環境的要因を重視した。したがって、彼の子どもに対する救済処置は、劣悪な環境から少しでも長く彼らを引き離し、スラムの生活からの回避を試みることだった(21)。

賀川の実践の背後には、ナショナリズムと結びついた優生思想のあることを指摘しなくてはならない(22)。彼は『貧民心理の研究』(一九一五年)でスラムの貧困防止策の一つとして、住民に宗教と道徳を教えるとともに、「人種改良」を行う必要を論じている(23)。第一次世界大戦を経験した彼にとって、欧米の「民族」に対抗しうる「日本民族」の優秀性を確保する問題は、容易に優生学的発想に結びついた。賀川がスラムを観察して捉えた「悪質者」には、知的障害者や精神障害者だけでなく犯罪者も含まれる(24)。スラムの子どもたちは、犯罪者の予備軍として認識されていた。「貧児避暑郊外旅行」は、優生学的な人種改良論の延長線ともいえる位置にあり、子どもの可塑性に期待して、環境を改善する方法を採用したものと考えられる。

賀川における「郊外」は西欧の医学や衛生学、優生学の知識と結びつき、子どもの環境を「都会」から「自然」へ変えることで、人間を「改良」する思想に基づいて意味づけられた装置だったといえる。

2　松沢村への移住前後

一九二二年の長男純基の誕生以降、賀川の記述に新しい輪郭を持つ子どもの存在が浮かび始める。長男の誕生は、賀川が神戸のスラムで妻ハルと結婚して九年めに、労働運動や農民運動に奔走し、また夫婦ともに社会事業に明け暮れる中での出来事だった。彼は、神から子どもを与えられたと信じ、その誕生を神秘的な体験として捉える。「赤ん坊の漂着」(一九二三年)には、以下のような賀川の記述がある。

赤ん坊が漂着した。不思議な実在が流れてきた。（……）今この地球の一角に漂着したこの怪しき実在こそは実に不思議な生物である。それは母とか、父とか云う関係は全く認められ無い[25]。

賀川にとって、子どもの誕生は、制度的な親子関係を越えて経験された出来事である。彼の関心は、「不思議な実在」である子どもの尊厳と独自の世界の価値を見出すことに向けられた。無垢なる子どもを礼賛するロマン主義の影響を受けた子どもの観念は、当時の童心主義の子ども観と重なり合う。神戸時代から賀川の著作には、スラムの子どもの天真爛漫さや乳児の美しさを賛美する記述が散見される。子どもは、大人の自己喪失感を補償する郷愁や感傷の対象として、純粋であることや無垢であることに価値と独自性を見出されてきた。

賀川は、大人から理想化される子どもとしてのみ、息子の存在を意味づけたわけではなかった。『イエスと人類愛の内容』（一九二三年）で、賀川は「親が子をもつという事はすなわち親が子供のことを体験すること」であり、自らも「霊的に生まれ更」り「赤子の如く」なることだという[26]。つまり、わが子の誕生は、自分自身も新しく生まれ変わる体験だった。しかも、その経験は、瞬間的に完了してしまう経験ではなく、自分のあり方を持続的に変容させていく経験でもある。長男の教育書として記された『魂の彫刻』の記述を見よう。

私は生きたい。そして勝ちたい。病気に、無智に、醜悪に、不徳に、不虔に勝っていきたい。私は十分目覚めたい。（……）今如何かして吾子の胸に、私が胎んだ神の姿を植え付けたいと苦心して居る。（……）然し結局、自分の子の胸に魂の彫刻することは、自分の魂に、新しく神の姿を彫刻することなのだ。魂の彫刻は人の為ではない。全て自分の為だ[27]。

子どもに「神」を教えることは、自分自身も新しい「神」と出会うこととされている。賀川において、子どもを教育することは、大人自身も新たな自己を発見し、不断に成長していく過程だった。子どもは、大人が悲観的、否定的な自己のあり方を克服し、肯定的な自己の充実を取り戻すための象徴的な存在として認められる(28)。この点において賀川は、長男の誕生を契機に童心主義とは異なる子ども像を立ち上げていたといえる。彼は、子どもを成長させる空間と方法を編み出し、新たな人間形成、すなわち社会を創造する条件を整えることに自らの自己実現の可能性を託すことになった。

賀川の子ども像の変容は、これまでと違う自然の風景が彼の中に構成されていく過程と重なっていた。一九二四（大正一三）年四月に賀川は、長男の養育のために神戸のスラムから松沢村に家族で移住する。移住の背後には、スラムの子どもたちを感化、矯正する事業を行ったが、「私の一四年八ヶ月の苦い経験で私は幾らやっても駄目だと考えた」という挫折感があった(29)。「自然と性格」（一九三三年）では次のように述べられている。

なぜ私が自然教育をやかましくいうかというに、自然を与えない教育は絶対に成功しないことを経験したからである。私の十四年間の貧民窟の社会事業が失敗したのは何故か?自然を与える方法をつけなかったからである(30)。

スラムの「淫売婦」「掏摸殺人」「博打」「犯罪」の横行する環境に居住し、一時的な救済や矯正のために「自然を与える」程度では、子どもたちは日常に戻れば再び素行を悪くしてしまった(31)。この経験を踏まえて賀川は、「両親が丁寧に赤ン坊を取扱っても、周囲の環境が両親の暗示以上に強ければ、赤ン坊の性格が破壊されることは火を見るより明らか」とし、「心理的環境から見ても、赤ン坊のために貧民窟を出ねばならぬと考えた」という(32)。松沢村への移住は、子どもを教育する空間として、新たに自然を捉え直そうとする態度の表れであった。

松沢村への移住後、幼児の宗教教育と自然教育は結びつけられて構想されている。『魂の彫刻』では、子どもの

「自然復帰と宗教心の勃興」について以下のように示された。

子供が自然に帰るときに、子供は初めて自分の領域を発見致します。原始種族が、自然に抱かれて居た為に、宗教的であったと同様に、子供は自然に帰ってきて初めて宗教的になります(33)。

「自然に帰って」「宗教的」になるのは、子どもが「自然」に「同化」して「遊んで居る中に、宇宙の神秘」すなわち「生命なる神が、確に生きて居られること」に「触れる」ことを意味していた(34)。子どもは「原始民族の宗教観念と相通ずる」「アニミスチック—生霊宗教的な—感覚をもっていますから」、大人は「その鋭敏な感覚を鈍らすような工夫をしないで、それを良い方向に導くように努力しなければなりません」と主張される(35)。「自然に就いて教えること」を通して、子どもは「自然の中に秘められたる、生命の不思議と愛の法則」つまり神の「天啓を発見する」と考えられた(36)。

「大自然を神の天啓として教える」ために(37)、郊外は賀川の「自然研究」の場となった。彼は都市と自然との関係について、次のようにいう。

子供の性格に大きな感化を与える自然研究をするのは、上手に自然を教えようとするのではなくて、子供の性格のために自然研究の必要を考えるからである。私は都市を自然に関係あるものに作りたい。今の都市よりも、もっと自然に関係のある、もう少しいらいらしたものでなく、落着のある都市文明をつくりたいといつも思っている(38)。

「都市」と「自然」との融合した「田園」であるだけではなく、子どもの教育においては、「自然を与える方法」が入念に考慮された郊外の風景を賀川は求めていた(39)。郊外は、子どもの純粋性と健全性を保持したまま、「自然」を通してキリスト教の理想に基づく人間形成を可能にする空間であり、そのために大人の配慮の行き届いた教育の装置となるものであった。

2 郊外住宅地としての松沢村

1 松沢村の郊外住宅地化

大正期になるまで、松沢村は、世田谷地域の他の町村と同じく、東京市街へ向けた蔬菜を生産する純農村地帯だった。松沢村の宅地化の基盤を作ったのが、一九一三（大正二）年の甲州街道沿いに笹塚から調布間を結ぶ京王電気軌道の開通である。松沢村には、最寄り駅として「北沢駅」（現、上北沢駅）ができ、下北沢一帯では、京王電鉄が住宅地開発に乗り出して、移住者の招致活動が展開された。徳富蘆花は、『みゝずのたはこと』（一九一三年）で「京王電鉄が出来るので其等を気構え地価も騰貴した。（……）地所買いも追々入り込む。（……）要するに東京が日々攻め寄せる」と、電車開通にともなう農村の変化を捉えている(40)。開通の翌年には、それまで茶畑だった五万平方メートルの丘陵地（現、桜上水付近）を三井財閥が購入し、東京に住む三井一族に牛乳を供給するための牧場を開いた。牧場の建物はオランダ風で、当時はまだ珍しいサイロもあり、ここだけが異国情緒を漂わせていたという。電車も牧場も、すぐさま郊外住宅地化をもたらすものではなかったが、松沢の田園的魅力と居住の可能性を納得させる環境を形成しつつあった。それでも大正期半ばの松沢村は、玉川電車の通る世田谷町、駒沢町などと比べると、人口、戸数ともに停滞し、農家は減少しても近郊農村としての形態は容易に変化していかなかった。

松沢村の住宅地化が進んだのは、第一次世界大戦後の好景気にのり、一九二〇（大正九）年に京王電車が複線となる頃からである。一九一六年には、京王電鉄から松沢村の家庭への送電が開始された。一九一九年には、巣鴨にあった精神病院が、患者の静養に適しているという理由で松沢村の上北沢に移転してきた。この病院（松沢病院）は、町村民からはあまり喜ばれなかったが、一部の地主たちは村の発展に貢献できるということで熱心に招致した。病院の正門前には、新たに「松沢駅」（現、八幡山駅）が設けられた。約六万坪の広大な敷地内には、周囲の大自然との調和を崩さないように、園芸師の手により清流や築山、泉水が施されている。周囲の農村をおおっていく環境の変化や生活の変化を、徳富は次のように描いた。

私共が粕谷に越して来ての十年はやはり長い年月でした。村も大分変わりました。東京が文化が大股に歩いて来ました。（……）京王電鉄が新宿から府中まで開通して、朝夕の電車が二里三里四里の遠方から東京へ通う男女学生で一杯になったり（……）。私共の外遊中に名物の巣鴨の精神病院がつい近くの松沢に越して来ました。嬉しいようなまた恐いような気がします。隣字の烏山には文化住宅が出来ました。別荘式住宅も追々建ちます。思いがけなく薮陰から提琴ヴァイオリンの好い音が響いたり気取ったトレモロが聞こえたりします。燈台下暗かった粕谷にも昨秋から兎に角電燈がつきました(41)。

松沢村の郊外住宅地化も、急速に展開している。村長の鈴木左内ら有力な地主たちはまとまって、北沢駅前の左内町一帯を第一土地建物会社に売った。この土地会社は、大八車が通るような道が二、三本あっただけの駅前に区画整理を施し、桜並木を作って住宅地としての体裁を整えた。関東大震災の影響で転入者が急増した一九二四年一〇月からは、二〇〇坪単位で土地の分譲を開始した。また、左内町の造成工事で生じた残土は、新道大堰から北沢川に沿った一帯の埋め立てに使われ、この地域も住宅地として分譲された(42)。

郊外住宅地化するにともない、村の住民の職業構成や人口も大きく変化した。世田谷地域全体で見ると、一九二〇年頃から軍人、軍属をはじめ、公務員など職住の分離した新中間層の居住者が多くなり、通勤者が町村の昼・夜間人口の変動という現象を生じさせるようになった。松沢村でも、第一土地建物会社社長の木村泰治が台湾行政に関係する人物だったために、台湾の知事をした本山文平をはじめ行政関係者や中将以上の軍人関係者が多く移住してきた。賀川も、一九二四年という早い時期に、北沢駅にほど近い場所に家族で越している。松沢村の産業別戸数を一九二〇年と一九二五年の調査で比較してみると、「農業」の割合が全体の六三%から一六%に減少し、「商業」「工業」「交通業」の合計の割合はほとんど変化がなく、公務員・自由業を含む「その他」は一七%から六二%に増加している(43)。その後の松沢村の人口指数も加速的に上昇し、一九二五年の村の人口指数を一〇〇(実数七千二三七人)とすると、一九三〇年に一七〇(一万二千三三七人)、帝都電鉄(現、井の頭線)開通後の一九三五年には二七四(二万九千八一七人)となる。一九二〇年以降の松沢村における人口の上昇率は、世田谷地域の他の町村に比べて最高であった(44)。

世田谷地域の郊外住宅地は、新しい価値観や生活、文化を創造する空間になっていった。田園調布を開発した田園都市株式会社の渋沢栄一によれば、郊外住宅地は、「農村と都会とを折衷したような田園趣味の豊かな街」として作られた(45)。震災を経験した市街生活の不安と恐怖を避けて、郊外に家庭生活の拠点を求めるべく移住した人々は、自然に囲まれた安全で健康的な暮らしに価値をおく新しい生き方を採用したといえる。彼らの生活は、日用品は御用聞きにくる近所の店で購入するが、少し値の張るものは渋谷や新宿など都心のデパートで買うというように、大型の消費空間と密接に結びついた。彼らの住む「文化住宅」は、格式よりも家族中心の住み心地良さに配慮した住宅で、中廊下型、片廊下型の構造に居間や台所、子ども部屋の配置など、主婦や子どもの存在を間取りのうえでも重視している。また、一九二二年に玉川電車は玉川児童園、一九二七年には京王電車が京王閣、小田急電車が向ヶ丘遊園を次々に開園するなど、家族連れの乗客誘致を目的とした私鉄沿線の娯楽施設開発も進んだ。郊外住宅地は、移住した人々の自然を占有した特権とレジャーと家庭の世界を建設する場(ブルジョワ・ユートピア)として構成されたのである(46)。

2 賀川豊彦における松沢村

震災の大きな被害を被った本所区（現、墨田区）で、賀川は「協同組合社会」という独自の社会構想を実現させる数々の試みを行っていた。しかし、さまざまな協同組合を組織する一方で、地域住民に対する宗教活動の成果は、むしろ賀川にキリスト教の「隣人愛」の定着の難しさを実感させていた。

この間の賀川は、一九二〇年代後半より政治的な活動から離れ宗教活動に力を注ぐ傍ら、松沢村への関心を一層高めている。松沢村に移り住んだ彼は、自宅で伝道集会や宗教講演、日曜学校を開催する。ところが、欧米視察（一九二四～二五年）や大阪四貫島セツルメントの設立（一九二五年）と多忙なうえ、眼病のトラホームを悪化させて入院し、一九二六年一〇月には兵庫県武庫郡瓦木村に静養のため転地した。他方、彼は日本農民組合内部の無産政党樹立をめぐる政治闘争を嫌い、日農第二分裂（一九二七年）頃より、無産政党運動の第一線より手を引いた。一九二九年一一月、彼は静養先の瓦木村から、再び武蔵野の松沢村に帰還する。ここで精力を傾けたのが、松沢村の自宅の敷地に松沢教会と附属幼稚園を設立することだった。教会と幼稚園の設立は、児童愛護運動の石田友治をはじめとするキリスト教信者たちの協力に支えられていた。

松沢村という郊外のユートピアの可能性に、賀川は自らの社会構想の実現を再度かけようとした。松沢教会と松沢幼稚園の設立の目的は、松沢教会建築実行委員作成の「松沢教会　同幼稚園　日曜学校　建築趣意書」（一九三〇年）に読みとることができる。ここには「一町村に於ける社会文化のバロメーターとなる可きものはその土地の精神生活並びに教育機関に関する施設及びその内容如何による」とあり、続いてアメリカ開拓期の清教徒たちが、「先ず教会と学校を建設」し「今日の精神文化の基礎」を作ったとある(47)。すなわち教会と幼稚園は、キリスト教の精神をもとに、未だ成熟していない村の「社会文化」の基礎を作る拠点であった。

全国的な宗教運動の行き詰まりから、賀川が幼児に対する自然の教育に傾倒していく状況も生じた。一九二八（昭和三）年「神の国運動」を開始した彼は、信徒数の増加を目的に全国巡回伝道に出たが(48)、「神の国運動は失敗だったか?」（一九三三年）で、周囲の批判、教会組織の問題、運動成果への疑問を記す(49)。同年の身辺雑記では、「幼児自然教案の編集に熱中」する様子が記されている(50)。「宗教教育に自然教案を提唱す」（一九三四年）では、「神の国運動」で実現できなかった少年伝道の一つとして、「神の摂理」を教える「自然教案」の有効性が語られていた(51)。

松沢幼稚園は、幼児に対する宗教教育を通じて、キリスト教により子どもの人間関係を組み替えようと試みている。松沢幼稚園ではスローガンに「博愛」を掲げ(52)、赤井米吉が「『愛と理性』の標本」とまで称した大崎治郎を副園長に、三人のクリスチャンが保育に携わっていた(53)。大崎は、賀川が主催するイエスの友会の機関誌『火の柱』に、「基督教幼稚園風景」（一九三五年）という記事をよせている。大崎は、日本のキリスト教会の伝道の行き詰まりを打開するために、「もっと真剣になって、幼児の保育事業に努力」すべきだと訴える(54)。彼は、幼稚園の宗教教育の成果として、キリスト教に基づく人間関係の広がりを、子どもと親との関係の小さな変化にも見出そうとした。例えば、園児Bくんの父親は、神社、寺院の参拝を日課としていたが、ある日子どもから「幼稚園の神様と違う」と指摘され、食前の神への祈りを要求されるようになった。その後、この父親は、たび重なる息子の要求により、ついに自分からキリスト教の神に祈りを捧げるようになったという。

日常の親子の関係がキリスト教により編み直されつつある出来事を、大崎は「講壇の説教」ではできない、伝道の「生きた実例」といった(55)。宗教伝道の可能性を託された幼稚園は、保育を通して、人間関係をキリスト教によって編み直し、新しい社会の礎となることを期待されていた。

3　松沢幼稚園における「幼児自然教案」の開発

1　松沢幼稚園の自然と「幼児自然教案」

松沢幼稚園の環境は、フレーベルの「キンダーガーデンの『ガーデン』の部分を取返したい」という賀川の意向から、都市の幼稚園としては稀なほど豊富な自然の事物で構成されていた(56)。当時の武蔵野は、まだ広い雑木林と田園風景に囲まれた、自然の風情の美しい場所だった。ここに幼稚園が設立されたこと自体、すでに保育の場を「ガーデン」において準備する意味が込められている。

松沢幼稚園には多様な自然界の動植物や鉱物が持ち込まれ、子どものさまざまな活動を支えていた。幼稚園の「保育課程」には、「自然観察」を筆頭に、「遊戯」「唱歌」「談話」「手技」「製作」が掲げられ、自然の教育を特色とした教育方針が表現されている(57)。新館の南側テラス(一九三二年設置)には、メジロ、ホオジロ、カケスなど約二〇種類もの鳥のいる小屋ができ、その横には貝類の標本が多数並べられた。園庭には、八一種類の「雑草園」(一九三四年設置)と「リンネ植物園」(一九三七年設置)があり、ミツバチ、ウサギ、ヤギも飼育されていた。さらに「フレーベル館」(一九三六年設置)、「ペスタロッチ館」(一九三九年設置)と言う「子供博物館」の棚には、賀川が日本各地や外国から持ち帰った鳥類やは虫類の標本、貝類や鉱石の標本が並べられたほか、天井には星座の天体図が描かれ、上からは結晶体の拡大模型が釣り下げられていたと言う。これらはすべて「自然恩物」と称され、幼児の活動の中心となる教材であった(58)。

写真2　幼児自然教案に用いた結晶体模型

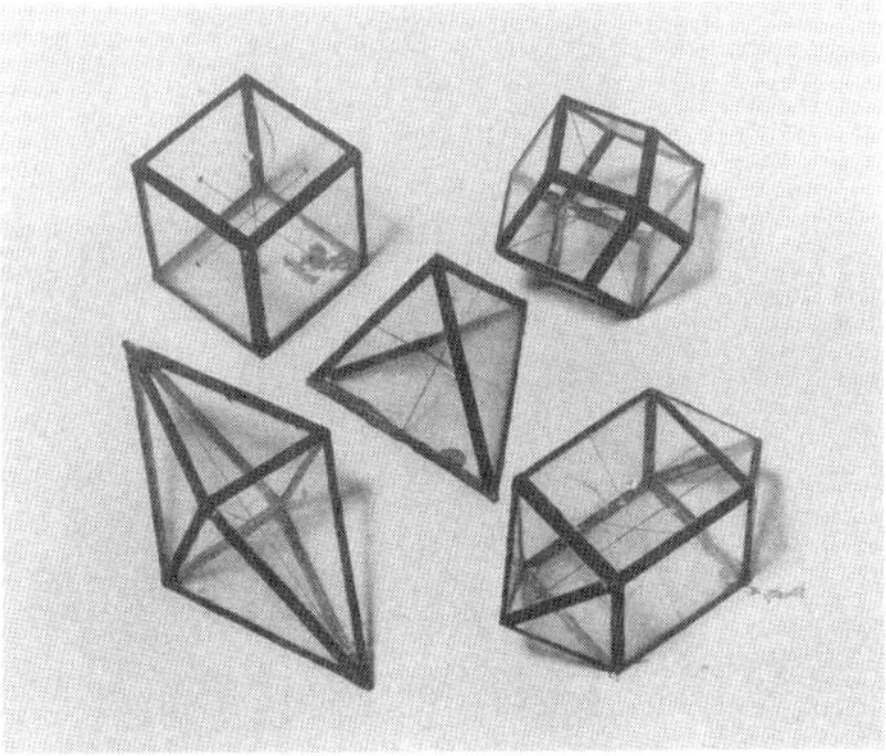

賀川の作成した「幼児自然教案」は、フレーベルの抽象的観念的な恩物教育を「修正」し、自然界の実物や事象を題材とした活動を通じて、幼児に「神」を教えるものだった(59)。「幼児自然教案」は、自然物を単なる愛玩、観賞や関心を誘発する目的で用いるのではなく、キリスト教的な自然の解釈から、幼児の経験を多義的に組織した点で興味深い。以下では、キリスト教の「愛」の規範の獲得に向けて、どのように自然を教材化し、子どもの経験を組織したのか検討したい。

【芸術的方面】

「幼児自然教案」の「美的教育」では、自然美の体験と表現が取り上げられている。その目的は、不安や恐怖など精神の働きを抑える感情を解消させ、子どもの発見や想像を促す感情をもたらすことであった(60)。「貧児避暑感化旅行」の発想が引き継がれており、自然の中で幼児の「遊戯本能」を満足させ「憂鬱性とか、圧迫感とか、恐怖、不安、煩悶、憤怒、その他神経衰弱などを、自然界によって治癒」し「快感」「喜び」を得させることが求められている(61)。

さらに、自然に対する芸術作品を鑑賞するような態度の形成と美的体験の充実が位置づけられていた。賀川によれば、植物の芸術的な美は、自然界にある「法則」が「植物界にも同じ秩序を持って現れ」たことに由来する。それゆえ、幼児の美に対する感受性を養うもととされた(62)。花や木の葉、鳥の羽根や鳴き声、チョウや貝の模様の造形的音楽的な世界に直接ふれさせることは、自然が「うるわしい一つの芸術」という見方を幼児に示すことである(63)。幼児を「自然に同化」させるとは、単なる知覚によってではなく、自然の内部に感覚的に入り込む渾一感によって、生き生きとそのあり様を体験させることを意味していた(64)。

賀川は、幼児の身体感覚を重視した具体的な活動を示し、自然を美的に体験する方法について説明している。教案では、子どもの「智覚本位」に「興味、注意力、観察力を基礎」にして、自然を視覚、聴覚、嗅覚、触覚、味覚、運動覚の六つの感覚から経験する方法が採られている(65)。例えば、鉱物や雪を題材に結晶体を主題にする場合、実物を見る、雪の歌を歌う、鉱石の音を聞く、氷砂糖をなめる、手に直接ふれる、結晶体の模型を紙とはさみで作る活動が示された(66)。これらは、自然の感覚的な美を形質のみで表層的に捉えるだけではなく、対象の持つ意味を多方面から発見的に見出すことを意図するものであった。

つづいて、幼児の体験した自然美の表現が活動に位置づけられている。自然の美を成り立たせる「自然界の方向、調和、目的」は、幼児の体験から発見される(67)。手工の例では、自然界の目に見えない法則を形象化させる方法が、次のように述べられている。

幼児に粗雑な観察をさせてはならない。そして実物に出来るだけ似た特長をつかませることが必要である。そして塗絵、切抜き、折紙、貼り紙などをする場合、自然のまゝの美を恩物化することが大事である。（……）自然界は葉序の持つ美的金則を守っているから美しく見えるのである。そういう美的法則を手工を通して子供に教えておきたいのである(68)。

精神的な癒しを基礎とする「美的教育」では、自然の体験と表現が、幼児の連続した精神と身体の営みとして捉えられていた。

【科学的方面】

「幼児自然教案」の「科学と自然教案」は、自然を科学的に探求する経験を組織するものである(69)。例えば「リンネ植物園」は、植物を下等植物から高等植物まで進化の方向にそって配列していた。植物の教材も「植物進化の系統」に基づいて教えるよう指示され、岩石に関しては初年度の珪石、長石、石英、輝石、角閃石に始まり、学年別に段階的に結晶の六系三二体を教材として配列している(70)。

賀川は自然界の進化や系統を重視し、教案ではそれらに即した教材の選択、配列が意識されている。それは、自然の「方向、調和、目的」を捉える感性を、幼児も自然科学者と共有していると考えたからだった。「自然と性格」の「力と宇宙目的の世界」の単元で、彼は「宇宙目的の世界」に「方向」があるという認識は、「アインスタイン、ミリカン、ジーンス、エジントンなど新しい物理学者の凡てが、その傾向を持っている」と指摘する(71)。ダーウィンやファーブルの幼少期を想起して、自然との全身的な接触を重視する賀川は、「知識が感じ得ないことを感情は感じ得る」といい、幼児の感情や感覚の知性的な契機を捉えようとしていた(72)。

また、自然への「興味、注意力、観察力」をもとに、「記憶」「連想」「洞察力」を働かせ、多様な側面から自然の事象を比較、総合して捉える探求の過程が、幼児の経験として明示された(73)。植物教材の例をあげれば、塗り絵や折り紙の活動で、花の教材の選択、配列をバターカップ、ユリ、アヤメ、ランの順序で系統的組織的に行うことが意識された。「植物の教え方」では、幼児の認識を促す指導の目標や方法が次のように記されている(74)。

それ（自然の実物：引用者）を系統的に、特長あるものを頭に入れ、連想させ（……）他との比較を教える。それから、総合的に、例えば、動物植物の進化、全体の位置などを考える。それをまた成長的に、選択させて、名を教える。（……）また連想させたり、記憶させたりすること、判断させることなどは必要なことである(75)。

このように、進化や系統の秩序に即して、子どもが自然について思考する活動を通し、その法則や調和に対する認識を形成することがめざされていた。

【宗教的方面】

賀川にとって幼児の出会う自然は、神の「恵み」としての恩物であり、草花や樹木、昆虫、動物、土や星の姿形は、それ自体が神の摂理の表象だった(76)。賀川は、幼児の芸術的、科学的活動を通じて発見される自然の「法則」の「奥」に「数学的哲学的な非常にいい頭脳をもった神」が存在し「動物界植物界を支配している」ことは、幼児にも容易に理解されるという(77)。そして、一方的に教師が幼児に知識として解釈を与えるのではなく、子ども自身の活動の中で「自然は神の思し召しによって出来た」ことを理解する感性が重視されていた(78)。

神の「愛」を経験するための教材と活動は、「幼児自然教案」でどのように示されたのだろうか。「人を愛することを教えるものむずかしい」という賀川は、例えば、動物の社会生活の観察を「いい機会」に社会的感覚を養い、幼児に「愛」で結ばれる関係を知らしめようとした(79)。「動物の教え方」では、幼稚園で飼育する小鳥やハチ、小動物の生態観察の手順を、四季を通じて社会生活の変化のわかるように、春の出産と卵の孵化、親の子の世話、秋の巣作り、冬の冬眠状態という順序で示している(80)。これらが、「宗教道徳的」に与える「いい教訓と暗示」は、次のように述べられている(81)。

社会生活を研究させるためにも、蜜蜂や蟻を飼っているうちに、母性愛も、互助愛も、その他胎生の研究、共生の研究などもいろいろのことを、知らないうちに覚える(82)。

写真3　顕微鏡をのぞく園児と大崎治郎（左手前）

生き物の集団的な生活は、その本能的愛情を幼児に示す実例であり、観察を通じて自然界の社会的なつながりを直観させるものとみなされている。そして「自分の心の内に働いている同じ法則」(83)として、自分と周囲の人々とを関係づける「愛」の絆に気づかせる機会であった。賀川は、キリスト教的「愛」の直感を基礎に、幼児が宗教的規範を内面化させ、「愛」に基づく人間関係を形成することを期待したのだろう。彼は『教育革命とキリスト精神』（一九四八年）で、次のように述べる。

植物も昆虫も魚も不思議に支えられている事実をみて、深い神の恩寵と感謝するようになる。この意識から弱き者に奉仕する精神が湧いて来るのである(84)。

自然界の背後にある「神の恩寵」は、「神の惜しみなき愛」そのものである(85)。「神の恩寵」の享受は、それによって神の意志を実現し、清い生活を営む力を与えられる経験とされる(86)。自然に直接ふれて神の「愛」を意識させる「幼児自然教案」は、「愛」の原理で人と関係を築く態度を養い、もって神の意志を実現する実践を理想としていたのだろう。

2　松沢幼稚園という場の位置

キリスト教の「愛」の獲得をめざす保育は、賀川の「社会改造」との関連で松沢幼稚園という場を意味づけ直す契機をもたらしていた。「協同組合社会」建設の理念においては、協同組合に関わる人々の関係を「愛」の原理に基づく相互扶助の関係に再編することが課題であった。松沢幼稚園は協同組合とは直接結びつかなかったが、第2節で指摘したように、保育を通してキリスト教の「愛」を媒介に人間関係の形成を促す役割を担っていた。

さらに、幼児に伝えられるキリスト教の「愛」は、現実の社会生活を批判的に検討し、新たな局面を積極的に切り開く志向を持っていた。戦後恐慌や帝国主義諸国の利権争い、震災などを経験して著した『魂の彫刻』で、賀川はキリスト教は子どもに対し「貧乏に、病気に、心配に、生存競争に、老衰に、災厄に、死に」などの「悪に打ち勝つ工夫」を伝授するものと考えた。そして、次のように述べる。

殊に人類に良心が生かされてからは、愛は意識的となり、恋愛に、友愛に愛は凡ての苦難を越えて、犠牲を払うことを、何とも思わなくなり、愛のある処に、死も、老衰も、病弱も、何ら恐るべきものでなくなって仕舞った(87)。

彼が子どもに伝えようとした「愛」は、あらゆる「苦難」を克服し「犠牲を払」おうとする内なる欲求であり(88)、かつ「理想の生活」を実現する目的に向かう精神的な動機であった(89)。このような「愛」の形態は、いつくしみの感情を越えて人間同士を結びつける。そして藤田省三（一九五九年）が、現実を批判的に乗り越える想像力を表した「戦闘（防衛）的志向」につながるものといえるのかもしれない(90)。

4　戦時期の賀川

ここでは、キリスト教と神秘主義を通じて「愛」に結びつけられた「自然」の孕む危うさを指摘しておきたい(91)。

一九二〇年代の賀川は、軍国主義による侵略戦争に反対する一方で、自らの大陸への宗教伝道、協同組合を通じて日本の東アジア進出を先導しようとしていた。例えば、御大典記念の日本宗教大会講演「産業の人道化」（一九二八年）では、キリスト教の「互助愛」による国内の協同組合組織の普及が高唱され、やがて「民族闘争、階級闘争」を越えて「露西亜と日本と支那と朝鮮」が「共存共栄」していくと語っている(92)。一九三一年の満州事変では、日本の軍事的横暴を批判するが、「満州国」設立の事実を前に、キリスト教信者の拡大と国内経済問題の解決の可能性を捉えて、軍事的侵略の反対よりも「宗教的海外発展」への関心を一層強くしていく(93)。彼のアジア諸国への伝道は、一九二八年から三〇年代にかけて満州、中国、朝鮮、台湾、フィリピンにおいて精力的に展開されていった。このとき、すでに彼は侵略の対象国における国家の既得権益を、国際経済の現実として容認する帝国主義の論理に同調し、キリスト者の立場からアジア諸国で収奪と侵略に抵抗する人々を救済する意識はあまり見られない。

戦時下における賀川の支配的イデオロギーへの接近は、感情的に絶対化された「愛」への心酔と、日本の自然への回帰から生じる「風景ナショナリズム」（藤田省三、一九六二年）の生成が関わっていたのではないかと思われる(94)。「宇宙一元」（一九三六年）で「愛による一元こそ絶対」と認識したと記す賀川は、「愛」による行動原理から論理的な思考の枠組みをはずしつつあった(95)。一九三八年の満州伝道で満州鉄道総裁の松岡洋右に面会した賀川は、松岡の「真剣な宗教的大陸政策」に感涙の情を覚え、彼の漢民族への「愛」に深い感銘を受けたという(96)。一九四〇年「支那事変処理上有害とみとめられる極端な反戦的平和論」の嫌疑で憲兵隊に拘引され、松岡の要請で釈放された彼は(97)、その一カ月後の身辺雑記に「国難を前にして国を愛しないことは出来ない」「我々は一人になっても国を守らねばならぬ」と決意を新たに書き記す。賀川の愛国心は、留置場で「私の身体のうちに」キリストの復活を体験したことと同時に生じていた(98)。感覚的な覚醒体験と「愛」の感情が一体となって「愛国」の宗教的陶酔状態が生じ、キリストの贖罪愛の実践として国を愛し自らを犠牲にすることへの肯定につながっている。

賀川の国家心酔の源は、彼が宗教的「愛」を見出してきた自然の美的心象にも見出せる。例えば、「芍薬の花咲く日本」(一九三二年)で、彼は「桜は散り、雲雀が野に囀る頃になると、日本の中央山脈から流れ出る」(99)などと日本の空想的な風景に繰り返し回帰している。自然の風景を郷愁的に回顧する傾向は、神戸スラム時代から故郷徳島を回想する場合などに現れている。それが一九三〇年代頃からは、同時に天照大神や二宮尊徳、西郷隆盛など神話や歴史の人物をあげ、土地の風土の育んだ「日本精神」の果敢さや優秀さも高唱されるようになった(100)。留置場という人工的な構築物に閉じこめられた後、賀川が戦争協力に傾いたことを考えれば、彼の心象風景は「風景ナショナリズム」を準備する原風景だったのかもしれない(101)。自分の心理的故郷であり絶対の帰属感を持つ自然の風景と、その豊穣さを精神的風土とする日本人の歴史的優秀性とが重なり合い、賀川の国家主義の意識を支えていたと考えられる。「宗教と教育との交渉点」(一九三九年)で、自然を通じた教育により日本の「道徳的危機」を脱し「支那人を心服させる」目的が論じられているのも、この延長線上にあったのだろう(102)。

おわりに

賀川の松沢幼稚園は、郊外型幼稚園として次の三つの特徴を持っていた。

第一に、キリスト教による社会の基盤形成のために、幼稚園が人間関係の具体的な編み直しをはかる実践的な場として位置づけられた点である。

第二に、自然の空間的な意味が、ありのままの自然によって子どもの心身を回復させる場から、大人の意思により自然の要素が周到に準備された教育の場に変容する過程で、「幼児自然教案」が開発された点である。賀川が松沢幼稚園で構成した自然の空間は、家なき幼稚園の橋詰良一が、自然の天然なさまを持って保育の場としての価値を見出した自然の空間とは異なっていた。

第三に、「幼児自然教案」が、芸術的、科学的、宗教的方面の三つの方面から自然の具体的な事物や事象を教材化し、自然に関する幼児の経験を重層的に組織することを試みた点である。賀川は、当時の幼稚園教育において自然に関する「組織的教案がない」という問題意識から、「幼児自然教案」に取り組んでいた(103)。しかし、自然界のすべてを神の支配する統一的な法則に関連づけて理解しようとする認識は、さまざまな可能性を内包した自然の教育を「愛」の獲得へと狭めることにもなったのではないか(104)。

ところで、一九四三年の反戦、社会主義思想による警察の取り調べを挟み、賀川の非暴力無抵抗の姿勢は、積極的な戦争協力へと転換した。鶴見俊輔（一九六一年）が「賀川の転向」と指摘するように(105)、同年賀川は、国際戦争反対者同盟から脱退して、米英の帝国主義的植民地支配の排斥を声高に叫び、日本こそが「東洋の独立と自由」の守護者だと主張した(106)。詩集『天空と黒土を縫合わせて』（一九四三年）では、神秘的で非合理的ともいえる言葉や文句で戦意高揚の詩を詠い、日本の聖戦イデオロギーに陶酔する精神が映し出されている(107)。賀川の宗教的「愛」は、自国を「愛」するがゆえに、植民地のアジアの人々を戦争の犠牲にし抑圧する「愛」の倒錯現象を引き起こしていた。賀川は、自らを「太陽の子だ私は　日本の子だ　太平洋の生んだ子だ」「正成、義貞、親房の　血をうけついだ神の子だ！」として自身にも心酔し、「皇国」への犠牲的精神に新しい時代の幕開けを見るという心情的飛躍を生じさせていた(108)。

第Ⅲ部

保育の成立に見る都市と郊外

第9章

都市化と保育の新しい動向

はじめに

本章は、保育のアソシエーションを形成した保育所（協同組合型保育所）と郊外住宅地に誕生した幼稚園（郊外型幼稚園）が、それぞれ一九二〇～三〇年代の都市化と一体となって成立していたことを叙述する。

一九二〇～三〇年代に、東京と大阪を中心とする市街地に保育のアソシエーションが形成される動きが生じた。代表的なものとして、大阪では志賀志那人の北市民館保育組合（一九二五年設立）、中村三徳の大阪自彊館保育部（一九二六年設立）、吉田源治郎の四貫島セツルメント天使保育学校（一九二七年設立）、八田勝三・豊子による生野保育天使学校（一九三一年設立）、金田弘義の生野聖浄会館の保育事業（一九三七年設立）などがある(1)。東京では、賀川豊彦の光の園保育組合（一九二七年設立、前身の「光の園」は一九二四年）、東京帝国大学セツルメント託児部（一九二六年設立）、吉見静江の興望館セツルメント保育事業（一九二九年設立）、奥むめおの婦人セツルメント保育部（一九三〇年設立）、平田のぶの子供の村保育園（一九三一年設立）などがあげられる。ここに名前のあがった人々は、それぞれの地域で社会問題の主題として子どもの保育を見出し、子育ての目的や関心を持つ親や住民とともに保育の組織を形成し、地域社会に根をおろして事業を展開していた。

保育のアソシエーションの多くは、都市のセツルメントを基盤に組織されていた。北市民館保育組合は、一九二一年に日本初の公営セツルメントとして設立された大阪の北市民館の事業として開始されている。四貫島の天使保育学校は、賀川を中心とする「イエスの友会」が、一九二五年に創設した四貫島セツルメントの事業の核となった。生野保育天使学校、生野聖浄会館の保育事業は、四貫島セツルメントに集った八田、金田によりその精神、実践を引き継いで着手されたものである。関東大震災の救援活動を機とするセツルメントから生まれたのは、光の園保育組合と東京帝大セツル託児部だった。光の園保育組合は賀川が設立するキリスト教の本所基督教産業青年会、東京帝大セツル託児部は東京帝国大学法学部教授末弘厳太郎が率いた学生セツルメントの事業である。興望館は一九一九年に日本基督教婦人矯風会の外人部により設立され、当時から行っていた保育事業を吉見の館長就任後のセツルメントで発展させた。婦人セツルメントは、二児を抱えて働いた奥むめおの経験から、働く女性の集会所と保育所の機能を兼ね備えるものとして開設されている。子供の村保育園はセツルメントを直接の基盤とはしていないが、平田は奥の婦人セツルメント保育部に携わった経験があり、保育の底流はセツルメントにつながっていた。

それまでも都市には、時代の要請に応じてさまざまな保育所が作られてきた。工場付設の託児所や戦争に向かった軍人の遺児のための出征軍人児童保管所、貧しい子どもを保護する慈善事業の保育所などである。一九〇〇年代に入ると、内務省の統括する「慈恵救済事業」として「幼児保育事業」の重要性が増し、民間の慈善事業団体の保育所に補助金が交付されるようになる。第一次大戦後に米価の高騰などにより人々の生活が困窮すると、乳幼児を抱えた母親の就労のために保育所の設置が政策上の課題となった。一九一九年以降大阪市、京都市、東京市などでは、労働者の幼児を対象とする保育所が公的な社会事業施設として設立されるようになった(2)。

ただし、本書で取り上げた保育のアソシエーションとしての保育所は、このような慈恵的で民生安定のための保育所の流れに単純に位置づけることはできない。アソシエーションとして成立した保育所は、セツルメントが対象とした都市の問題と深く関わるだけでなく、保育を目的に人々が結びつく契機と社会との関係を積極的に見出して保育を創造していたからである。本書は、このような保育所を協同組合型保育所と捉えて、その保育の特徴を検討してきた。

一方、橋詰良一の家なき幼稚園（一九二二年設立）は、大阪の池田室町という「都市近郊に建設された中流階級向けの住宅地」(3)としての郊外住宅地に誕生した幼稚園の嚆矢である。家なき幼稚園の前後に大阪、東京、京都、神戸をはじめとする都市の郊外に、移住した住民の幼児を対象とする幼稚園が設立される動きが生じた。橋詰に限っても、宝塚、箕面、十三、雲雀ヶ丘、大阪（一九二四年設立）、千里山（一九二五年設立）に、あわせて六つの家なき幼稚園を開園している。東京では小原国芳を中心に一九二五年に成城幼稚園（砧村喜多見）、一九二九年に玉川幼稚園（町田町）が設立された。他にも一九二五年に高崎能樹の阿佐ヶ谷幼稚園（阿佐ヶ谷）、一九三一年に賀川の松沢幼稚園（松沢村）、一九三八年に羽仁もと子の自由学園幼児生活団（南澤学園町）があげられる。関西では、京都の下鴨で下鴨幼児園（一九二八年設立）と相愛幼稚園（一九三六年移転）、兵庫の住吉で甲南幼稚園（一九一一年設立）、芦屋で愛光幼稚園（一九二一年設立）、甲子園で浜甲子園健康幼稚園（一九三二年設立）、大阪の大美野で大美野幼稚園（一九三五年設立）などがあった。本書では、このような幼稚園を郊外型幼稚園としてその保育を検討してきた。

郊外型幼稚園の成り立ちは、「郊外」の発見を契機に多様なメディアを動員した「郊外」イメージの拡大と、これに見合う生活様式の産出という都市化のもう一つの過程に埋め込まれていた。セツルメントが対象にしたのは、産業化による工場の増加と都市への人口流入に伴う労働者層とスラムの拡大、震災の被災者の生活再建をめぐり立ち現れた都市化の問題の諸相だった。これに対して郊外における都市化は、都市中心部の劣悪な生活環境と被災地の混乱を避けて、自分たちの価値観に適合する新しい生活空間を手に入れたいという新中間層の欲求に牽引されていた。一九二〇年代は、都市の中心から周辺にのびる鉄道の発展を基盤に、鉄道会社や土地会社による郊外住宅地の開発が急増した。これらの開発は、新中間層の健康と家族への関心を引き寄せる宣伝文句と、レジャーを楽しむイベントや娯楽施設、デパートなどの消費空間による演出に彩られていた。そこでは子どもの教育機関や教育実践そのものも、郊外に価値を賦与する企業や教育者の戦略的な装置あるいは表象ともいえるものだった。

わが国の幼稚園は、一八七六（明治九）年に創設された東京女子師範学校附属幼稚園をモデルにして発展してきた。小学校に比べると幼稚園の普及は遅々として進まなかったが、一八九〇年代になると小学校の準備教育を期待する知識層や富裕層の支持をえて普及していった。幼稚園の量的拡大により、文部省は一八九九年に「幼稚園保育及設備規程」を制定して法的な整備を行った。欧米の子ども中心主義の教育やモンテッソーリなどの影響で幼稚園の保育内容や方法も改善されるようになると、幼稚園教育の新しい法令の制定が幼児教育関係者から強く要求された。これを受けて一九二六（大正一五）年には「幼稚園令」が制定され、日本の幼稚園制度が確立されたといわれている(4)。

郊外型幼稚園は、それまでの幼稚園とは一線を画してもう一つ別の潮流を生み出す存在である。郊外型幼稚園は、郊外に集住した都市新中間層の教育への関心と要求を吸収し、幼児の自然との関わりや身体、個性を重視した実践を行って注目を集めた。また幼稚園を中心に、性別役割分業で子育ての責任を負う母親の教育や子育てのスタイルを提案していた点も着目される。

以下では、協同組合型保育所と郊外型幼稚園について、それぞれの成立と実践が、どのように都市化と絡み合っていたのかを具体的に見ていきたい。

1　協同組合型保育所の成立とその背景

1　「個人主義」を越えたつながり

賀川の本所基督教産業青年会の機関紙『労働と祈祷』（一九二八年一〇月一九日発行）に掲載された光の園保育組合の「設立趣旨」には、経済的な「余裕」もなく、働きながら「自分の家庭だけで」子どもを「手落ちのないように育てあげること」の難しさが語られ、「自分の子だけ」という「個人主義」の子育ての立ち行かない状況が記されている(5)。「個人主義」は、都市化された地域に住む人々の生活や子育てのあり方を端的に表現している。その例として、志賀の言葉を確認しよう。

大阪の北市民館長としてセツルメントを組織した志賀は、就任前の一九一九年から二年間大阪市の労働調査に従事し、「個人主義的」な人間関係のもとで人々が「生活難」にあえぐ社会の現実を問題視するようになった。一九二一年に館長に就任した志賀は、「現代における隣保事業の意義と使命」(一九三五年)で、セツルメントの「目的」を確認するべく「現代は謂わゆる利益社会が支配的になっている社会」として、次のように述べた。

利益社会は商業主義的、個人主義的、個人の利益中心的及び外面的結合を紐帯とする社会であるから、社会構成員は恰も畑の中における植物の如く相並んで、居住し、生活しているけれども、それ以上は互いに煩わし合うことなく、本質的には皆互いに分離しているのである。かくて、従来に見た隣保相助の気風は漸次見失われて、殆んどこの後を絶つに至り、現代の国民大衆は日に増し荒れ狂う生活難に、独り闘うの危険にまで曝されている(6)。

「商業主義的、個人主義的、個人の利益中心的及び外面的結合を紐帯とする社会」で、「社会構成員」は「本質的には皆互いに分離している」と志賀が看破したように、資本主義により発展した都市は、孤立した個人または家族の集積する場として拡大していた。同時に人々の生活や子育ても私事化され、自分や自分の家庭だけの個人的な問題として営まれるものになり、それゆえの困難も抱え込むことになった。

背景には、第一次世界大戦の好景気により急速な工業化が進み、工場や流通の集中する東京や大阪に人口が押し寄せたことがある。志賀も「北市民館が対象として想定する地域とその周辺」の北区と東淀川区は、「最近極めて急速に人口の集住した地区である」といった。彼によれば両区は、「北区において職工百人以上の工場二一、東淀川区において二九即ち同種の全市工場数の二割四分強を占め」、「五十人未満の小工場多く北区にて三一〇、東淀川区にて四四二あり、これも全市の一割七分強を占め」ており、大阪市でも大小工場の集中した地区だった(7)。工場の周辺は、労働を求めて地方の共同体的結合から解き放たれた大量の人々が、自由な個人として集住した。しかし急激な人口増加により、地縁も血縁もなく「隣保相助」の生活の連帯関係も十分に形成されないままに居住地域が拡大した。かつ、市場と行政のシステムが、共同体的な連帯関係に代わってあらゆる面から人々の生活を秩序づけるようになった。かくして都市では、職業組織と家庭以外の社会的な人間関係は希薄化し、近隣の人々との関係は表面的、一時的、匿名的なものになる傾向を強めていった(8)。

セツルメントでは、社会の「個人主義的」傾向を乗り越えようと、子どもを預かるのみならず、地域住民の関係を組み替えて親たちを組織した保育所が作られていった。賀川の光の園保育組合や志賀の北市民館保育組合は、その代表的な例といえる。光の園保育組合の「設立趣旨」では、「個人主義を棄てゝ、近所の親達が協同してみんなの児童の保育に当らねばならぬ」と、「児童の保育」を軸に「個人主義」から「協同」へ親の関係を転換すべきと訴えらえた。北市民館保育組合の「協同保育の宣言」(一九二五年)においても、「今日の時勢では自分の家庭の力だけでは子供を立派に育て上げることは困難」で「やり度いと思い乍らも独力でできない多くの事」があると、個人による子育ての行き詰まりが指摘され、「皆様の心と力を一つにして協同で子供を保育」しようと呼びかけられた(9)。

保育組合は協同組合の形態をとることにより、自分たちの手で人々と協同して保育を行う組織を明快に表現している。「北市民館保育組合規約」では、「本組合員は北市民館付近に居住し児童の保育を組合に委託するもの又は組合の事業を援助するものに限る」とされ、組合員は、組合費一月一〇銭以上と、保育を委託する場合は保育費一月二円五〇銭を支払った(10)。「光の園児童保育組合規納抜粋」でも、加入者は「本所基督教産業青年会の近所に居住し児童の保育を組合に委託された方又はこの組合を援助する者に限り」、組合費は一口五〇銭で三口以上の出資が求められた(11)。いずれも、組合の業務を執行する理事や監事の組合員からの互選や保育者などの職員の任免、組合員の経済状況に応じた組合費や保育費の減免についても示され、自主的な運営が試みられていた。志賀は「子供の国」（一九二五年）でこの幼稚園はお上の御厄介や、恩恵によって支えられるものでない、自分たちの子どもを自分たちが協力して養護するのであるという(12)。行政や慈善団体の提供する保育を個別的、受動的に受け取るのではなく、近隣の人々と自覚的に協同することを通して、保育を営むアソシエーションとしての保育組合が彼の念頭にあった。

保育組合に限らず、人々の協同的な組織を形成して生活の安定と改善をはかる手法は、セツルメントの新しい方向を示していた。一九二〇年代の慢性的不況にあって、都市のセツルメントの対象とする下層社会の貧困者や工場労働者、家内工業従事者、小規模小売業者らの生活難と大量失業は深刻化した。志賀は、従来の個人の救済を目的とした社会事業は社会の変化に対応していないと考え、人々の間に協同の社会関係を形成し、組織を作ることによって社会生活の問題を解決することを考えた。志賀は「現代における隣保事業の意義と使命」（一九三五年）で、「創始時代の隣保事業」の「根本精神は個人主義の社会思想に立脚せる社会改良主義」にあり、「恩恵的博愛」の「キリスト教的人道主義」を「根本思想」としていたという。しかし、「『トインビィの時代とは事物が余りにも変化した』現段階の隣保事業」としては、「社会共同主義なる社会思想」の「精神」を持って「隣保事業の精神なりと規定したい」と述べた。志賀の「社会共同主義」は、「各個人の独立なる存在意義」を「認め」、「個人主義に対して補正を行い」、「社会の目的と個人の目的を統合」する「思想」である。この「精神」によって、志賀の「隣保事業の究極目的」は、「近隣居住者全体の自覚の向上を計り」、「近隣社会」における「協同

写真１　初期の本所基督教産業青年会に集った人々（後列右端に賀川豊彦、左から３人めに木立義道、左端は松沢幼稚園の保育者になる菊池〈佐竹〉千歳）

写真２　東京帝国大学セツルメント託児部の外観（奥はセツルメントの本館）

—相互扶助」の「共同社会関係」を「促進、充実、発展」させ、「もって共同社会組織の実現を企図すること」と定められた(13)。

東京では震災による影響も重なり、被災し困窮した人々の生活を再建するためにセツルメントの組織づくりが緊急の課題となった。一九二三年の震災の翌日に、神戸から救援物資を積んだ船で東京に向かった賀川は、三日に横浜港に入り四日に上野に出て「焦土の平原と化している」浅草、本所、深川の方面の光景を目の当たりにした(14)。本所を中心に救援活動をしながら、賀川の脳裏にあったのは「東京全市が恐るべき貧民窟に化してしまう」という「恐れ」だった(15)。光の園保育組合や東京帝大セツル託児部が設立された本所区と子供の村保育園が設立された深川区は、当時東京市有数の工場地帯となっていた。一九一九年には、東京市全体の工場数五、四四七のうち本所区が一、四七二（二七・〇％）、深川区が九五一（一七・五％）で、それぞれ市内工場数の第一位、第二位であった。本所区は機械・化学などの重化学工業、深川区は食品・雑工業が多数を占めていた。本所区、深川区は麹町・神田・日本橋の都心部で頭打ちになった人口増加の受け皿となっている(16)。一九二〇年の国勢調査では、本所区の人口は、浅草区についで東京市一五区の中でも二番めに多い二五万六千二六九人であった。人口の集中する地域で起こった震災と火災により「一度に幾十万人の貧民を作った今日」、賀川は「私の第一にしたい仕事はセツルメントである」として「組織《オーガナイズ》する仕事が私たちの仕事である」と強く意識することになった(17)。

被災地のセツルメントにおいても、「個人主義」から脱却して人々を協同と自助に導く事業の原理が貫かれていた。賀川は「貧民窟の固形化」（一九二四年）で次のように述べた。

貧民窟の救済も組織化によらなければ駄目である。即ち相互扶助によらなければならない。で、私は貧民救済の方策を個人主義的に行かないで組織的に行くことに改めた。即ち私は不熟練労働者なり、内職労働者なりが、自力で立ち得るように援助したいと思っている。セツルメント・ウォークがその点に注意しないで、ただ救貧運動をするのであれば失敗に終わるであろうと私は思う(18)。

光の園保育組合も北市民館保育組合も、急速な都市化を背景に、セツルメントの方向性が個人の救済から生活の協同的な組織化へ転換する中で生み出されていた。このような保育のアソシエーションの形成は、協同組合としての形態に限ったことではない。例えば、本所基督教産業青年会と同じく震災の救援活動から生まれた東京帝国大学セツルメントでも、託児部では母親の「相互扶助機関」である「母の会」が組織され、その地区別グループを中心に、母親たちが給食調理や「貯金会」の資金運用など自主的で協同的な活動を展開していた。母親たちをつなぎあわせたのは、「来る日も来る日も家庭、子供、生活苦に追われ通しの母と語る」ことを通して母親の関心を託児部の保育に向かわせ、「地区懇談会」で近隣の母親同士の相互理解をはかった、鈴木とくのような保育者の働きだった。鈴木らは、母親たちが子育てや家庭の領域で協同する生活のあり方に意味を見出していくことを支えていた。また、セツルメントではないが平田の子供の村保育園では、「お互いの協働、自治」により「子供の村の事業に協力援助」する母様学校が組織され、深川ゴミ焼却問題などの社会問題にも取り組んだ。親たちも子供の村同窓会を自主的に組織して保育園の事業に携わり、子どもの保育を中心に都市の協同的な生活を実現させていたのである。

2　オルタナティヴ社会を求めて

保育のアソシエーションは、セツルメントの他の組織ともつながって人や活動を交流させながら、保育を越えた社会的な機能を発揮していた。例えば光の園保育組合の栄養食事業（一九三一年頃）は、震災以来の慢性的な不況の中で、子どもの栄養不足が切迫した問題になり開始された事業である。保育組合の栄養弁当講習会で母親を啓蒙しても、母親一人が家庭で食事をやりくりする状況は変わらず、子どもの食生活を改善することにならなかった。保育者の斉木ミツルは「組合で栄養士や調理師を招いて組織化された給食機関が必要だと感じ」、本所基督教産業青年会の設立した本所裁縫女学校、江東消費組合とともに陸軍糧秣廠の給食事業の見学を経て、保育組合での栄養食事業を実現させた。栄養食の配給は、周囲から「子供達の偏食を矯正し、栄養改善に見るべきもの」があったと高い評価をえて(19)、「お母さん達から自分達の家庭にまで行いたいという声が出て来た」(20)。この要望は保育組合から江東消費組合に引き渡され、一九三六年一〇月には業平橋わきに第一栄養食配給調理工場が設けられ、地域の希望する家庭や工場に一日三食が配給されるに至った。本所基督教産業青年会主事の木立義道は、栄養食事業を「国民の体位、特に小工場徒弟等の体位向上」、「日本人の生活様式」の「簡易、能率化」とともに、「生活の協同化」をはかる「大きな実験」であったと述べている(21)。

　保育を求めてつながった親や人々が、地域で家庭生活を協同的に再編しようとする実践は他でも見られた。志賀のセツルメントでは、協同組合の対象は「個人」ではなく「家であり世帯」で、協同組合は「多数世帯の地域的経済的結合」をめざすものであった(22)。北市民館保育組合は、愛隣信用組合（一九二六年設立）とともに「子供か、金かのどちらかを縁にして隣近所の結び合い」を作り、「真に日常生活にぴたりと常《ママ》て嵌まる隣保生活の組み立て」をはかるものとされた(23)。東京帝大セツルメント託児部の母の会では、政府の払い下げ米の購入のために、母親たちが資金の調達に自主的に動き、共同購入により消費生活の危機的位相を協同で乗り越える関係が生まれた。子供の村保育園の母様学校では、石鹸や菓子の共同購入のほか、東京市政浄化運動、母性保護運動などへの参加も見られた。社会がもたらした生活の危機を主題化し、産業、消費、行政に関する社会的活動を展開して家庭生活の向上を試みる公共空間が、子供の村保育園を中心に形成されていた。

　このような取り組みに人々を突き動かしたのは、戦後恐慌後の慢性的不況と震災の影響による大量失業と労働条件の悪化、生活難の恒常化である。一九二六年本所区での京成電車本社のストライキをはじめ、当時は時計、電機、製紙、ゴムなどさまざまな工場で労働争議が頻発した。志賀も一九三〇年の大阪市場での鐘淵紡績株式会社などの紡績業の株価暴落を取り上げ、「生産制限」による「大衆の犠牲」が「より増大」することに強い危機感を募らせた(24)。賀川は「キリスト教兄弟愛と経済改造」(一九三六年)で「富は少数者に集中し、社会の大衆は失業と、生活不安と、従属性と不信用の世界に蹴落され、永遠に浮かび上がり得ない喚叫の声を放っている」(25)といった。第一次世界大戦は資本を拡大し消費生活を増大させたが、国民の多くは実質的に貧しくなって社会的な経済格差は広がった。都市の生活は、物価の高騰と劣悪な労働条件による労働者の窮乏化の上に成り立っていた(26)。

保育のアソシエーションは、それぞれの具体的な実践をもとに、実践者らに「資本主義社会」に代わる新しい社会像を抱かせている。志賀は「社会事業の自主的経営に就いて」(一九三〇年)で、「協同組合は資本主義社会の只中において、しかも資本主義の持つ技術を用いてそれ自らの新社会原理を建設し、それに適応する経済組織を構成し」、「協同社会の建設を目指して進む」と述べた(27)。賀川は「キリスト教兄弟愛と経済改造」(一九三六年)で、「恐慌と失業」を「必然」とする「資本主義社会の悲哀」を指摘し、「協同組合社会」の理想を説いた。そして隣人愛の具体的な実践である「連帯」がさまざまな協同組合を生み、神による「第一の創造」に続いて人々を社会形成という「第二の創造」へ促すと述べた(28)。「協同社会」「協同組合社会」は、いずれも「資本主義社会」に対置して構想され、「真の社会改造への進路」(29)(賀川)となり「新社会の建設期」(30)(志賀)に期待される新たな社会のあり方を提示している。保育のアソシエーションは、都市の人間関係や生活のあり方を再構築し、家庭生活の問題の解決をめざしつつ、「資本主義社会」を止揚して協同的な社会を構想していく場でもあった。

一方、同潤会清砂通りアパートに設立された子供の村保育園を中心に、平田の「子供の村」は新しい都市居住と生活の様式を構想するものだった。同潤会は、震災の被災者に対する安定した住宅供給と生活再建の目的で、一九二四年三月に国内外の義捐金をもとに設立された財団法人である。深川区大工町の清砂通りアパートは、小学校と公園と一体となって震災復興の町づくりのモデルとして建設されている(31)。当時はRC造の集合住宅そのものがモダンで、震災復興事業として社会的な期待も大きかった。「子供の村」は、「協働」「自治」を原理に集合で住まう人々の関係を編みながら、「村人の誓」で「吾子を含めた凡ての子供の幸福」を「祈願」し、そのために「各の力、各の立場に応じて無私の協力を献《ママ》げる」ことを掲げた(32)。「子供の幸福」という主題が共有され、そのためのアプローチとして親の多様な組織と社会的な活動も生み出されて、「子供の村」の創出が試みられていた。

写真３　同潤会清砂通アパート

３　自然の中での心身の回復

保育所の保育内容は、一九二〇～三〇年代に至るまで幼稚園教育に準じながら、実際には保育所の子どもの生活に必要とされる事柄を補って構成されていた。一八九九（明治三二）年に文部省令として制定された「幼稚園保育及設備規程」では、幼稚園の保育内容は第六条で「幼児保育ノ項目ハ遊嬉、唱歌、談話及手技」とされた。一九〇〇（明治三三）年に野口幽香と森島峰により東京市のスラムに設立された二葉幼稚園（一九一六年に二葉保育園に改称）は、その後の保育所の範となった保育所である。二葉幼稚園の保育内容は「遊嬉」「唱歌」「談話」「手技」であるが、衛生や生活習慣に関する事項も日々の保育には取り入れられていた。公立の保育所についても、「東京市託児保育規定」（一九二一年）は「一、遊技　二、唱歌　三、談話　四、手技」と定めているが、幼児の身体の清潔や身体検査、健康管理には幼稚園以上に労力が注がれた。例えば東京市江東橋託児場では、乳幼児の登園後、「衛生」と「整装」に取りかかり、手洗い、髪結い、爪きり、トラホーム治療、腫れ物や頭のシラミの手当て、鼻ふきを行った。入浴も夏季には毎日、冬季も一週間に二回させるほか、毎日の昼寝と帰宅前の「衛生」

「整装」もあった(33)。

これに加えて、セツルメントを基盤とする保育所には、「郊外保育」や「転住保育」を実践するものも少なくなかった。志賀は家なき幼稚園の実践から着想をえて、北市民館の周囲の寺院、神社、公園を保育活動の場にすることを思いついた。これを発展させて、北市民館保育組合は新京阪電車の混雑の少ない時間帯を利用して、郊外の下新庄の自然の中で保育をする「郊外保育」に本格的に取り組んだ。のちに下新庄で土地会社の開発が進むにつれて、志賀たちは郊外保育の場をより北方の郡部に求めて豊津村にたどりつき、ここに園舎を建てた。光の園保育組合は、本所基督教産業青年会の日曜学校生徒を中心に林間学校、臨海学校を設けたのを機に、希望する家庭の幼児も参加できるようにした。これらは毎年二週間位の期間で実施され、保育者も同行して子どもたちを保育したという。東京帝大セツルメント託児部は、幼稚園の模倣ではなく、保育所に相応する保育内容を編成しようと試みた。その保育内容は「一、生活訓練(衛生的な習慣、正しい言葉づかい、社会訓練)二、自然科学的保育(遠足、見学、飼育、観察)三、身体的保育(栄養給食、身体検査、日光浴、午睡、転住保育)四、自由遊び」であり、「転住保育」が「身体的保育」に位置づけられていた。

なぜ、「郊外保育」や「転住保育」のように、市街地を離れて郊外の自然や地方の海や山で保育をする発想が生まれたのだろうか。賀川や志賀を例にすれば、いずれも都市の劣悪な環境が子どもに身体的、精神的によくない影響を与えるという考えに基づいている。震災以前の賀川は、一九一〇年より毎年夏に神戸のスラムの子どもを対象に「貧児避暑郊外旅行」を行っていた。賀川の「貧児感化避暑論」(一九一九年)によれば、不良住宅、南京虫、ふとん不足などが原因で、夏には多くの子どもが「睡眠不足」や「神経衰弱」になり、夜道を徘徊して「堕落」した(34)。「大都会が発達して、自然が見失われてゆくと、人間の性格までが変性して来る。で自然を取返えせば人間の性格は変わる」(35)と考えた賀川は、「自然それ自身が強制力を持つ」とみなし(36)、子どもたちを連れて「郊外」に出掛けたのだった。

賀川には、被災地も自然の喪失した都市の不良住宅の密集地で、子どもの健全な成長を脅かすものと捉えられた。震災から半年たっても、被災地の子どもは日の当たらないバラックや丸太材焼トタンの住宅の密集地で、一人当たり「一・〇九」畳ほどの仮住まいに住んでいた(37)。これらを「貧民窟」と見る賀川は、スラムでの経験から「バラックの六畳の間より」(一九二四年)で、「子供等が不良性を帯びてくるのが当然である」と記した(38)。

志賀も、「不良住宅地帯」の「不良なる環境」が、「乳幼児」の「身体上」「精神的」に「永遠の悪影響を与える」とみなした。「不良住宅地帯」に暮らす子どもは「非衛生なる生活」と「無頓着な家庭生活」を「余儀なくされ」、かつ「殆ど暴露されたる性欲生活」と「賭博」にさらされていたからである(39)。志賀は「子供の国」(一九二五年)で付近の子どもたちの様子を次のように記した。

遊び所もなく、邪魔者扱いにされ、四十数万本の煙突から噴き出される煤煙の量幾千貫と謂う恐ろしい産業の地獄、地腥い生存の戦、音響と振動の襲来、草は黒く、土は油じんだこの街に彼らは泥鼠のようにかけ廻っている(40)。

「煙突」と「煤煙」に象徴される「煙の都」と称されるほど、大阪は東京と同じく日本有数の工場地帯を形成し、大都市のさまざまな問題を顕在化させていた。第一次大戦をはさんだ一九一四年から一九一九年の間に、工業生産額は四・一倍(生産価額三億二千五百万円弱から一三億四千万円弱に)、工場の数は一・五倍(二、〇四六から二、九六九に)、職工数も約一・六倍(一九一五年の一三万人から一九一九年の二一万人)に増えた。化学工業や機械器具工業が飛躍的に伸びたのは東京と同じだが、大阪府全体の生産額で見ると、一九二六年でも第一位は染織工業であり、「東洋のマンチェスター」と称された大阪の工業の中心となっていた(41)。労働者の居住区と商業地が瞬く間に形成され、失業と貧困を抱え込んだスラムも拡大していく。北市民館の設立された天神橋六丁目は、釜ヶ崎地区と並ぶ当時の代表的なスラムの長柄地区に近接していた。

急激な工業化と人口増は、子どもの生命を危ぶむ生活環境の悪化をもたらした。一九二〇年一一月一九日付の大阪朝日新聞は、当時の先進国の乳児死亡率について次の記事を掲載した。


今乳児死亡率に見るも他の文明国に劣れる　日本に於て殊に我が大阪市は更に劣悪の統計を示して居る　即ち大正七年に見るも出産数三万三千百十二に対し乳児死亡は九千六百三十三を数え出産百に対し二十九全国の乳児死亡率百分十五、八、東京の百分の十五、三　更に英国の千九百十六年の百分の十、米の八、八、独逸の十三等に比し著しき高率で、以て如何に大阪市が不健康地にして此問題の等閑に附すべからざる所以が明瞭するであろう(42)

「不健康地」とされた大阪は、工場の煤煙による大気汚染や工場排水、家庭排水、糞尿の流入による河川汚染という深刻な公害を抱えていた。日雇労働者や下層職工向けの安価な木賃宿や不良住宅が密集したスラムでは、日当たりや通風も悪く、下水設備も整わない環境でコレラ、腸チフス、赤痢の伝染病の流行をたびたび招いた。人々の健康を脅かす不衛生な環境は、大阪の乳児死亡率が先進諸国や東京よりも高いという結果に直結していた(43)。

「郊外保育」「転住保育」は、「不良住宅」に住む子どもに自然にふれる機会を与えて、その心身を療養するという意味があった。日本では、明治期に西欧から「避暑」の概念が持ち込まれ、気分転換と健康療法とを兼ねた転地として浸透した。大気療法や病気の治療としての海水浴も、軍隊における療養を中心に取り入れられた(44)。賀川は「自然の感化力」として「自然治療」「自然的玩具」「自然矯正」をあげ、それぞれに「精神病者治癒」「心理的慰安」「不良少年」を対応させて捉えている(45)。志賀も、豊津村に郊外園舎を建設する際に「サナトリウムとして自然の運動場としての要求を満たすようにしたい」と願っていた(46)。

2　郊外型幼稚園の誕生とその背景

1　郊外住宅地の形成と幼稚園の設立

郊外型幼稚園の保育は、幼児と自然との直接的で継続的な関わりを重視することを特徴としている。一九二二（大正一一）年に大阪の池田室町に家なき幼稚園を設立した橋詰は、『家なき幼稚園の主張と実際』（一九二八年）で、「大人の理屈から割り出した園舎等という家や建物から幼児を解放して純真な大自然の中で、伸び行く子供の生命を思いのままに伸びさせようとする」教育をアピールした(47)。彼は、「野天教育、野天保育等と言う言葉が衛生家の立場から臨時のものとして唱道されることを飽き足りなく思って」(48)、日常的な幼児と自然との接触を可能にする「自然の中に建設する子供の国」(49)を構想した。開園当初の家なき幼稚園では、保育者と幼児は毎朝神社の境内に集まった後、付近の猪名川、大光寺の森、城山の野原などに出掛けた。家なき幼稚園の保育項目にあげられた「廻遊」は、「幼児が大自然の中を縦横自在に歩き廻ってその大自然を通じた神の心に神の霊に達しさせようとするフロエベル氏等の鉄案《ママ》を最も簡明に具体化した方法」(50)とされる。橋詰は「机の上の恩物ばかりを標準としても役立たない」(51)として、家なき幼稚園の実践を通して「自然に没入することが、どれくらい簡便で意義深いものであるか三思したい」(52)と考えていた。

橋詰が幼児と自然との素朴な関わりを教育として意味づけようとしたのに対し、賀川は自然を媒介とする幼児の経験を「幼児自然教案」というカリキュラムに組織することに力を注いだ。「幼児自然教案」では、幼児の「智育」「主情意教育」「意思教育」「宗教教育」が取り上げられ、自然を通して科学的、芸術的、宗教的に教育する方法と内容が開発された。一九三一（昭和六）年に東京の荏原郡松沢村に設立された松沢幼稚園の「保育課程」では、「自然観察」が筆頭にあげられており、自然の教育を特色とした教育方針が謳われた(53)。これを表すように、松沢幼稚園には約二〇種類の鳥のいる小屋、「雑草園」、「リンネ植物園」があり、ミツバチ、ウサギ、ヤギも飼育された。「子供博物館」には、鳥類、は虫類、貝類、鉱石の標本が並べられ、星座の天体図、結晶体の拡大模型も備えられていた(54)。

本書で取り上げた郊外型幼稚園は、いずれも一九一〇~二〇年代の鉄道会社の開業や発展に伴う沿線の住宅地開発に伴って開園された。箕面有馬電気軌道の専務取締役小林一三は、一九一〇年の梅田─箕面・宝塚間の開業に先立って一九〇九年に池田室町を皮切りに大阪市内に通勤する俸給生活者を対象とする沿線郊外住宅地の開発、経営に着手した。成城幼稚園の設立(一九二五年)された北多摩郡砧村喜多見については、小原国芳が小田原急行鉄道の延長を踏まえて同社の利光鶴松社長に駅用地を提供する見返りに、学校名をつけた駅の建設と急行の停車を約束させて宅地開発の布石にした。一九〇九年に鉄道国有法で買収・国有化された中央線の沿線では、一九一九年に中野─吉祥寺間が電化され、一九二二年に阿佐ヶ谷駅が開業した。その一帯の豊多摩郡杉並町では急速に宅地化が進み、一九二五年には阿佐ヶ谷幼稚園が開園されている。松沢村では、一九一三年に甲州街道沿いに笹塚から調布間を結ぶ京王電気軌道が開通し、最寄り駅として「北沢駅」ができた。松沢村に隣接する千歳村に住んだ徳富蘆花は、『みみずのたわごと』(一九一二年)で「京王電鉄が出来るので其等を気構え地価も騰貴した。(……)地所買いも追々入り込む。(……)要するに東京が日々攻め寄せる」と、電車開通に伴う農村の宅地化の兆しを語っている(55)。

郊外の自然を中心とする保育の言説は、工業化した都市を否定し自然に価値を見出した郊外住宅地開発の言説に重なっていた。小林の勧めで池田室町に移住した橋詰は、家なき幼稚園設立の趣意書である「『家なき幼稚園』の発起」で、次のように記した。

> 広い広い自然を占有している郊外住宅地の人々が大阪あたりの真似をして窮屈な家を建てることから手を着けなければ幼稚園が出来ないように考えるのは詰まらないことだと思います。
>
> 工夫のつけかたによっては「家なき学校」でも立派に出来るものだと考えて居ますが、保育にあっては特に

写真4　1910年代初頭の池田室町の郊外住宅地

「家なき幼稚園」が自由で、簡単で、愉快だと思われます(56)。

橋詰は、大阪の市街地との対比で、郊外の自然を占有する特権を生かした保育の価値を謳っている。同様の関心は、賀川において、自然と一体となった新しいタイプの都市の創出という願望に連なっていた。賀川は「自然と性格」(一九三三年)で次のように述べる。

> 子供の性格に大きな感化を与える自然研究をするのは、上手に自然を教えようとするのではなくて、子供の性格のために自然研究の必要を考えるからである。私は都市を自然に関係あるものに作りたい。今の都市よりも、もっと自然に関係のある、もう少しいらいらしたものでなく、落着のある都市文明をつくりたいといつも思っている(57)。

賀川は「都市」と「自然」の融合した素朴な「田園」であるだけでなく、子どもの教育においては「自然研究」により「自然を与える方法」が入念に準備された教育的な郊外の風景を求めていた(58)。その風景は、先に紹介した松沢幼稚園の中に用意されることになった。

小林も池田室町の販売にあたり、非人間的な大都市との対比で理想的な「郊外生活」のイメージを喚起する宣伝文句を掲げた。一九〇九年発行のパンフレット「住宅地御案内」で、次のように「模範的新住宅地」が宣伝されていた。

> 如何なる土地を選ぶべきか　美しき水の都は昔の夢と消えて、空暗き煙の都に住む不幸なる我が大阪市民諸君よ!出産率十人に対し死亡率十一人強に当る、大阪市民の衛生状態に注意する諸君は、慄然として都会生活の心

細きを感じ給うべし、同時に田園趣味に富める楽しき郊外生活を懐うの念や切なるべし(59)。

先述のように当時の大阪は、アジア最大の商工業都市に発展していた。これに伴う急激な人口増と不良住宅の密集、環境の悪化や衛生問題は深刻だった。「慄然」とした「都会生活」に対し、郊外住宅地の出現は、風光明媚で「田園趣味」に富み「楽しき郊外生活」を実現する都市空間の新しい形を表現していたのである。

同時に郊外は自然の雅趣に富むだけでなく、心身の「健康」をもたらすという価値を賦与されて住宅地として商品化された。箕面有馬電気軌道と同じく関西の郊外住宅地開発を先導した阪神電気鉄道は、一九〇八年に「市外居住のすすめ」というパンフレットを刊行した。このパンフレットでは大阪府立医学校校長の佐多愛彦はじめ一四名の医師や病院経営者が「市外居住」の利点について語っており、いかに「市外居住」が「健康」に適しているかを強調するものになっていた。例えば大阪長谷川病院院長の長谷川清治は、「阪神付近の健康地」で次のように述べている。

健康地即ち養生地なるものは、洋の東西を問わず、南に海を控え北に山を負い居る箇所を最良とすることは一般の定論になって居る、斯る箇所は冬暖かに夏涼しく、寒暖の差甚だしからざる為めであって西宮神戸間は実に此健康地として最良なる要素を具備している(60)。

長谷川ら医師や病院経営者は、大阪市の大気や河川の汚染、スラム化を警告し、環境と衛生の医学的観点から「健康地」に住むという生活を自ら実践する者として紹介されていた。「住宅地御案内」でも、「郊外に居住し日々市内に出でて終日の勤務に脳漿を絞り、疲労したる身体を其の家庭に慰安せん」と「市内」で疲弊した「身体」を「郊外」で回復させる生活が提案されている(61)。郊外の住宅地開発では、郊外の豊かさや心身の回復を表象する「自然」「田園」「健康」の記号や言説が繰り返し生産されていた。

また大震災を契機に、東京を中心に郊外に新しいユートピアを求めて幼稚園を設立する動きが生じた。一九一八年に武者小路実篤らにより理想郷として宮崎県で開村された「新しき村」は、当時ユートピア建設への人々の関心を高めていた。被災地から東中野に移住した高崎は、神がアブラハムの子孫に与えると約束した「カナンの地」を求めて、さらに西の阿佐ヶ谷にたどりついた。高崎は「子供からの教育的伝道こそわが祖国を救う道！」と考えて、教会よりも先に阿佐ヶ谷で最初となる幼稚園を設立した(62)。賀川は一九二四年に松沢村に一家で移り住んだ後、次第に労働運動や農民運動の第一線から退いて、松沢教会と松沢幼稚園の設立に力を注いだ。アメリカ開拓期の清教徒が「先ず教会と学校を建設」し「今日の精神文化の基礎」を作ったとして、彼は「一町村に於ける社会文化のバロメーターとなる可きものはその土地の精神生活並びに教育機関に関する施設及びその内容如何による」と考えた(63)。教会と幼稚園は、新たに村の「社会文化」を基礎づけてキリスト教による社会的な関係を形成するよりどころだった。

小原を中心に設立された成城幼稚園は、成城学園という「夢の学校」と「学校を中心として父兄およびその知己よりなる学校村」の建設が重なる地点で創設された。「夢の学校」と「学校村」は「武蔵野の広い広い大自然の中に、子達と一緒に親も教師もホントに共に学び共に考え、共に遊び、共に何物かを創り上げて行きたい」という彼の願いを表現していた(64)。「学校村」の実現は、成城小学校の郊外移転の際に用地資金の確保をはかるために移転地周辺で宅地を開発し販売するという方法によっている。小原は、学校関係者と生徒の保護者に積極的な移住を促すために優遇的な住宅地の分譲を行った。澤柳政太郎、小原国芳、小西重直、長田新、今村明恆ら学者、教育者も宅地を購入し、彼らの存在が「学校村」の学問的、教育的雰囲気を盛り上げた。

小原の「学校村」がそうであったように、しばしば郊外住宅地は、学校の移転や誘致を伴って教育的価値を生みながら開発された。例をあげると、関西では千里山住宅地の開発を前に北大阪電気鉄道が関西法律学校（現、関西大学）を千里山に誘致した他、神戸や阪神間の住宅地を中心にキリスト教宣教師や実業家による私学の中等教育機関も多く設立された。東京では箱根土地株式会社と武蔵野鉄道（現、西武鉄道）を経営した堤康次郎が、一九二四年に小平に津田英学塾（現、津田塾大学）、一九二五年に国立に東京商科大学（現、一橋大学）を誘致し、「学園都市」と銘打って住宅地を分譲した。田園都市株式会社と目黒蒲田電気鉄道（現、東急電鉄）を経営する五島慶太も、一九三〇年に日吉台に慶応義塾大学予科（現、慶応義塾大学）を誘致して宅地開発を行っている。これらの住宅地開発における案内用のパンフレットには、高等教育機関の名称や移転の予定が記されて「教育的安静なる住宅地」であることや小学校、中学校、女学校も続けて設置されることなどが示されていた(65)。学校という教育機関は、郊外住宅地の「教育」「文化」のイメージを高める装置として機能していた(66)。

なお、東京の郊外住宅地の形成は一九二〇年代中ごろより急速に進むが、これは震災以後より安全で職場近くの居住地を求めた人々のニーズとあいまって、東京市近郊への人々の大移動をもたらした。本書において取り上げた地域については、一九二〇年、二五年、三〇年の国勢調査より、表のように人口の増加する様が明らかである。震災前の一九二〇年から震災後の一九三〇年にかけて、特に杉並村では人口が一四・一倍、松沢村では四・六倍、砧村では二・二倍に増えていた（表参照）。

郊外の人口増は、通勤電車の急速な乗客増も生じさせた。一九二二年七月一五日付の大阪毎日新聞には、次の記事が掲載された。

郊外生活者はここ数年来非常に増加して昨

表　東京の郊外住宅地の人口推移

	1920 年	1925 年	1930 年
豊多摩郡杉並村	5,632 人	36,608 人	79,193 人
荏原郡松沢村	2,656 人	7,237 人	12,337 人
北多摩郡砧村	3,680 人	4,514 人	7,964 人

（1920年、25年、30年の国勢調査より筆者が作成）

写真５「松沢教会　同幼稚園　日曜学校　建築趣意書」（1930年）

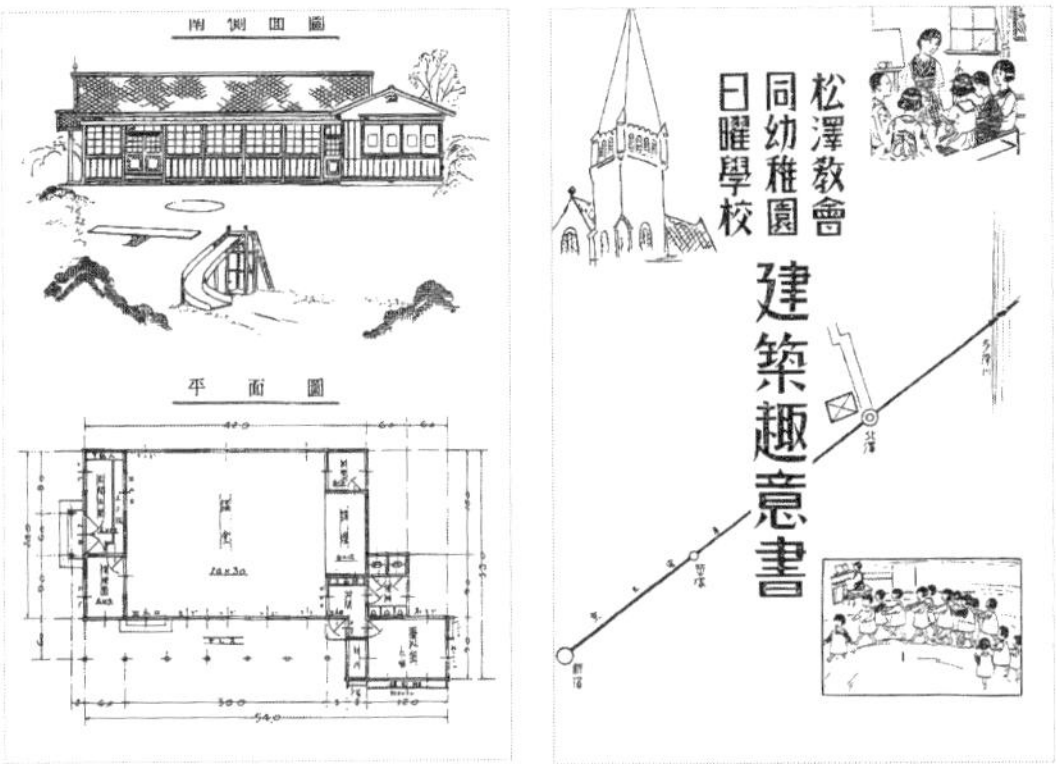

今では郊外電車の沿線という沿線は殆ど之等生活者の群で埋められて了った　阪神と南海一帯はいうまでもない、大軌、京阪なども土地会社の住宅経営が段々盛になって熱闘の巷に疲れ切った都会人の移住が加速度に増加して行くという有様だ　こうした市から郊外への移住者の増加は郊外電車の繁栄を来す重な原因となって一昨年頃から各電車とも乗客が非常に増加して来た(67)

記事が示す通勤電車の乗客急増は、大量の俸給生活者を抱えた郊外住宅地が、仕事と切り離された家庭生活のために人々が集住する場として産出されたことを物語っていた。

2　都市新中間層の移住と教育への要求

自然を重視した教育とともに郊外型幼稚園では、「よい子」や「個性」を謳う保育の言説と実践がさまざまに産出されていた。成城幼稚園の園児募集パンフレットの「方針」では「よい子がほしい、よい子に育てたい、よい子とは?どうしたらよい子になるだろうか……」(68)と子どもを「よい子」にしたいという切実な願いが記されている。パンフレットでは「よい子ども」が「よい体」「よい頭」「よい性格」の三つの要素からなることが示されていた。主任の小林宗作は、「此の様にして三拍子そろった子供を真のよい子どもと考えます」と述べている。

「真のよい子」を育てるために成城幼稚園では、リトミックを中心とするリズムの教育を通して、子どもの身体に関するさまざまな見方が表現されていた。例えば、「心身のリズム運動に依って神経作用を整調」(69)する「精巧な機械組織」(70)として、科学的に子どもの身体を開発しようとする見方がある。リトミックは生理学や心理学の研究に基づいて考案され、小林もダルクローズの著作を翻訳する作業を通して機械的な身体観を伝えていた。小林独自のものとしては、子どもの身体は「自然リズム」を「芸術リズム」として「再現」し、「人生と自然との調和と同化が行われる」場であるという見方がある(71)。さらに小林は、「聡明なる頭脳」を獲得するために必要な子どもの「完全なる肉体」として、「衛生的健康」以上の身体的資質の準備を幼稚園教育に求めていた(72)。わが国の幼稚園教育では幼児の身体については、一九一〇年代頃より衛生や戸外での運動が一層重視されるようになり、一九二〇年代末にラジオが幼稚園に入ってくると幼児向きのラジオ体操も取り入れられるようになった。幼稚園教育において幼児の身体や健康への関心は高まりつつあったが、小林はさらに「精巧」「完全」「調和」に向けて高められる子どもの身体をめざしていた。

一方、阿佐ヶ谷幼稚園では、高崎の「個性本位の教養」のために、子ども一人ひとりの「個性」を調査して指導する実践が行われていた。阿佐ヶ谷幼稚園では、会話、仲間遊び、落ち着きなど一二項目にわたり幼児を観察して「個性」を把握した。また、子どもの生い立ちと家庭生活に関する調査が行われたほか、親が見る子どもの性格や特徴が細かく調べられた。子どもに関する調査には「知能測定」も含まれ、個々の子どもに対する保育の方針や方法を決定する際に活用された。徹底した「個性」の把握について、高崎は幼児期こそ「個性本位の教養」をするには「無二の好時期」であり、子どもの独自性を把握して教育することは「真に至当」だとして合理化した(73)。

このような保育を受容し支持したのは、開発された郊外に住宅を購入し移住した都市の新中間層の家族だった。新中間層は自営業者、地主や自作等の旧中間層とも肉体労働者とも区別され、学歴や職業上の資格を持って専門、管理、事務、販売などの非現業の業務に携わる賃金労働者で構成されていた。新中間層が日本の社会に構造化された階層として登場し広がるのは、一九一〇年代から二〇年代の産業や社会の構造の転換期であるといわれている。重工業をはじめとする国内生産が大企業の主導で活発化し、国や地方の行政機関が拡充すると、大企業や官公庁に事務職や専門職として就職する者の比率が急速に増えていった(74)。

池田室町の郊外住宅地は、都心で働く新中間層を販売の対象にした最初の住宅地開発だった。小林一三は、安定した収入のある彼らの住宅購入の便をはかるため、わが国初の月賦制住宅ローン方式を販売に取り入れた。移住した人々の職業は、医者、銀行・商社のサラリーマン、画家、音楽家、大学教授、弁護士、学校の教員が多数を占めた。

以後の郊外住宅地は、電車などで職場に通勤する新中間層向けの商品として開発が進められていった。成城の「学校村」で土地を購入した人の多くは生徒の保護者で、その職業も学者、会社役員、官僚、教育者、弁護士、医者、軍人などだった。高崎によれば、一九三八年ごろの阿佐ヶ谷幼稚園の園児は約八割が知識層で俸給生活者の家庭の子どもだった。

郊外で「よい子」や「個性」を追い求める保育は、新中間層の親たちの子どもへの関心と教育の意識を物語っていた。新中間層の人々は、生産手段を持たず、自分自身の労働力を売ることによって俸給を得て生計を立てる者である。彼らは、健康で適正な身体を個人の生活や人生を作っていく能力の象徴と捉え、教育による階層の維持、向上と、よりよい生活を望む心性を持っていた。いわゆる「教育家族」と呼ばれる新中間層の家族では、母親が生む子どもの数は減少した。このことは、親の子どもへの関心や配慮が増大し教育の投資効果を高めることにつながっていた(75)。阿佐ヶ谷幼稚園の「個性」を重視した教育は、子どもの素質や能力の細かな違いに基づく個に応じた教育が、よりよい効果を生むという考えを彼らと共有している。子どもの「教育」「勉強」を優先した教育家族の集住する成城の「学校村」で、リトミックを中心に身体の質をいかに高めるかを追求した保育が生まれたことも例外ではない。リトミックは、郊外で「健康」を約束された新中間層のよりよい身体への欲望を受け止めていたといえよう。成城幼稚園での「よい体」「よい頭」「よい性格」の「三拍子そろった」「真のよい子ども」は、子どもの人生の質および学歴、労働の価値を限りなく高めたいと望む彼らの理想を表現するものだった。

3　郊外の子育てと母親教育

郊外型幼稚園には、郊外に移住した家族の子育ての不安や行き詰まりの解決の糸口を見つけようと、母親を対象とする実践を展開した園もある。家なき幼稚園の橋詰は、家庭にいる「幼児」が「母親の持物になって居る」と親子関係の閉鎖性を問題にした(76)。そこで女性が子どもとふれ合うことで生じる「児童愛」の実践として(77)、幼稚園で

「母と姉ちゃんと幼児の協同家庭」を作ろうと考えた(78)。家なき幼稚園では、母親の保育当番を決めて、半日保育に参加してもらう取り組みが始められた。保育当番の母親は「お当番の日記」の中で、子どもと接する「喜び」や「楽し」み、その結果「心」が「浄化」されること、「若がえった」「子供にかえる」心境を語っている(79)。橋詰によれば、保育当番は母親の「自己の心性浄化」を目的としていた。そして家なき幼稚園は、子育てに満足する自己に出会い、自分の神聖さを知る技法を学ぶ「児童愛道場」であった(80)。家なき幼稚園では、子育てにおける親の愛情や献身だけでなく、子どもとの関わりを通して大人も自らの精神を回復させるという子育ての語りが生み出されていた。

阿佐ヶ谷幼稚園では、多様な学習機会や雑誌、書物というメディアを活用して熱心な母親教育が展開されている。阿佐ヶ谷幼稚園の園児の母親で組織された「母の会」は、「母性の教育精神を確実に把握するための修養機関」(81)であり、月一回の定例会では「個性本位の教養の仕方」などの講演、勉強会が開かれた。一九三六年には阿佐ヶ谷幼稚園内に「母の学校」が開設され、園児の母親以外の母親にも学習の機会が提供された。高崎は、幼稚園の母親も「智識を受けてきた方」が多く自らの「教育の必要を認識」しているといい、その子育てや教育に関する知識要求をすくいあげた(82)。一九二九年には教育に関する研究、出版活動を行う子供の教養社が設立され、雑誌『子供の教養』は乳幼児から児童の子育て、学校教育、家庭教育、生活、医療に関する記事を掲載した。子供の教養社から出版される雑誌や図書は、母親の理想像や親の心構えを示すだけでなく、子育てや教育に関する実用的で科学的な知識、技術を専門家より具体的に伝達するものだった。

子育てが親自身をリフレッシュさせるという発想や実用的な子育ての知識を獲得する母親教育は、郊外の母親たちの家族における役割や地域におかれた状況とともに生まれた実践だった。郊外住宅地に住む新中間層の家族は、それまでの血縁的、地縁的な結合から切り離されて移住してきた。一九三一年の「杉並町内居住者名簿」(杉並町報社)によれば、阿佐ヶ谷に居住していた世帯主三、八一八人のうち、七六・六%に当たる二、九二四人が本籍地を離れてきた移住者である。彼らの多くは戸籍地の親の家族と離れ、新しい土地で夫婦と子どもからなる核家族を形成していた。

職住分離の生活では夫が仕事、妻が家事という性別役割分業が定着し、子どもの教育の担い手として専業主婦の母親が前面に登場することになった(83)。親や夫、共同体の知識や助けを得られない母親は、それに代わって医師や学者などの専門家、講座や雑誌などのメディアが紹介する子育て、教育の知識に依存せざるをえなかった(84)。また沢山美果子（一九九〇年）が指摘するように、女性の高学歴化に伴って女学校時代から「子ども」や「育児」への関心を抱いた女性たちは、子育てを「自己実現の道」と意識して実践しようとした(85)。家なき幼稚園と阿佐ヶ谷幼稚園の実践は、新中間層の母親に、子育てを通した自己実現を確認し合う方法と自分たちの価値観に見合う子育ての知識を提供したのである。

終章　都市に誕生した保育のゆくえ

本書は、一九二〇～三〇年代におけるセツルメントの保育所と郊外住宅地の幼稚園の成立の経緯と実践を事例に即して検討し、都市化をめぐり成立した保育の諸相としてアソシエーションの形成と郊外化した幼児教育の特徴を考察してきた。取り上げた事例については、保育のアソシエーションを形成した保育所を協同組合型保育所、郊外住宅地に誕生した幼稚園を郊外型幼稚園として、それぞれ第Ⅰ部、第Ⅱ部で検討した。以下では、各章での叙述と考察を整理し、協同組合型保育所と郊外型幼稚園からなる都市化により成立した保育の歴史的な位置づけを試み、その思想と実践の意味を検討することを通して総括的な考察としたい。

1　協同組合型保育所と郊外型幼稚園の成立とその保育

1　保育のアソシエーションの形成と保育——協同組合型保育所

第Ⅰ部では、東京と大阪のセツルメントにおける協同組合型保育所の設立の過程と保育の展開を具体的な事例に即して叙述してきた。ここではその議論を整理して、(1)保育のアソシエーション形成の特徴、(2)保育所保育の実験的な試み、(3)オルタナティブ社会の構想、について述べておきたい。

(1) 保育のアソシエーション形成の特徴

保育のアソシエーションによる実践は、子育てと生活の関心や問題に応じて母親をつなぐネットワークを生み、保育の協同や共同購入、学習や討議を通して地域の人々の関係を編み直すことに挑戦した。保育のアソシエーションの形成について、次の五つの特徴が抽出された。

一つめは、アソシエーションの基盤を形成する際に、既存の家族関係と人間関係を新たな原理により編み直す作業をともなった点である。賀川豊彦は、「子供の権利」の提唱によりキリスト教の愛に基づいて「家族」を「家庭」に再編し、愛による人的結合の実践として東京市本所区松倉町の光の園保育組合（第1章）を組織した。

二つめは、人々の自立と結合の継続的な支持がアソシエーションの機能として内包された点である。光の園保育組合の講堂や保育室は、母親への教育活動と地域住民への宗教活動にも使用され、自ら生活を改善する意識と兄弟愛の醸成の場であった。

三つめは、個人ではなく世帯をアソシエーションでつないだ点である。大阪市北区天神橋の北市民館保育組合（第2章）を設立した志賀志那人は、家族生活の再建は世帯を対象にすべきと考え、親子関係と「友達の関係」を同一視することで、閉鎖的な親子関係を家族以外の人々との対等な関係に開く可能性を模索した。

四つめは、母親の親意識の変容を促してアソシエーションの協同性を基礎づけた点である。東京市深川区東大工町に子供の村保育園（第4章）を設立した平田のぶは、母親を組織に動員するために「母性」をシンボル化して彼女らに呼びかけ、母親を「凡ての子供の母」として統合し、子どもを「我子」から「社会の子」へと転換させて親子関係を開放した。

五つめは、保育者の親身な関わりと母親と結びつく態度が、母親たちをアソシエーションにつなぎとめた点である。北市民館保育組合では、保育者を「お母様」「お姉様」の比喩で語り、身内的な関係を保育所に広げる発想で、母親と保育者の対等につながる関係を生み出していた。東京市本所区柳島元町に設立された東京帝国大学セツルメント託児部（第3章）では、鈴木とくが、地区別グループの家庭訪問を通して母親と語り合う関係の構築を試み、彼女たちの共感を得ることで母親が協力して自発的に保育に関与する回路を作っていた。

なお、当時の社会的な運動との関係で、保育のアソシエーションを代表する保育組合の位置を確認しておきたい。賀川と志賀において保育組合は、当時の労働運動から隔てられて市民生活を再建する協同組合の運動に位置づけられていた。かつ、保育組合は、ロバート・オーエンの協同組合運動の系譜を引くものとみなされていた。

(2) 保育所保育の実験的な試み

協同組合型保育所は、都市の生活環境の悪化と幼稚園教育とは異なる保育所保育の独自性への意識から、子どもの身体と人間関係に関わる二つの領域においてその後の保育の原型となる実践を展開した。

身体をめぐっては、北市民館保育組合の「郊外保育」は、自然にサナトリウムとしての機能を期待し、自然との接触による幼児の心身の健全化という保育の典型化をはかった。賀川の「貧児避暑感化旅行」を考えれば、自然による子どもの心身の癒やし、治療、矯正の概念が保育に組み込まれたといえる。

人間関係については、次の二つを指摘できる。東京帝国大学セツルメント託児部では、他者との関わり方を子どもに学ばせる装置として地区別グループの異年齢保育があり、社会的、文化的な価値を子どもなりに判断して言動を調整することが幼児に伝えられた。子供の村保育園では、集団の生活を作る経験と活動を段階的に選択、配列するカリキュラムが試みられ、幼児期前半では利己的、孤立、依存、自分勝手などの「非社会性」、幼児期後半では年少者や弱者へのいたわりや世話という「共生協働」に重点がおかれていた。

(3) オルタナティブ社会の構想

保育のアソシエーションの思想と実践は、資本主義の社会のあり方に異議申し立てをし、資本の論理ではなく協同で営む生活の論理によって立つ社会のあり方を提示していた。その可能性と問題を振り返っておこう。

志賀も賀川も、保育組合、信用組合、消費組合などの多様な組合を組織して資本主義社会に対抗しうる協同的な社会の建設を掲げた。志賀の「協同社会」は、資本主義をすべて否定して社会の復古的または急進的な改変をめざすのではなく、社会の問題を修正して資本主義社会を止揚し、キリスト教の愛による協同的な関係を軸とする社会を構想したものだった。賀川の「協同組合社会」においては、光の園保育組合の栄養食事業の展開が彼の社会構想に一定の現実味をもたらしていた。保育者のセツラーとしての意識は、子どもの問題を保育でのみ捉えるのではなく、さまざまな組織や機関と連携して地域への働きかけを生んだ。しかし、協同組合の精神的な原理である愛の強調は、かえって協同意識の欠如を賀川に痛感させることになり、彼をキリスト教の布教をめぐる壁に突き当たらせることになった。

志賀の「協同社会」や賀川の「協同組合社会」が生活、経済のさまざまな領域を盛り込んで構想されたのに対し、平田の「子供の村」は、子育てという生命の再生産の領域に重点をおいて構想された点で異なっていた。それゆえ、戦時期の平田の言説において「母親」と「子ども」がナショナリズムに絡めとられると、「子供の村」もこれに抗しがたかった。

2 郊外に成立した保育の実践――郊外型幼稚園

第Ⅱ部では、大阪と東京の郊外住宅地に誕生した幼稚園の成立の経緯と実践の展開を、具体的な事例に即して叙述した。ここでは、第Ⅱ部の冒頭で示した四つの主題、すなわち(1) 郊外の自然を中心とする保育の開発と実践、(2) 新中間層の教育要求に対応する実践、(3) 母親教育による幼稚園の再定義、(4) 郊外ユートピアにおける幼稚園の機能、にそって議論を概観したい。

(1) 郊外の自然を中心とする保育の開発と実践

自然の保育については、次の二つの観点から、家なき幼稚園の橋詰良一と松沢幼稚園の賀川の実践を比較して見ていきたい。

一つめは、自然をどのような教育空間として特徴づけるかという点である。大阪府豊島郡池田室町に家なき幼稚園（第5章）を設立した橋詰は、自然をそのまま保育の環境に同定し、自然の天然さを持って子どもの生命と結びつく教育的な価値を自然の中に見出した。このような自然の価値づけは、大正期の童心主義や生命主義の思想を底流とし、郊外の自然により子どもの健全な成長を望む都市生活者の願望を表していた。一方、東京府荏原郡松沢村に松沢幼稚園（第8章）を設立した賀川は、キリスト教に基づく人間形成の装置として自然を見立て、植物園や博物館を幼稚園内に設置し、さまざまな小動物や昆虫を飼育した。賀川において自然は、大人の配慮による選択と構成により幼稚園に持ち込まれ、教育の空間を作るものとなった。

二つめは、どのように自然を教材化し子どもの経験を組織するかという点である。橋詰は、子どもが自由に自然に関わって遊ぶ「回游」や「自然物手技」の実践を展開した。「自然物手技」は、自然物を製作の素材として活用する多様な方法を開発し、自然とふれ合う子どもの経験を作品で可視化するものだった。そして、自然による教育の成果を社会に周知するメディアでもあった。「自然物手技」が作品づくりを中心としたのに対し、賀川の開発した「幼児自然教案」は、自然美の体験と表現、自然の法則の科学的探究、生物の生態による愛の社会的態度の育成において自然の教材化と活動の組織化を多元的に試みていた。賀川はフレーベルの抽象的観念的な恩物主義教育を修正し、具体的な自然と関わる活動により子どもが神の存在を知るカリキュラムとして「幼児自然教案」を考案した。

(2) 新中間層の教育要求に対応する実践

郊外型幼稚園の保育実践は、どのような親の教育要求に特徴づけられていたのだろうか。ここでは、幼児の身体と個性をめぐる保育の実践について指摘しておきたい。

小原国芳を中心に東京府北多摩郡砧村喜多見に設立された成城幼稚園（第6章）の実践は、健康を達成した身体にさらに教育的価値を付与したいという要求にそって生み出されていた。「よい子」の産出を教育目標とする幼稚園で、小林宗作のリトミックは、全身の調整機能を高めて聡明な頭脳を用意し、自然に同調するとともに道徳意識の芽生えの基礎となる身体の形成を意図するものだった。

東京市杉並町阿佐ヶ谷で高崎能樹が設立した阿佐ヶ谷幼稚園（第7章）の「個性本位」の教育は、子どもの素質や能力の違いに基づくきめ細かい教育がよりよい効果を生むと考え、学習や進学に高い関心を持つ新中間層の親の幼稚園に対する期待を浮き彫りにした。また、高崎は「三つ子の魂百まで」「筍の親まさり」という教訓に科学的な説明を与えて近代性を刻み、親の関心と労力を保育に引き寄せて、子どもが親より優れるという教育の成功への要求を駆り立てていた。

(3) 母親教育による幼稚園の再定義

母親の教育を展開することによって、郊外の保育は、幼児の教育機関であるとともに母親の子育てを再構築する教育機関として幼稚園を意味づけ直す契機を見出していた。家なき幼稚園では、保育当番を通して母親の生を再活性化させる機会がつくられていた。これにより幼稚園は、子育てを通して母親の新たな自己実現をはかる機能を内包する公共空間となっていた。高崎は、母親を修養する母性とみなして家庭の再編を試みると同時に、阿佐ヶ谷幼稚園で多様な学習機会と雑誌、書物のメディアによる母親教育を重層的に繰り広げていた。高崎の実践は、母親が情報に通じた教育者となり、専門的な知識により合理的で徳性豊かな教育を家庭で実現するための母親の学習の場として幼稚園の機能を拡大させるものであった。

なお高崎の母性の言説は、一九四〇年以降の戦時期には、子育てを通じて母親を翼賛体制に取り込んでいく危うさも抱え込んでいた。平田と高崎から見れば、労働者層と新中間層の階層に関わりなく、母性において新しい母親としての表象と戦争に絡めとられる母親の表象は表裏一体の関係だった。

(4) 郊外ユートピアにおける幼稚園の機能

橋詰による自然の中で母親と保育者と子どもが協同で作る家庭の構想も、高崎の「カナンの地」で母性の連帯により子どもの幸福を追求する社会の構想も郊外ユートピアの想像力に導かれている。ここでは賀川と小原を取り上げて、郊外でユートピアを創出する拠点として幼稚園がどのような機能を持っていたかを捉えたい。

賀川は、松沢村の精神文化を基礎づけて社会的な関係を生じさせる機能を松沢幼稚園に求めていた。地域社会文化の指標は精神生活と教育に関する機関によるという信念により、松沢幼稚園は、彼の移住後に松沢教会とともに開設されていた。

成城幼稚園は、小原の「学校村」のシンボルである成城学園の新教育を幼児教育から盛り立てるとともに、経済的にも経営を支える要として位置づけられた。すなわち成城幼稚園は、小原の「全人教育」を全うする点でも、新教育の実験場であることを表す点でも、「学校村」の求心力となる学園の基盤を支える機能を持っていた。そして、子どもとお金を学園に送る経路を作り、教育と経営を安定させる機能を期待されていたのである。

3 保育の成立に見る都市と郊外

第Ⅲ部では、一九二〇～三〇年代の協同組合型保育所と郊外型幼稚園の特徴を検討するために、それぞれが当時の都市の近代化のいかなる状況と一体となって成立したのかを明らかにした。

個人主義を越えて生活の協同的な自立化をめざした保育のアソシエーションは、都市の急激な工業化と人口増加により、孤立した個人が大量に析出され家庭生活の解体が進行する都市問題を背景に形成されていた。労働条件の悪化と生活難の恒常化による経済的格差の拡大は、資本主義社会への不信と絶望をもたらして、これに代わる社会を賀川や志賀に展望させた。先行きの見えない震災復興では、同潤会アパートの建設により、新しい都市の集住のモデル作りが平田に託されていた。協同組合型保育所の「郊外保育」「転住保育」の背景には、不良住宅の密集や大気汚染、乱れた風俗など子どもの心身を疲弊させる都市の生活環境への懸念があった。明治期以来の避暑の概念や大気療法の普及、家なき幼稚園の影響や市街地と郊外を結ぶ鉄道の整備もあいまって、幼児を郊外の自然に連れて行く保育が編み出されていた。

都市の郊外化は、鉄道会社を中心とする沿線の郊外住宅地開発によって推し進められた。住宅地開発において戦略的に使用された田園、健康、文化のイメージや記号は、郊外の教育の意義を謳う言説とともに、相乗的に郊外の価値を増幅させていた。さらに郊外は、教育機関も含む多様な装置やメディアにより、家族の楽しみと慰安をはなやかに演出し、文化的で教育的な生活を約束するユートピアとして消費されていった。

郊外生活に家族の幸福を求めて移住した新中間層は、郊外型幼稚園の受容層を形成した。彼らは自らの階層の再生産と社会的地位の向上のために、子どもの教育に熱心に取り組み、子どもの身体性を高める教育や個性を尊重する教育に賛同していた。新中間層の母親は、郊外型幼稚園の母親教育の対象でもあった。彼女たちは従来の血縁的、地縁的な結合から離れて核家族を構成し、職住分離による性別役割分業で家庭教育の責任者となった。親族や地域の手助けを容易に得られない母親たちは、その役割や機能の一端を幼稚園に求めていた。

2　結　論

本書の各章では、協同組合型保育所と郊外型幼稚園の典型的な事例を検討することによって、一九二〇～三〇年代の都市化とともに誕生した保育の特徴を明らかにしてきた。ここでは、そのような保育を幼稚園教育の系譜と保育所保育の系譜とは異なる第三の系譜と歴史的に位置づけて、その思想と実践の意味を考察したい。

＊

序章で指摘したように、これまで日本の保育史研究においては、大きく分けて幼稚園教育の系譜と保育所保育の系譜が設定されてきた。これらの系譜は、幼稚園教育の系譜が文部省（現、文部科学省）管轄の幼稚園、保育所保育の系譜が内務省（現、厚生労働省）管轄の保育所という、保育の二元的制度を前提にしていた。そして、それぞれの系譜において幼稚園、保育所の制度化、保育の方法と内容の展開が当時の保育思想や実践をもとに叙述されてきた。まずは、従来の保育史研究で設定されてきた二つの系譜の成立と展開が、明治期から一九三〇年代までの時期を対象にどのように描かれてきたかを振り返っておこう。

幼稚園教育の系譜の成立と展開は、一八七六（明治九）年に創設された東京女子師範学校附属幼稚園を幼稚園の正統に位置づけて記述されてきた。初期の幼稚園は、東京女子師範学校附属幼稚園をモデルに、フレーベルの恩物中心の教育を行う中上流層の子どもの教育機関として普及した。文部省は労働者層への幼稚園普及を試みたがうまくいかず、幼稚園制度の整備が進むにつれて、幼稚園は養護や長時間保育よりも幼児の教育に機能を集中させていった。幼稚園制度は、幼稚園の普及を受けて文部省が整備した「幼稚園保育及設備規程」「幼稚園令」などを中心に明らかにされている。保育の方法と内容の展開については、フレーベルの恩物による教育の形式的な模倣に続き、欧米の子ども中心主義の影響による恩物教育からの脱却、遊戯を中心とした改革、倉橋惣三の誘導保育の流れを基本に、モンテッソーリ教育やプロジェクト・メソッドなども検討されてきた。

保育所保育の系譜の成立と展開は、慈善事業や企業の民間の設置による保育所から内務省の推進による普及、第一次世界大戦後の公立保育所の設置などの経緯を中心に叙述されてきた。保育所は一八九〇年頃から設置され始め、貧しい子どもや養育者のいない子どもを預かる施設や、工場や炭鉱などに親が勤める子どもを預かる施設が確認されている。一九〇〇年設立の二葉幼稚園は、保育所のモデル的役割を果たしたとされる。全国的な制度がなかった保育所は、幼稚園の保育項目に準じつつ衛生や保健の項目を保育内容に盛り込んでいた。一九〇九年以降の内務省による民間社会事業団体の保育所への補助金交付は、保育所の増加をもたらし、幼稚園とは別系統の保育施設として保育所を発展させたといわれる。また、第一次世界大戦後の内務省の社会局設置、都市部の公立保育所の開設により、社会政策の一環で保育所の拡充していく様も示されてきた。一九三〇年代の無産者託児所運動は、既存の恩恵的な保育所を批判して、労働者の子どもの保育と女性労働者の解放をめざした抵抗の運動として描かれた。

＊

協同組合型保育所と郊外型幼稚園は、都市の産業化と郊外化とともに誕生して保育を構想し、都市化のもたらす社会的、経済的、文化的な変容と課題を引き受けて創造的に実践を展開していた。協同組合型保育所と郊外型幼稚園は、一九二〇〜三〇年代の都市という同じ空間を経験しながら、具体的な成立の基盤や実践の方法、内容には二つの様相を呈している。そこで「都市化により誕生した保育の系譜」を設定し、協同組合型保育所と郊外型幼稚園の検討を踏まえながら、都市化とともにどのような保育の新たな思想と実践、その意味、課題が構成されたのかを次の四点で叙述したい。

第一に、都市化による保育の系譜において、保育のアソシエーションや母親への教育は保育所や幼稚園という保育の場所のあり方を問い直す重要な契機となっていた。協同組合型保育所のアソシエーションは、個人的な子育てを代替する保育の場から、子どもや生活の課題を共有し協同で子育てをする保育の場への転換をもたらした。アソシエーションの形態はさまざまであるが、母親は子育ての問題や保育への関心をもとに相互に結びつき、生活の危機的位相を解決しようと対話し共に行動する関係を構築していた。また、協同組合の組織においては、オーエンのアソシエーショニズムの系譜をひくものであることが確認された。

郊外型幼稚園の母親への教育は、幼稚園を幼児教育の場としてだけでなく、次のような場として再定義する可能性を持っていた。すなわち、子育てを通して母親が新たな自己像を語る機会をえる場、あるいは科学的で合理的な家庭教育を実現するために母親が学習する場としてである。このような母親教育は、母親が子どもを私物化する閉鎖的な親子関係を改善しようとするものだった。一方で、母親の自己実現の機会を子育てに集約し、広田照幸（一九九九年）の指摘するように家庭教育を幼児教育に従属させることにもつながるものといえる(1)。

第二に、都市化による保育の系譜では、保育に自然を組織する多様な方法が開発され、自然の価値を表現する言説と実践がメディアを通じて大量に産出されていた。保育における自然は、幼児と自然の直接的な接触を重視する関心、幼児の心身を自然の中で回復させる関心、自然の教材と幼児の経験を組織するカリキュラムの三つの関心から議論されている。幼児と自然の直接的な接触を重視する関心は、子どもの自然と自然界との調和的な関わりが生の活性化をもたらすという信念を背景に、保育の環境を丸ごと自然に移し替える実践を生じさせた。別のいい方をすれば、現実の社会から子どもを引き離し自然の中に囲い込むことによって、子どもの健全さが担保されるということになった。自然物を使った作品は、子どもと自然との直接的な関わりの表象として扱われた。

幼児の心身を自然の中で回復させる関心は、避暑や大気療法の普及を背景に、子どもを日帰り、数日間で一時的に郊外へ移動させる方法を定着させている。自然の教材と幼児の経験を組織するカリキュラムの関心は、芸術、科学、社会の観点から自然を経験する方法と内容を開発することに向けられた。ここでは、フレーベルの幼児教育の再解釈と修正が行われている。ただし、子どもの自由な関心と探究を促すよりも、キリスト教の神の存在を子どもに伝えるために自然のいかなる美、法則、生態に出会わせるかが大人により方向づけられていた。こうした三つの関心に基づく言説や実践は、新聞、雑誌、展示会やラジオなどのメディアを通じて多方面に広められた。

第三に、これまでの幼稚園や保育所の保育内容の中心ではなかった人間関係や身体に関わる実験的な実践が展開されたのも、都市化による保育の系譜の特徴である。協同組合型保育所では、自然発生的ではなく、意図的に日常の保育活動を行う異年齢のグループが組織されたり、発達段階的に生活の自立と人間関係の形成を組織するカリキュラムの作成が試みられたりした。年長者による年少者への世話やいたわり、協同の作業も重視されるようになった。郊外型幼稚園では、リトミックにより健康かつ完全な身体の育成が保育の重点となっている。また保育内容ではないが、個性化の原則による保育も可視化されて行われた。これは、新中間層の親による子どもの身体と教育の成功への関心の高さを表すものでもあった。

第四に、都市化による保育の系譜では、いかなる地域社会を形成するかという構想において、保育所や幼稚園がその具体的な実践の場を準備していた。協同組合型保育所と郊外型幼稚園の組み込まれた地域社会の見取り図は一様ではない。協同社会の構想では保育組合そのものが社会を現実化する組織であり、保育組合の事業を通して協同的なシステムのもとに地域の生活も再編されていた。これは、資本主義社会に代わるもう一つの社会のあり方を提示する挑戦でもあった。子どもの幸福を理念とする社会の構想のもとでは、保育所を中心に親の組織が多層的に形成されて地域に広がっていた。郊外型幼稚園では、幼稚園は社会の精神文化を基礎づけるものとされ、保育実践を通して地域の人間関係がささやかに編み直されている。地域の中核となる学園の教育的、経済的活動を支える役割を果たした幼稚園もあった。マンフォード（原書一九三八年刊）が新しい都市の学校の仕事として指摘したのと同様に、保育所と幼稚園は「共同体全体がその運命を支配できるようにすること、また、実際的で集団的、個人的で共同的なあらゆる共同体の活動を強化し、改造できるようにする」機能を担っていたといえる(2)。これより、保育所や幼稚園が、ただ子どもの保育を請け負って保育を周囲から閉ざすのではなく、将来的な社会の見通しを共有しその社会をともに構築していく役割をもって、保育の空間を開いていった軌跡を読み取ることができる。

3　今後の課題

本書では、「都市化により誕生した保育の系譜」を、都市化を契機に従来の保育と園のあり方を問い直し、自然、人間関係、身体の領域で実験的な保育実践を試みながら、多様な方法で社会の形成に携わってきた保育所と幼稚園からなる系譜として抽出してきた。

最後に、本書において残された今後の課題をまとめたい。

第一に、都市化による保育の系譜と幼稚園教育の系譜、保育所保育の系譜とのさらなる比較と検討による歴史的な保育の系譜の精緻化である。今回、幼稚園教育の系譜と保育所保育の系譜については、先行研究の記述における描かれ方を問題にし、それぞれの特徴においては制度や保育方法、内容の変遷、保育思想の動向を指摘するにとどまった。先行研究においては、幼稚園や保育所の母親への働きかけ、社会とのつながりに関わる史料や分析がほとんどなく、この点で都市化による保育の系譜との比較や交流の検討が十分にできなかった。そこで一九二〇〜三〇年代を中心に幼稚園、保育所の保育を再検討して、この課題に応えたい。

第二に、都市化による保育の系譜と無産者託児所運動との関係も具体的に検討する必要がある。筆者は、保育のアソシエーションは、労働運動とは異なる協同組合、市民運動に位置づき、労使対立を保育所の成立の実践に組み込んだ無産者託児所運動とは一線を画すと考えている。一方で、協同組合型保育所と無産者託児所運動に関わった保育者らは、児童問題研究会、保育問題研究会を通して人的なつながりと研究を共有している。協同組合型保育所の保育も、児童問題研究会や保育問題研究会の機関紙に掲載された保育と重なる点もあり、協同組合型保育所の保育は特異なものではなく保育所保育の改革の流れにあったものと思われる。都市化による保育の系譜と無産者託児所運動との重なりとずれを明らかにすることは、無産者託児所運動をあらためて保育史に位置づけ直すことになると考えられる。

第三に、都市化による保育の系譜ではオーエンの影響とフレーベル主義保有の修正を指摘したが、これについても分析を進める必要がある。日本では幼稚園教育の系譜において、フレーベルの教育の導入と克服が描かれてきた。それ以外の海外の教育思想、例えばモンテッソーリやキルパトリックは一時的な流行として扱われ、オーエンの影響を受けた保育については指摘されてこなかった。オーエンは、性格形成論を実践に移すとともに、失業問題を解決するために「一致と協働の村」の建設を提案した。都市化による保育の系譜を通して、日本でオーエンの思想や実践の受容がどのように描けるのか、あるいはいかなるフレーベルの教育の再発見があったのか、検討したい。

第四に、協同組合型保育所と郊外型幼稚園について事例を増やして検討するとともに、一九四〇年代以降の状況についても明らかにするという課題がある。東京と大阪の他にも兵庫、京都はセツルメントも郊外住宅地化も盛んであった。都市の地域を広げて事例を収集、分析することで、都市化による保育の系譜の内容をより充実させることができる。都市化による保育の系譜は、一九四〇年代以降はその特徴を十分に発揮することはできず、戦後はその特徴を希釈あるいは拡散されていった。協同組合型保育所については、戦時期の思想統制の中で一九三八年に東京帝国大学セツルメントが自発的に閉鎖して託児部もなくなった。そのほかの三園は戦後も再開するが、「児童福祉法」の制定を機に認可を受ける際に保育組合の組織は放棄せざるをえなかった。郊外型幼稚園については、一九四〇年代は幼稚園教育も戦時色が強くなるとともに、戦後は郊外で幼稚園が一層増加して郊外型幼稚園の一般化ともいえる状況を呈した。これらの状況を合わせて検討することを通して、都市化により成立した保育の系譜の持つ歴史的な意味をあらためて問い直したい。

註

序　章　研究の主題と方法

1　セツルメントの運動は一九世紀後半イギリスに生まれ、知識を享受した大学生や牧師、中産階級の人々を担い手とし、下層労働者の多く住む貧困な地域に入って住み込み、民主主義とヒューマニズムの立場から「人格的接触」「友人関係」に基づいて援助を行う運動である。そして生活の物質的精神的援助、教育や文化の提供を通して当事者の社会的覚醒を促すとともに、調査やソーシャル・アクションによる環境改善や制度の創出などの働きかけを行い、それらを通して援助主体であるセツラーやボランティアの生きた社会認識の変革をも生み出す活動であった（菊池正治・室田保夫編集代表『日本社会福祉の歴史』ミネルヴァ書房、二〇〇三年）。

2　佐藤慶幸『アソシエーションの社会学――行為論の展開』早稲田大学出版部、一九九四年、三三頁。

3　ルイス・マンフォード、生田勉訳『都市の文化』鹿島出版会、一九七四年、一七五頁。

4　「（三）防貧の要訣は貧児保護」大阪朝日新聞、一九二〇年一一月一九日付。「今乳児死亡率に見るも他の文明国に劣れる日本に於て殊に我が大阪市は更に劣悪の統計を示して居る　即ち大正七年に見るも出産数三万三千百十二に対し乳児死亡は九千六百三十三を数え出産百に対し二十九全国の乳児死亡率百分十五・八、東京の百分の十五・三更に英国の千九百十六年の百分の十、米の八・八、独逸の十三等に比し著しき高率で、以て如何に大阪市が不健康地にして此問題の等閑に附すべからざる所以が明瞭するであろう」とある。

5　具体的には、授産講習、生業資金の融資等の経済支援事業、身上・法律相談、クラブ活動等の教化事業、保育所運営等の児童保護事業、一般診療、結核・性病予防等の医療保健事業である。

6　成田龍一『近代都市空間の文化経験』岩波書店、二〇〇三年、八一頁。

7　吉見俊哉は、大正期に田園に「新しき村」の「コミューン型のユートピア」と「より都会主義的なユートピア」として郊外住宅地が生じた点を指摘した（杉山光信・大畑裕嗣・吉見俊哉「近代日本におけるユートピア運動とジャーナリズム」『東京大学新聞研究所紀要』第四一号、東京大学新聞研究所、一九九〇年）。

8　例えば吉原直樹編著『都市の思想』青木書店、一九九三年、吉見俊哉編『都市の空間　都市の身体』勁草書房、一九九六年、川崎賢子『宝塚　消費社会のスペクタクル』講談社、一九九九年、今橋映子編著『都市と郊外』NTT出版、二〇〇四年など。

9　ロバート・フィッシュマン、小池和子訳『ブルジョワ・ユートピア』勁草書房、一九九〇年。

10　倉橋惣三・新庄よし子『日本幼稚園史』フレーベル館、一九三四年。

11　教育史編纂会『明治以降教育制度発達史』龍吟社、一九三八年。

12　古木弘造『幼児保育史』巌松堂書店、一九四九年。

13　岡田正章『日本の保育制度』フレーベル館、一九七〇年。

14　日本保育学会編『日本幼児保育史』全六巻、フレーベル館、一九六八～七五年。

15　文部省『幼稚園教育百年史』ひかりのくに、一九七九年。

16　一番ヶ瀬康子・泉順・小川信子・宍戸健夫『日本の保育』生活科学調査会、一九六二年。

17　浦辺史「新しい保育所の系譜」管忠道・海老原治善編『日本保育運動史　第三巻　戦時下の教育運動』三一書房、一九六〇年、二三一頁、浦辺史『日本保育運動小史』風媒社、一九六九年。

18　宍戸健夫「保育運動――保育問題研究会を中心として」管忠道・海老原治善編『日本保育運動史　第三巻　戦時下の教育運動』三一書房、一九六〇年。

19 宍戸健夫『日本の幼児保育』青木書店、一九八八年、一一～一三頁。
20 森上史朗『児童中心主義の保育』教育出版社、一九八四年。
21 湯川嘉津美『日本幼稚園成立史の研究』風間書房、二〇〇一年、五頁。
22 永井理恵子『近代日本幼稚園建築史研究――教育実践を支えた園舎と地域』学文社、二〇〇五年。
23 諏訪義英『保育の思想――家庭教育と幼・保の構造』風媒社、一九七二年。
24 赤マントの記者「子供の村保育園を訪う」『婦選』第五巻五号、一九三一年五月、五六頁。
25 浅野俊和「一九三〇年代前半保育運動における『母親指導』――東京帝国大学セツルメント託児部を中心に」『名古屋大学教育学部紀要（教育学科）』第四〇巻第二号、一九九三年、浅野俊和「一九三〇年代前半保育運動における『集団的訓練』――東京帝国大学セツルメント託児部の『生活訓練』を中心に」『名古屋大学教育学部紀要（教育学科）』第四二巻第一号、一九九五年、浅野俊和「一九三〇年代前半保育運動における『身体的保育』――東京帝国大学セツルメント託児部を中心に」『名古屋大学教育学部紀要（教育学科）』第四二巻第二号、一九九五年。
26 舘かおる「子供の村」民間教育史料研究会『教育の世紀社の総合的研究』一光社、一九八四年。
27 浅井幸子『教師の語りと新教育　『児童の村』の一九二〇年代』東京大学出版会、二〇〇八年、二一八頁。
28 森田康夫『地に這いて』大阪都市協会、一九八七年。
29 前掲、一番ヶ瀬康子・泉順・小川信子・宍戸健夫『日本の保育』二三頁。
30 伊ヶ崎暁生「子どもの権利の先駆的思想」『国民教育』第四二号、国民教育研究所、一九七九年、中野光「戦間期日本における『子どもの権利』論」『中央大学教育学論集』中央大学教育学研究会、一九九二年。
31 堀尾輝久「人権と子どもの権利」教育科学研究会『子どもの権利条約 学校は変わるか』国土社、一九九一年。
32 神戸市保育園連盟『神戸の保育史』神戸市保育園連盟、一九七七年。
33 基督教保育連盟『日本キリスト教教育八十年史』基督教保育連盟、一九六六年。
34 前掲、森上史朗『児童中心主義の保育』一四三頁。
35 上笙一郎・山崎朋子『日本の幼稚園』光文社文庫、一九六五年。
36 富田好久「家なき幼稚園の保育史上の意義（上）」『大阪青山短期大学研究紀要』第一三号、大阪青山短期大学、一九八七年、富田好久「家なき幼稚園の保育史上の意義（下）」『大阪青山短期大学研究紀要』第一四号、大阪青山短期大学、一九八八年、富田好久「橋詰良一の生涯とその社会事業」『大阪青山短期大学研究紀要』第一五号、大阪青山短期大学、一九八九年。

37　小林恵子「リトミックを導入した草創期の成城幼稚園——小林宗作の幼児教育を中心に」『国立音楽大学研究紀要』第一三集、国立音楽大学、一九七八年。

38　酒井憲一「成城・玉川学園住宅地」山口廣編『郊外住宅地の系譜　東京の田園ユートピア』鹿島出版会、一九七八年。

39　小林恵子「母のための教育雑誌『子供の教養』について（その二）——その時代に果たした役割と意義」『国立音楽大学研究紀要』第二六集、国立音楽大学、一九九二年。

40　杉原四郎「賀川豊彦の自然教育論」『教育研究展望』一七五号、神戸市立教育研究所、一九八八年。

41　宗像誠也「教育政策と教育運動」『岩波講座　現代教育学三』岩波書店、一九六一年、二三〇頁。

42　ロバート・M・マッキーバー、中久郎・松本通晴監訳『コミュニティ』ミネルヴァ書房、一九七五年。

43　前掲、佐藤慶幸『アソシエーションの社会学——行為論の展開』八頁。

44　エベネザー・ハワード、長素連訳『明日の田園都市』鹿島出版会、一九六八年。

45　西山八重子『イギリス田園都市の社会学』ミネルヴァ書房、二〇〇二年、五七頁。

46　内務省地方局有志編纂『田園都市』博文館、一九〇七年。ハワードの田園都市の日本への輸入については、「阪神間モダニズム」展実行委員会『阪神間モダニズム　六甲山麓に花開いた文化、明治末期——昭和15年の軌跡』淡交社、一九九七年、竹村民郎『大正文化帝国のユートピア』三元社、二〇一〇年等を参照。

47　若林幹夫「都市へ／からの視線」今橋映子編著『都市と郊外　比較文化論への通路』NTT出版、二〇〇四年、三九二頁。

第Ⅰ部　保育とアソシエーションの形成——協同組合型保育所

1　隅谷三喜男『日本労働運動史』有信堂、一九六六年、児玉勝子『婦人参政権運動小史』ドメス出版、一九八一年、西田美昭『近代日本農民運動史研究』東京大学出版会、一九九七年、菅原和子『市川房枝と婦人参政権獲得運動——模索と葛藤の政治史』世織書房、二〇〇二年、季武嘉也編『大正社会と改造の潮流』吉川弘文館、二〇〇四年を参照。

2 文部省『幼稚園教育百年史』ひかりのくに、一九七九年、浦辺史・宍戸健夫・村山祐一編『保育の歴史』青木書店、一九八一年、菊池正治・田中和男・室田保夫・清水教恵・永岡正己『日本社会福祉の歴史――制度・実践・思想』ミネルヴァ書房、二〇〇三年を参照。

3 百田宗治「震災記念詩集の刊行について」『日本詩人』新潮社、一九二三年一一月号。

4 吉田久一『日本社会事業の歴史』勁草書房、一九九四年、菊池正治・田中和男・室田保夫・清水教恵・永岡正己『日本社会福祉の歴史――制度・実践・思想』ミネルヴァ書房、二〇〇三年。

5 同前。

6 賀川の協同組合運動の詳細については、米沢和一郎「賀川豊彦の協同組合運動」『雲の柱』七、賀川豊彦記念松沢資料館、一九八八年を参照。

7 賀川豊彦「婦人の力と消費組合運動」『雲の柱』第一五巻第一二号、雲の柱社、一九三六年、三二頁。

第1章　賀川豊彦による光の園保育組合の設立と「協同組合社会」の理想

1 賀川豊彦「キリスト教兄弟愛と経済改造」（一）～（四）『雲の柱』第一五巻第三号～第六号、雲の柱社、一九三六年（『賀川豊彦全集　第一一巻』キリスト新聞社、一九六三年所収、二一八頁）。

2 賀川豊彦「社会改造の精神的動機」『賀川豊彦氏大講演集』大日本雄弁会講談社、一九二六年（『賀川豊彦全集　第八巻』キリスト新聞社、一九六二年所収、六九頁）。

3 賀川豊彦『自由組合論』警醒社書店、一九二一年（『賀川豊彦全集　第一一巻』キリスト新聞社、一九六三年所収、一四頁）。

4 賀川の生い立ちに関する記述については、横山春一『賀川豊彦伝』新約書房、一九五〇年、隅谷三喜男『評伝賀川豊彦』日本基督教団出版部、一九六六年他を参照。

5 賀川豊彦についての先駆的な発表としては、伊ヶ崎暁生「子どもの権利の先駆的思想」『国民教育』第四二号、国民教育研究所、一九七九年、堀尾輝久「人権と子どもの権利」『子どもの権利条約学校は変わるのか』教育科学研究会、一九九一年、中野光「戦間期日本における『子どもの権利』論」『中央大学教育学論集』一九九二年（中野はほかにも『希望としての子ども』岩波書店、一九九二年で賀川を取り上げている）、服部栄「賀川豊彦の児童観」『賀川豊彦研究』第十号、本所賀川記念館、一九八六年、神戸市保育園連盟『神戸の保育史』神戸市保育園連盟、一九七七年、中野光・松平信久『日本の教師 子どもの発見・子どもを見る目』ぎょうせい、一九九三年、一番ヶ瀬康子・泉順・小川信子・宍戸健史『日本の保育』生活科学調査会、一九六二年、日本保育学会『日本幼児保育史』フレーベル館、一九六九年。ほかにも杉原四郎「賀川豊彦の自然教育論」『教育研究展望』一七五号、神戸市立教育研究所、一九八八年、三原容子「『雲の柱』の教育論」『賀川豊彦研究』第二十二号、本所賀川記念館、一九九六年、一番ヶ瀬康子「子どもの権利条約の画期的意味」『子どもの人権と福祉問題』ドメス出版、一九九二年、などがある。

6 布川弘『神戸における都市「下層社会」の形成と構造』兵庫部落問題研究所、一九九三年、一三三～一三七頁。

7 同前、一二九～一三二頁。

8 大阪毎日新聞、一九一八年九月七日付。

9 賀川豊彦「児童虐待防止論」『救済研究』第七巻九号、兵庫県救済協会、一九一九年、九三二頁。

10 賀川豊彦『精神運動と社会運動』警醒社書店、一九一九年（『賀川豊彦全集　第八巻』キリスト新聞社、一九六二年所収、二七一頁）。

11 賀川豊彦「子供の権利」『賀川豊彦氏大講演集』大日本雄弁会講談社、一九二六年（『賀川豊彦全集　第一〇巻』キリスト新聞社、一九六二年所収、一六〇頁）。

12 賀川豊彦「涙の二等分」『涙の二等分』福永書店、一九一九年（『賀川豊彦全集　第二〇巻』キリスト新聞社、一九六三年所収、三～五頁）。

13 賀川豊彦『イエスの宗教とその心理』警醒社書店、一九二一年（『賀川豊彦全集　第一巻』キリスト新聞社、一九六三年所収、一三五頁）。

14 賀川豊彦「薄命」前掲、賀川豊彦『涙の二等分』二二頁）。

15 賀川豊彦『賀川豊彦初期資料集』緑陰書房、一九九一年、五四頁。

16　賀川豊彦『地殻を破って』福永書店、一九二〇年（『賀川豊彦全集　第二一巻』キリスト新聞社、一九六二年所収、五五頁）。
17　同前（一四頁）。
18　左近毅「賀川豊彦における平和思想の形成過程――トルストイの影響をめぐって」『人文研究』第四八巻二号、大阪市立大学、一九九六年。また、賀川が理想的に描く自然と調和している子どもの姿には、エマーソンやワーズワースの汎神論的自然観と結合したロマン主義の影響と思われるものもある。
19　賀川豊彦「児童虐待防止論」『救済研究』第七巻九号、兵庫県救済協会、一九一九年。
20　賀川豊彦「児童虐待防止論（下）」『救済研究』第七巻第一〇号、兵庫救済協会、一九一九年、二四頁。
21　前掲、賀川豊彦『地殻を破って』（五七～五八頁）。
22　賀川豊彦『貧民心理の研究』警醒社書店、一九一五年（『賀川豊彦全集　第八巻』キリスト新聞社、一九六二年所収、一九三頁）。
23　賀川豊彦「貧民窟殖民館事業に就いて」『救済研究』第六巻第七号、兵庫救済協会、一九一八年、七六頁。
24　賀川豊彦『愛の科学』文化生活研究会、一九二四年（『賀川豊彦全集　第七巻』キリスト新聞社、一九六三年所収、一七二～一七九頁）。
25　前掲、賀川豊彦「子供の権利」『賀川豊彦氏大講演集』（一五〇～一五三頁）。
26　賀川豊彦「子供の権利」『社会事業研究』第一五巻六号、大阪社会事業連盟、一九二七年、六～一五頁。
27　賀川豊彦『地球を墳墓として』アテネ書院、一九二四年（『賀川豊彦全集　第二一巻』キリスト新聞社、一九六二年所収、四〇三頁）。
28　賀川豊彦『魂の彫刻――宗教教育の実際』文化生活研究会、一九二六年（『賀川豊彦全集　第六巻』キリスト新聞社、一九六三年所収、一五一頁）。
29　賀川豊彦『社会病理』発行所、発行年不詳（『賀川豊彦全集　第一〇巻』キリスト新聞社、一九六五年所収、二〇七頁）。
30　賀川豊彦『イエスと人類愛の内容』警醒社書店、一九二三年（『賀川豊彦全集　第一巻』キリスト新聞社、一九六三年所収、二〇七頁）。

31　前掲、賀川豊彦「子供の権利」『賀川豊彦氏大講演集』（一五三頁）。
32　前掲、賀川豊彦『社会病理』（二〇七頁）。
33　前掲、賀川豊彦「子供の権利」『社会事業研究』六〜一五頁。
34　堀尾輝久「人権と子どもの権利」教育科学研究会『子どもの権利条約　学校は変わるか』国土社、一九九一年、一二〇頁。
35　賀川豊彦「鳳凰は灰燼より甦る」前掲、賀川豊彦『地球を墳墓として』（二九〇頁）。
36　前掲、賀川豊彦「子供の権利」『社会事業研究』九頁。
37　子どもの栄養問題への対策として中心に行われたのは牛乳の配給である。震災救護打合会で市が牛乳を配給する必要を説いた賀川は、貴族院議院での「防貧策の科学的基礎に就て」の講演でも「子どもの栄養」と乳児死亡率の関係を指摘して、被災地の救済策でも「第一に問題になる」のは「国民的栄養の問題」だと強調した。「本所基督教産業青年会事業報告」によれば、同会は市からの委託で「牛乳配給所」を運営し、「児童健康相談所」に専任医師と看護師をおいて週二日子どもの健康相談と診療を行っていた。そして、「牛乳配給所」と「児童健康相談所」は連絡をとりながら「遺漏なき給与」をはかり、「付近の乳児約百十名」に牛乳を行き渡らせていた。このような努力の結果、冬の寒さや栄養不良によって死亡する乳児の数を少なく抑えることができ、賀川と同会は自分たちの活動の一定の成果を見出している（賀川豊彦「防貧策の科学的基礎に就て」一九二四年、賀川豊彦記念松沢資料館蔵、「本所産業青年会事業報告」一九二四年、賀川豊彦記念松沢資料館蔵）。
38　賀川豊彦「焦土を彩色せんとして」前掲、賀川豊彦『地球を墳墓として』（三〇五頁）。
39　賀川豊彦「防貧策の科学的基礎に就て」一九二四年、賀川豊彦記念松沢資料館蔵。
40　前掲、賀川豊彦『地球を墳墓として』（四〇三頁）。
41　前掲、賀川豊彦「子供の権利」『賀川豊彦氏大講演集』（一五一頁）。
42　前掲、賀川豊彦『地球を墳墓として』（四〇二頁）。
43　イエスの友会「イエスの友会会報」第一号、一九二四年六月一〇日付（『「火の柱」解説・総目次・索引』緑陰書房、一九九二年所収）。
44　「本所基督教産業青年会報告書」一九二四年、賀川豊彦記念松沢資料館蔵。

45 東京市編『東京震災録』一九二七年、三二頁。
46 「本所基督教産業青年会事業概況」一九二四年、賀川豊彦記念松沢資料館蔵。
47 賀川豊彦「保育所を中心とする社会事業」『雲の柱』第一四巻第九号、雲の柱発行所、一九三五年、一七〜二三頁。
48 木立義道「光の園保育学校の生い立ち」『四十年の歩み』日本基督教団東駒形協会、一九六五年、三五頁。
49 同前。
50 本所基督教産業青年会『労働と祈祷』第十号、一九二八年一〇月一九日発行、賀川豊彦記念松沢資料館蔵。
51 同前。
52 保育所の対外的な正式名称には「光の園保育学校」が用いられていた。「光の園保育組合」は、行政の認可を受けた正式な協同組合の組織ではなく、あくまでも組合方式を採用した任意組織だったからである。また保育の基盤は光の園保育組合だが、保育組合の独立経営が成り立っていたわけではなく、本所基督教産業青年会から活動資金の補助も受けていた。
53 前掲、本所基督教産業青年会『労働と祈祷』。
54 「婦人団体状況調査の件」一九三二年七月二七日付、本所賀川記念館所蔵。
55 「社会事業調査に関する件回答」一九三二年八月三日付、本所賀川記念館所蔵。
一九三二年度の基督教産業青年会の事業成績を見ると、一日平均の保育児数は五〇名前後に増え、保母三名、雑役一名となり規模がやや拡大している。またこのとき、保育料を家庭の事情に応じて一円から二円徴収していたが、同年度の決算表を見ると、保育料による歳入だけでは職員給も十分に満たせない。これについては、保育組合の組合費や基督教産業青年会からの補助金、賀川からの補助金などによる収入があり、運営費の不足分が補われていた。
56 前掲、本所基督教産業青年会『労働と祈祷』。
57 賀川豊彦「セツルメント運動の理論と実際」『雲の柱』第五巻第四号、警醒社書店、一九二六年、五四頁。
58 賀川豊彦「新時代と新理想主義」『雲の柱』第五巻第六号、警醒社書店、一九二六年、九八頁。
59 「イエスの友会報」第二号、一九二四年七月一日発行（『「火の柱」別冊』緑陰書房、一九九二年所収）。
60 賀川豊彦「キリスト教と協同組合運動」『雲の柱』第一二巻第六号、雲の柱発行所、一九三三年、二六頁。
61 前掲、本所基督教産業青年会『労働と祈祷』。

62　前掲、木立義道「光の園保育学校の生い立ち」三七頁。
63　同前。
64　木立義道「江東消費組合の足跡とその事業の歴史的意義」前掲、木立義道『四十年の歩み』四六頁。
65　前掲、木立義道「光の園保育学校の生い立ち」三七頁。
66　前掲、木立義道「江東消費組合の足跡とその事業の歴史的意義」四六頁。
67　前掲、木立義道「光の園保育学校の生い立ち」三七頁。
68　斉木ミツル「光の園保育学校に奉仕して」前掲、木立義道『四十年の歩み』三九頁。
69　同前、三八頁。
70　同。
71　賀川はセツラーの働きに焦点をあて、セツルメントの特徴を「人格交流運動」にあると考えた。セツルメントは、セツラーが自ら地域の中に赴き、個人的な「人格的接触」を通して生活者の抱える問題を直接的、体験的に把握し、「一つ一つの場合の必要に応じて適宜な処置」を講じて社会を効果的に改善するものと考えられた。アメリカ留学の際にハル・ハウスを見学した賀川は、これを「会館運動」とみなし、職員が大きな会館から一歩も出ずに社会事業の事務処理に終始する形態を批判していた（賀川豊彦「セツルメント運動の理論と実際」『雲の柱』第五巻第四号、警醒社書店、一九二六年、四一～五五頁）。
72　「見学許可願」一九三〇年、本所賀川記念館蔵。
73　本所基督教産業青年会「昭和八年度事業報告」本所賀川記念館所蔵。
74　「要求食事同調査の関する件」一九三三年一一月六日付、本所賀川記念館所蔵。
75　前掲、木立義道「光の園保育学校の生い立ち」三七頁。
76　同前。
77　前掲、木立義道「江東消費組合の足跡とその事業の歴史的意義」四六頁。
78　同前。
79　賀川は著書『雷鳥の目醒む前』で、海老名が雑誌『新人』（大正十一年五月号）で自分のスラムの事業をこのように評したと記した（『賀川豊彦全集　第二一巻』キリスト新聞社、一九六二年所収、一五四～一五五頁）。
80　隅谷三喜男『賀川豊彦』岩波書店、一九九五年。
81　賀川豊彦『宗教芸術と宗教生命』警醒社書店、一九二二年（『賀川豊彦全集　第四巻』キリスト新聞社、一九六四年所収、一〇九頁）。
82　前掲、賀川豊彦『自由組合論』（二二三頁）。
83　隅谷三喜男『日本の社会思想――近代化とキリスト教』東京大学出版会、一九六八年、一一七頁。
84　前掲、賀川豊彦『自由組合論』（六頁）。
85　「本所基督教産業青年会設立趣旨」一九二四年四月、賀川豊彦記念松沢資料館所蔵。
86　賀川豊彦「闇も日本に退屈を感じているではないか」『雲の柱』第三巻第一〇号、警醒社書店、一九二四年、五六四頁。
87　前掲、賀川豊彦『イエスと人類愛の内容』（二四九頁）。
88　前掲、賀川豊彦『自由組合論』（一三頁）。
89　同前。
90　市瀬幸平「賀川豊彦の協同組合論――解説」賀川豊彦『賀川豊彦協同組合論集』明治学院生活協同組合、一九六八年、一七四～一七五頁。
91　吉田久一『日本社会事業理論の歴史』一粒社、一九七四年。
92　山本秋『日本生活協同組合運動史』日本評論社、一九八二年は、このような賀川の消費組合運動を、「新興消費組合運動」の一つとして新しい協同組合運動の系譜と位置づけている。
93　前掲、賀川豊彦『地球を墳墓として』（三〇一～三〇二頁）。
94　前掲、賀川豊彦「防貧策の科学的基礎に就て」四一～四二頁。
95　「本所基督教産業青年会設立趣旨」一九二四年四月、本所賀川記念館所蔵。
96　賀川豊彦『産業組合の本質とその進路』協同組合新聞社、一九四〇年（『賀川豊彦全集　第一一巻』キリスト新聞社、一九六三年所収、二五八頁）。
97　前掲、賀川豊彦「キリスト教兄弟愛と経済改造」（一九六～二〇〇頁）。

98 前掲、賀川豊彦『産業組合の本質とその進路』（二六二頁）。
99 イヴァン・イリイチ、玉野井芳郎・栗原彬訳『シャドウ・ワーク――生活のあり方を問う』岩波書店、一九八二年。
100 前掲、賀川豊彦『産業組合の本質とその進路』（三五一頁）。
101 賀川豊彦「保育所を中心とする社会事業」『雲の柱』第一四巻第九号、雲の柱発行所、一九三五年。
102 前掲、賀川豊彦「キリスト教兄弟愛と経済改造」（二六二頁）。
103 前掲、斉木ミツル「光の園保育学校に奉仕して」三九頁。
104 前掲、賀川豊彦「キリスト教兄弟愛と経済改造」（一九七頁）。
105 前掲、賀川豊彦『産業組合の本質とその進路』（三六八頁）。
106 同前（三五七頁）。
107 小森陽一「〈総説〉マルクシズムとナショナリズム」小森陽一他編『岩波講座五　近代日本の文化史　編成されるナショナリズム　一九二〇～三〇年代一』岩波書店、二〇〇二年、三三頁。

第2章　志賀志那人の北市民館保育組合における母親の協同

1 志賀志那人「街頭こどもを如何にするか其の一解決法　北市民館保育組合のあらまし」『大大阪』第二巻一月号、大阪都市協会、一九二六年、五三～五四頁。
2 本章であげた他に、上笙一郎・山崎朋子『日本の幼稚園』理論社、一九六五年、浦辺史・宍戸健夫・村山祐一『保育の歴史』青木書店、一九八一年など。
3 一番ヶ瀬康子・泉順・小川信子・宍戸健夫『日本の保育』生活科学調査会、一九六二年、一〇九～一一三頁。
4 森田康夫『地に這いて』大阪都市協会、一九八七年、一一八～一一九頁。
5 前掲、上笙一郎・山崎朋子『日本の幼稚園』。
6 杉原薫・玉井金五『大正・大阪・スラム　もう一つの日本近代史』新評論、一九九六年、九～二八頁。
7 志賀志那人「遅々たる歩み」『大阪市立北市民館年報昭和四年』一九二九年（志賀志那人『社会事業随想』大阪市立北市

民館後援会、一九六八年所収、一五四頁)。
8 志賀志那人「子供の国」『子供の世紀』第三巻、大阪児童愛護連盟、一九二五年、一一月号(志賀志那人『社会事業随想』大阪市立北市民館後援会、一九六八年所収、二一六頁)。
9 志賀志那人「ロッチデイル綱領に基ける協同保育」『社会事業研究』第一七巻四号、一九二九年(志賀志那人『社会事業随想』大阪市立北市民館後援会、一九六八年所収、六二頁)。
10 志賀志那人「児童の環境としての不良住宅」『大大阪』第六巻第一号、大阪都市協会、一九三〇年、一八八頁。
11 北市民館の子守学校については、前掲、森田康夫『地に這いて』を参照のこと。
12 福元真由美「橋詰せみ郎の家なき幼稚園における教育――郊外住宅地における保育空間の構成」藤田英典他編『教育学年報7 ジェンダーと教育』世織書房、一九九九年。
13 志賀は、大阪の池田室町で橋詰良一の設立した家なき幼稚園から大きな影響を受けている。
14 前掲、志賀志那人「街頭こどもを如何にするか其の一解決法　北市民館保育組合のあらまし」五三頁。
15 志賀志那人「社会的疾患と社会事業」『社会事業研究』第一八巻七号、大阪社会事業連盟、一九三〇年(志賀志那人『社会事業随想』大阪市立北市民館後援会、一九六八年所収、二頁)。
16 志賀志那人「現代における隣保事業の意義と使命」『社会事業研究』第二三巻一号、一九三五年(志賀志那人『社会事業随想』大阪市立北市民館後援会、一九六八年所収、九四頁)。
17 前掲、志賀志那人「ロッチデイル綱領に基づける協同保育」(六二頁)。
18 志賀志那人「社会事業の自主的経営について」第一八巻、一九三〇年、六月号(志賀志那人『社会事業随想』大阪市立北市民館後援会、一九六八年所収、三四~三六頁)。
19 志賀志那人「保育の協同組合に就いて」『社会事業』第一三巻第三号、社会事業協会、一九二九年、五六~六三頁。
20 同前。
21 「本市託児施設の利用者に関する調査」大阪市社会部、一九三六年(『大阪市社会部調査報告書(昭和二年~昭和一七年)四四』近現代史料刊行会、一九九六年所収)。
22 前掲、志賀志那人「保育の協同組合に就いて」。

23　佐藤慶幸『女性と協同組合の社会学』文眞堂、一九九六年。本稿は、佐藤から女性を中心とする生活協同組合とその運動の性格に関する多くの示唆を得た。
24　「愛燐信用組合綱領」一九三五年三月六日（志賀志那人『社会事業随想』大阪市立北市民館後援会、一九六八年所収、一六一～一六二頁）。
25　志賀志那人「隣保事業の再検討」『社会事業研究』第二三巻三号、一九三五年（志賀志那人『社会事業随想』大阪市立北市民館後援会、一九六八年所収、一一〇頁）。
26　前掲、「愛燐信用組合綱領」（一六一～一六二頁）。
27　志賀志那人「親の重荷を負う子供」『コドモ愛護』七月号、大阪児童愛護連盟、一九二三年、六頁。
28　前掲、志賀志那人「保育の協同組合に就いて」。
29　前掲、志賀志那人「社会事業の自主的経営について」（三四頁）。
30　「本組合に利用事業を兼営するの必要について」発行年不詳、森田康夫氏蔵。
31　前掲、志賀志那人「保育の協同組合に就いて」。
32　同前。
33　鵜飼貫三郎「大阪市立北市民館回想――社会事業と社会教育」『信州白樺』発行元不詳、一九八四年、二七八頁、。
34　久保房「北市民館での保育の思い出」『健康報国』第三号、大阪市立北市民館内社会医学研究会、発行年不詳、一二～一三頁。
35　比嘉正子『女の闘い　死者よりも聖者への愛を求めて』日本実業出版社、一九七一年、一四一～一四三頁。
36　同前。
37　志賀志那人「子供の国（続稿）」『子供の世紀』第五巻第二号、大阪児童愛護連盟、一九二七年、四～五頁。
38　前掲、志賀志那人「子供の国（続稿）」五～七頁。
39　志賀志那人「子供の保育場としての建物に就いて」『子供之世紀』第五巻第七号、大阪児童愛護連盟、一九二七年、三一～三三頁。
40　志賀志那人「凝視する小さな眼――子供の国（六）保育事項の一――」『子供之世紀』第五巻第九号、大阪児童愛護連盟、一九二七年、六～一〇頁。志賀は、十分に具体化されていないが、「自然」との関わりを基盤に「社会」との関係を学ぶ保育のカリキュラムも考えていた（志賀志那人「こどもに成って――子供の国（六）保育事項についての序説」『子供之世紀』第五巻第八号、大阪児童愛護連盟、一九二七年）。

41 前掲、志賀志那人「子供の国」（二一七～二二二頁）。

42 前掲、志賀志那人「子供の保育場としての建物に就いて」三四～三七頁。

43 前掲、志賀志那人「子供の国」（二二一～二二三頁）。

44 同前（二二二頁）。

45 同（二二三頁）。

46 志賀志那人「日誌」『社会事業随想』大阪市立北市民館後援会、一九八七年、二五一～二六五頁、前掲、志賀志那人「子供の国（続稿）」一四頁。

47 鵜飼貫三郎「郊外園舎の思い出」『健康報国』第二号、大阪市立北市民館内社会医学研究会、一九三九年、三一～三三頁。

48 前掲、志賀志那人「子供の国（続編）」一〇～一一頁。

49 前掲、上笙一郎・山崎朋子『日本の幼稚園』一二八頁。

第3章　東京帝国大学セツルメント託児部における地区別グループの実践――鈴木とくによる保育と母親の協同

1 東京帝大セツル託児部に関する主な先行研究には、浦辺史『日本保育運動小史』風媒社、一九六九年、宍戸健夫『日本の幼児保育』上、青木書店、一九八八年、浅野俊和「一九三〇年代前半保育運動における『母親指導』――東京帝国大学セツルメント託児部を中心に」『名古屋大学教育学部紀要（教育学科）』第四〇巻第二号、一九九三年、浅野俊和「一九三〇年代前半保育運動における『身体的保育』――東京帝国大学セツルメント託児部を中心に」『名古屋大学教育学部紀要（教育学科）』第四二巻第二号、一九九五年がある。

2 宍戸健史『日本の幼児保育』上、青木書店、一九八八年。

3 浅野俊和「一九三〇年代前半保育運動における『集団的訓練』――東京帝国大学セツルメント託児部の『生活訓練』を中

心に」『名古屋大学教育学部紀要（教育学科）』第四二巻第一号、一九九五年、託児部の保育の変容に関する経緯も同論文を参照。

4 「託児部史」『東京帝国大学セツルメント十二年史』東京帝国大学セツルメント、一九三七年、五六〜六四、七〇〜七六頁。

5 浦辺史『日本保育運動小史』風媒社、一九六九年、一三〜一四頁。

6 前掲、「託児部史」五六〜六四、七〇〜七六頁。

7 浦辺史については高島進「浦辺史教授の人と業績」『日本福祉大学研究紀要』第二八号、日本福祉大学、一九七六年、宍戸健夫「解説・浦辺史——その歩みと仕事」浦辺史『日本の児童問題』新樹出版、一九七六年などを参照。

8 前掲、浅野俊和「一九三〇年代前半保育運動における『集団的訓練』——東京帝国大学セツルメント託児部の『生活訓練』を中心に」。

9 児童問題研究会、保育問題研究会に関しては「『児童問題研究』解説」『保育問題研究・児童問題研究』復刻刊行会編『児童問題研究』第三巻、白石書店、一九七八年、浅野俊和「『児童問題研究会』論ノート——浦辺史による『保育研究部（託児所研究部）』の活動を中心に」『社会教育研究年報』第一一号、名古屋大学教育学部社会教育研究室、一九九五年、松本園子『昭和戦中期の保育問題研究会——保育者と研究者の共同の軌跡』新読書社、二〇〇三年が主な先行研究である。

10 前掲、『東京帝国大学セツルメント十二年史』三八頁。

11 『東京帝国大学セツルメント年報』第五号、東京帝国大学セツルメント、一九二九年、四〇頁。

12 末弘厳太郎「セツルメント」『岩波講座教育科学』第一〇冊、岩波書店、一九三二年、一六〜二〇頁。

13 『東京帝国大学セツルメント年報』第九号、東京帝国大学セツルメント、一九三三年、三頁。

14 『東京帝国大学セツルメント年報』第一〇号、東京帝国大学セツルメント、一九三四年、七〜一〇頁。

15 一九三八、三九年の鈴木の保育記録（鈴木とく『感傷ほいく野迷いあるき』全国社会福祉協議会、一九七五年所収、二四〜二七頁）。

16 前掲、鈴木とく『感傷ほいく野迷いあるき』一五頁。

17 前掲、『東京帝国大学セツルメント年報』第九号。

18 前掲、浅野俊和「一九三〇年代前半保育運動における『集団的訓練』——東京帝国大学セツルメント託児部の『生活訓練』を中心に」。

19 前掲、『東京帝国大学セツルメント年報』第九号。

20 前掲、鈴木とく『感傷ほいく野迷いあるき』一五頁。

21 鈴木とく「街の片隅の幼児教育にも夢はある――若い保母さんに」『幼児の教育』第四九巻、日本幼稚園協会、一九五〇年、二〇頁。

22 一九三六年二月八日の鈴木の保育記録（前掲、鈴木とく『感傷ほいく野迷いあるき』八五頁）。

23 一九三六年二月一〇日の鈴木の保育記録、「昭和十二年」とあるが前後の関係を考えて一九三六年のものと考えられる（前掲、鈴木とく『感傷ほいく野迷いあるき』九七頁）。

24 保育研究部「母の会の組織と活動について」『児童問題研究』第一巻第五号、東京帝大セツルメント、一九三三年、二五～三〇頁、「母の会」の組織、規約、具体的な活動については浦辺史（一九六九）、浅野俊和（一九九三）を参照。

25 鈴木とく「無産者の託児所を語る」『婦人文芸』新知社、一九三六年一月、七二～七六頁。

26 筆者の鈴木とく氏への聞き取りによる。聞き取り日二〇〇〇年一一月一二日。

27 前掲、鈴木とく『感傷ほいく野迷いあるき』一五頁。

28 同前。

29 同。

30 一九三四年の母親板垣ハナによる保育者の庄司への通信（浦辺史・浦辺竹代『道連れ新しい保育を求めて』草土文化、一九八二年所収、一八頁）。

31 前掲、鈴木とく『感傷ほいく野迷いあるき』一五頁。

32 東京保育研究会、保育問題研究会に関しては浦辺史（一九六九）、宍戸健夫（一九八八）、木下龍太郎「集団と生活文化の保育――第一期保育問題研究会と戦時下の保育」『保育幼児教育体系』第五巻、労働旬報社、一九八七年を参照。

1　舘かおる「子供の村」民間教育史料研究会『教育の世紀社の総合的研究』一光社、一九八四年。舘によれば、「子供の村」の人々の職業は、材木商や酒類販売などの物品販売業が最も多く一〇六人中四〇人、自動車、印刷、製材などの製造業と下級公務員・自由業がほぼ同数でそれぞれ二四人、二二人、工場労働者・技術者と会社事務員が同数で八人、運輸交通業が三人、その他一人となっている。同潤会アパートの一世帯平均は三、四人、両親と子ども一、二人の核家族が多い。親は共働きか、母親が内職する場合が多い。
2　宍戸健夫「日本の子どもを守った人々（一六）平田のぶ」『子どものしあわせ：母と教師を結ぶ雑誌』第一二六号、福音館書店、一九六六年、宍戸健夫・半谷紀子「平田のぶ」岡田正章ほか編『保育に生きた人々』風媒社、一九七一年、田辺敦子「平田のぶ」『続　社会事業に生きた女性たち』ドメス出版、一九八〇年、林若子「平田のぶにおける『協働自治』の教育」『近代幼児教育史研究』第四号、近代幼児教育史研究会、一九八二年、宍戸健夫『日本の幼児保育（上）』青木書店、一九八八年。
3　浦辺史『日本保育運動史』風媒社、一九六九年。
4　新井淑子「平田ノブ、その生涯と教育思想（一）～（四）」『埼玉大学紀要教育学部』第二四、二五、二七、三二巻、一九七五、七六、七八、八三年、井出文子「日本における婦人参政権運動」『歴史学研究』第二〇一〇号、一九五六年、今中保子「婦人教師と女性解放思想の発展」『歴史評論』第二四九号、一九七一年。
5　浅井幸子『教師の語りと新教育　『児童の村』の一九二〇年代』東京大学出版会、二〇〇八年。
6　「宣言」『女性同盟』創刊号、新婦人協会、一九二〇年、一頁。
7　平田のぶ「私の見た婦人（五）守谷東女史」『婦女新聞』第一三七六号、婦女新聞社、一九二六年一〇月二四日。
8　平田のぶ「太い線の花木ちさを氏」『かがやき』第三巻第一〇号、全国小学校女教員会、一九二七年、三〇頁。
9　平田のぶ「女教員の俸給問題」『教育持論』第一五五一号、開発社、一九二八年、二三頁。
10　平田のぶ「寺子屋は滅びた」『婦女新聞』第一三八九号、婦女新聞社、一九二七年二月二三日。
11　平田のぶ「活動写真と教育（下）」『婦女新聞』第一四〇三号、婦女新聞社、一九二七年四月一日。

12 平田のぶ「農村託児所」『婦人運動』第八巻第二号、職業婦人社、一九三〇年。
13 平田のぶ「共同積立金のお勧め」『婦人と家庭』第一号、職業婦人社、一九二九年。
14 平田のぶ「公開状　鳩山一郎様」『教育女性』第一二巻第四号、全国小学校女教員連合会、一九三六年、一五頁。
15 鹿野政直『戦前・「家」の思想』創文社、一九八三年。
16 赤マント記者「子供の村保育園を訪う」『婦選』第五巻第五号、婦選獲得同盟、一九三一年。
17 「母様学校々歌　日本の母」富岡隆氏蔵の史料（以下、「「子供の村」史料」と記す）。
18 「村だより」第一二号、一九四〇年一二月二五日、「子供の村」史料。
19 「父様母様学校宣言書　規約」作成年不詳、「子供の村」史料。
20 鈴木裕子『女性史を拓く一――母と女』未来社、一九八九年。
21 婦人運動と戦争に関しては、鈴木裕子『フェミニズムと戦争』マルジュ社、一九八六年、鈴木裕子『女性史を拓く一――母と女』『女性史を拓く二――翼賛と抵抗』未来社、一九八九年、母性解読講座『母性を解読する』有斐閣、一九九一年、加納実紀代編『母性ファシズム』学陽書房、一九九五年、石月静江『戦間期の女性運動』東方出版、一九九六年などを参照。
22 「同窓会へお入り下さい」作成年不詳、「子供の村」史料。
23 平田のぶ「涙の出るほど嬉しいたより」一九三七年五月一九日、「子供の村」史料。
24 「〝子供の村〟の組織と活動略史」作成年不詳、宍戸健夫氏蔵。
25 富岡隆『歌声よ起これ　一労働者七〇年の記録』全日本年金者組合東京本部調布市部内自分史の会、一九九六年、三〇～三二頁。
26 富岡隆氏への筆者の聞き取りによるもの。聞き取り調査日一九九九年三月一〇日。
27 平田のぶ「集りの注意其他希望」一九三九年二月七日、「子供の村」史料。
28 平田のぶ「国民の道」「村だより」第九巻第七号、一九三九年一〇月六日、「子供の村」史料。
29 平田のぶ「災害防止に家庭の協力は先ず子供と主婦の訓練から」『婦女新聞』第一九五六号、婦女新聞社、一九三七年一二月五日。
30 平田のぶ「貯蓄は国を支える柱」『婦女新聞』第二一六四号、婦女新聞社、一九四一年一一月三〇日。

31　前掲、富岡隆『歌声よ起これ』三〇～三二頁。
32　同前。
33　同。
34　「子どもの村十年を語る座談会」「子どもの村」史料、『村だより』十周年記念号、一九四〇年、三五頁。
35　前掲、赤マント記者「子供の村保育園を訪う」、前掲、舘かおる「子供の村」、「村の子供の一日」『子供の村十周年記念第二部プログラム』一九四〇年、「子供の村」史料。
36　平田のぶ「卒業生を送る」一九三六年三月二六日、「子供の村」史料。
37　前掲、林若子「平田のぶにおける『協働自治』の教育」、前掲、舘かおる「子供の村」。
38　子供の村保育園「保育案の研究」『保育問題研究』第二巻第五号、保育問題研究会、一九三八年、五二頁。
39　前掲、富岡隆『歌声よ起これ』三〇～三二頁。
40　同前。
41　「卒業生代表挨拶」「園児代表挨拶」「子供の村」史料、『村だより』一九四一年、八五頁。
42　平田のぶ・土橋いよ子「子供の生活」『婦女新聞』第一六六九号、婦女新聞社、一九三二年六月五日。
43　前掲、子供の村保育園「保育案の研究」、前掲、林若子「平田のぶにおける『協働自治』の教育」。このような活動が池袋児童の村小学校関係者から高い評価を得た点については、前掲、舘かおる「子供の村」を参照。
44　平田のぶ「子供と労働（上）」『婦女新聞』第一四一〇号、婦女新聞社、一九二七年六月一九日。
45　平田のぶ「子供と労働（中）」『婦女新聞』第一四一一号、婦女新聞社、一九二七年六月二六日。
46　平田のぶ「子供との生活から（下）」『婦女新聞』第一八一〇号、婦女新聞社、一九三五年二月一七日。

第Ⅱ部　郊外住宅地に成立した保育の実践──郊外型幼稚園

1　ほかにも、天満橋─五条間を結ぶ京阪電気鉄道（一九一〇年）、神本町─奈良間を結ぶ大阪電気軌道（一九一四年、現近畿日本鉄道）、池袋─飯能間を結ぶ武蔵野鉄道（一九一五年、現西武鉄道）、目黒─蒲田間を結ぶ目黒蒲田電鉄（一九二三年、現東京急行電鉄）などが開業されている。鉄道会社による郊外住宅地の開発については、片木篤・藤谷陽悦・角野幸博編『近代日本の郊外住宅地』鹿島出版会、二〇〇〇年を参照。
2　若林幹夫「都市への／からの視線」今橋映子編著『都市と郊外　比較文化論への通路』ＮＴＴ出版、二〇〇四年。
3　同前。
4　ロバート・フィッシュマン、小池和子訳『ブルジョワ・ユートピア　郊外住宅地の盛衰』勁草書房、一九九〇年。
5　中野光『大正自由教育の研究』黎明書房、一九六八年、上野浩道『芸術教育運動の研究』風間書房、一九八一年、民間教育史料研究会編『教育の世紀社の総合的研究』一光社、一九八四年を参照。

第5章　橋詰良一の家なき幼稚園における教育——郊外住宅地における保育空間の構成

1　河崎晃一「『新日本趣味』のライフスタイル」「阪神間モダニズム」展実行委員会『阪神間モダニズム——六甲山麓に花開いた文化、明治末期—昭和15年の軌跡』淡交社、一九九七年、一〇六～一〇九頁、小野高裕「健康地のライフスタイルを築いた医学者たち」同書、一一〇～一一三頁。
2　中井康之「ダンスホール」前掲、「阪神間モダニズム」展実行委員会『阪神間モダニズム——六甲山麓に花開いた文化、明治末期—昭和15年の軌跡』二一六～二一六七頁、田井玲子「六甲山をめぐるスポーツと娯楽」同前、二二七～二二九頁。
3　池田市史編纂委員会『池田市史第五巻　民俗編』池田市、一九九八年、七五七～七五八頁。
4　鹿野政直『戦前・「家」の思想』創文社、一九八三年。
5　橋詰良一『家なき幼稚園の主張と実際』東洋図書株式合資会社、一九二八年、一〇三頁。
6　宍戸健夫『日本の幼児保育　昭和保育思想史　上』青木書店、一九八八年。
7　代表的なものに上笙一郎・山崎朋子『日本の幼稚園』理論社、一九六五年、岡田正章・宍戸健夫『保育に生きた人々』風楳社、一九七一年など。
8　森上史朗『児童中心主義の保育』教育出版、一九八四年。
9　富田好久「家なき幼稚園の保育史上の意義（上）」『大阪青山短期大学研究紀要』第一三号、大阪青山短期大学、一九八七年、富田好久「家なき幼稚園の保育史上の意義（下）」『大阪青山短期大学研究紀要』第一四号、大阪青山短期大学、一九八八年、富田好久「橋詰良一の生涯とその社会事業」『大阪青山短期大学研究紀要』第一五号、大阪青山短期大学、一九八九年。
10　山崎千恵子編『橋詰せみ郎エッセイ集――「愛と美」誌より』関西児童文学史研究会、一九九〇年。
11　津金澤聰廣「大阪毎日新聞社の『事業活動』と地域生活・文化」『近代日本のメディア・イベント』同文舘出版、一九九六年。
12　ロバート・フィッシュマンは、中流クラス・エリートの余暇、家族生活、自然との合一の価値観を体現して、一八世紀後半にロンドン周辺に郊外住宅地が誕生したことを描いた（小池和子訳『ブルジョワ・ユートピア』勁草書房、一九九〇年）。近年、明治期末から昭和初期の、阪神間の郊外住宅地の形成、建築、ライフスタイル、文学におけるモダニズム研究も盛んだ（津金澤聰廣『宝塚戦略』講談社新書、一九九一年、安田孝『郊外住宅の形成 大阪――田園都市の夢と現実』ＩＮＡＸ、一九九二年、「阪神間モダニズム」展実行委員会『阪神間モダニズム――六甲山麓に花開いた文化、明治末期―昭和15年の軌跡』淡交社、一九九七年、原武『「民都」大阪対「帝都」東京』講談社選書メチエ、一九九八年、川崎賢子『宝塚』講談社選書メチエ、一九九九年など）。
13　坂本勝比古「郊外住宅地の形成」「阪神間モダニズム」展実行委員会『阪神間モダニズム――六甲山麓に花開いた文化、明治末期―昭和15年の軌跡』所収、二六～五四頁。
14　当時、箕面有馬電鉄の発行したパンフレット「模範的郊外生活、池田新市街」は、呉服橋、五月山、猪名川など、池田の豊かな自然環境と良好な住環境を宣伝している（小林一三『小林一三全集』第一巻、ダイヤモンド社、一九六一年所収）。
15　「住宅地御案内」箕面有馬電気軌道、一九〇九年（同前書所収、二〇八～二一〇頁）。
16　同。
17　杉原薫・玉井金五編『大正・大阪・スラム もうひとつの日本近代史』新評論、一九九六年、前掲、津金澤聰廣『宝塚戦略』。
18　ルイス・マンフォードは、郊外住宅地の成立の背景に人々の「私的生活を生きる集団的努力」のあることを述べ、郊外（サバーブ）の起源を定住化された避暑地という（生田勉・森田茂介訳『都市の文化』丸善、一九五五年）。

19 南博編『大正文化』勁草書房、一九六五年、二四七頁。
20 安田孝『郊外住宅の形成 大阪――田園都市の夢と現実』ＩＮＡＸ、一九九二年、三三頁。
21 『住宅経営』箕面有馬電気軌道、一九一四年、四頁、池田文庫蔵。
22 『山容水態』箕面有馬電気軌道、一九一五年、一〇～一五頁、池田文庫蔵。
23 杉山光信・大畑裕嗣・金子明雄・吉見俊哉「近代日本におけるユートピア運動とジャーナリズム」『東京大学新聞研究所紀要』四一号、東京大学新聞研究所、一九九〇年。
24 前掲、津金澤聰廣「大阪毎日新聞社の『事業活動』と地域生活・文化」二二三～二二四頁。
25 「山林子供博覧会」『児童研究』第一五巻第三号、日本児童学会、一九一一年、九三～九四頁。博覧会の会場は、箕面公園、箕面動物園、公会堂、運動場だった。
26 橋詰せみ郎「阪急沿線の子供の国（一）」『阪神毎朝新聞』第一七号、一九二六年六月一一日発行。
27 同前。
28 前掲、「山林子供博覧会」。
29 小野秀雄『大阪毎日新聞社史』大阪毎日新聞社、一九二五年。
30 橋詰せみ郎「幼稚園の十三年目に此の『愛と美』第八巻を迎えて」『愛と美』第八巻、一月号、姉様学校、一九三四年、一四頁。
31 前掲、橋詰良一『家なき幼稚園の主張と実際』二五頁。
32 同前、二二一頁。
33 同、七六頁。
34 このように、橋詰が自然の教育を美化、神聖化する背景には、フレーベルの幼児教育論の影響がある。フレーベルの教育論に関しては、矢野智司『子どもという思想』玉川大学出版部、一九九五年を参照。
35 前掲、橋詰良一『家なき幼稚園の主張と実際』一五二～一五四頁。
36 同前、二五頁。
37 同、一一〇～一一一頁。

38　日本保育学会『日本幼児保育史』第三巻、フレーベル館、一九六九年、二二五〜三二五頁。
39　橋詰せみ郎「自然幼稚園になるまで…家なき幼稚園から…」『愛と美』第三巻、一一月号、姉様学校、一九二九年、二二一〜二二三頁。
40　橋詰せみ郎「自然の恩物とは」『愛と美』第四巻、六月号、姉様学校、一九三〇年、一七頁。
41　森垣操子「初めての展覧会」『愛と美』第三巻、一一月号、姉様学校、一九二九年、二九〜三〇頁。
42　橋詰良一「自然保育の時代が来ました」『愛と美』第四巻、一一月号、姉様学校、一九三〇年、一四〜一五頁。
43　坂口みさ子「子どもと協力して」『愛と美』第六巻、一月号、姉様学校、一九三二年、五七〜五八頁。
44　くわしい経緯は不明だが、橋詰が三越の主催する子ども研究会の最初からの幹事であったこと、彼の長男が三越に勤めていたことから、三越が会場を提供したのだろう。
45　橋詰せみ郎「第二回の幼児手細工展を大阪三越に開催して」『愛と美』第七巻、一月号、姉様学校、一九三三年、一八頁。
46　前掲、鹿野直政『戦前・「家」の思想』。
47　『室町のあゆみ』社団法人室町会、一九五八年、一七〜二三頁。
48　橋詰せみ郎「阪急沿線の子供の国（二）」『阪神毎朝新聞』第一八号、一九二六年六月二一日発行。
49　家なき幼稚園の「家」は、「大人が工夫した建物」＝「大人の強要」も意味していた（前掲、橋詰良一『家なき幼稚園の主張と実際』二六頁）。
50　同前、九〜二二頁。
51　米田佐代子「主婦と職業婦人」『岩波講座 日本通史 第一八巻 近代三』岩波書店、一九九四年。
52　前掲、南博編『大正文化』二五五〜二六三頁。
53　橋詰せみ郎「女学校教育の更正」『愛と美』第七巻、三月号、姉様学校、一九三三年、一二〜一三頁。
54　前掲、橋詰良一『家なき幼稚園の主張と実際』三〇五頁。
55　同前、五頁。
56　同、一一頁。
57　葛野幸子「子供の心に抱かれて」『愛と美』第三巻、一月号、姉様学校、一九二九年、六二〜六三頁。

58 「母さまの日記」『愛と美』第一巻、一月号、姉様学校、一九二七年、二〇頁。島千鶴子を含めて、六人の母親が日記をよせている。
59 前掲、橋詰良一『家なき幼稚園の主張と実際』五頁。
60 同前、八頁、二四二頁。
61 現存する八六冊の雑誌から算出している。第八巻、四、八月号は欠号、九月号は橋詰の追悼号で「児童愛小品」の掲載はない。
62 前掲、橋詰良一『家なき幼稚園の主張と実際』四九頁。
63 酒井直樹「『情』と『感傷』性愛の情緒と共感と主体的技術をめぐって」『ジェンダーの日本史 下』東京大学出版会、一九九五年、山崎正和『演技する精神』中公文庫、一九八八年。
64 神野由紀『趣味の誕生 百貨店がつくったテイスト』勁草書房、一九九四年。
65 幼な児の為のリズムと教育　室町倶楽部への移管にともない、園の名称も「室町幼稚園」に改められた（前掲、社団法人室町会『室町のあゆみ』）。

第6章　一九三〇年前後の成城幼稚園における保育の位相——小林宗作のリズムによる教育を中心に

1 近代日本における身体への関心については、鹿野政直『健康観にみる近代』朝日新聞社、二〇〇一年、黒田勇「ラジオ体操と身体の近代化（二）」『大阪経済大学論集』第四九巻第四号、一九九八年などを参照。
2 小林宗作「リズムへの入門（一）」『全人』第三四号、イデア書院、一九二九年。
3 小林恵子「リトミックを導入した草創期の成城幼稚園——小林宗作の幼児教育を中心に——」『研究紀要』第一三集、国立音楽大学、一九七八年。
4 佐野和彦『小林宗作抄伝　トットちゃんの先生』話の特集、一九八五年。
5 小林宗作「幼稚園だより」『全人』第三二号、イデア書院、一九二九年。
6 山口廣編『郊外住宅地の系譜』鹿島出版会、一九八七年。

7　小原国芳「成城の二ヶ年」教育問題研究会『教育問題研究』第二二号、文化書房、一九二二年一月、一〇九頁。
8　小原国芳「成城だより」教育問題研究会『教育問題研究』第五〇号、文化書房、一九二四年五月、九二〜九三頁。
9　小原国芳「成城だより」教育問題研究会『教育問題研究』第五三号、文化書房、一九二四年八月、九二〜九三頁。
10　小原国芳「玉川だより」教育問題研究会『教育問題研究』第六三号、文化書房、一九二五年六月、七五頁。
11　前掲、小原国芳「成城だより」『教育問題研究』第五三号、九二〜九三頁。
12　「住宅地分譲に就て」一九二四年三月一九日、世田谷住宅史研究会『世田谷の住居――その歴史とアメニティ――調査研究報告書』世田谷区建築部、一九九一年に所収。
13　同前、二二四頁。
14　成城学園後援会地所部「学園都市」『全人』第二二号、イデア書院、一九二八年五月。
15　せたがや百年史編纂委員会『SETAGAYA世田谷百年史（上巻）』世田谷区、一九九六年、一一二頁。
16　山崎今朝彌「其の当時の追憶」、深町ふみ子「思い出づるままを」成城学園『教育問題研究・全人』第二二号、イデア書院、一九二八年、一四一〜一四四頁。
17　「教育家族」の登場に関しては、沢山美果子「教育家族の成立」中内敏夫ほか『教育――誕生と終焉』藤原書店、一九九〇年を参照。
18　小原国芳「成城だより」教育問題研究会『教育問題研究』第五六号、文化書房、一九二四年一一月、一〇八〜一〇九頁。
19　前掲、小原国芳「成城だより」『教育問題研究』第五三号、九二〜九三頁。
20　前掲、沢山美果子「教育家族の成立」。
21　前掲、小原国芳「成城だより」『教育問題研究』第五三号、九二〜九三頁。
22　小原国芳「全人教育論」『八大教育主張』大日本学術協会、一九二二年、三四頁。
23　小原国芳「わたしたちの幼稚園」『全人』第二二号、イデア書院、一九二八年五月、三三〜三七頁。
24　小林宗作「ダルクローヅの韻律教育（二）」『全人』第二七号、イデア書院、一九二八年、三五頁。
25　板野平「ジャック＝ダルクローズの思想とリトミック教育の意義」『ダルクローズ音楽教育研究』第八号、ダルクローズ音楽教育研究会、一九八三年。

26 小林宗作「ダルクローヅの韻律教育（三）」『全人』第二九号、イデア書院、一九二八年、四三～四四頁。
27 小林宗作「幼な児の為のリズムと教育」一九三八年、二〇一頁、『幼児教育全集』第七巻「幼児の詩・音楽・舞踊」所収論文（岡田正章監修『大正・昭和保育文献集』第四巻、日本らいぶらり、一九七八年所収）。
28 小林宗作「舞踊改革論」『全人』「体育研究号」八月号、イデア書院、一九二八年、六〇～六一頁。
29 前掲、小原国芳「全人教育論」三四頁。
30 小林宗作「ダルクローズの韻律教育（一）」『全人』第二六号、イデア書院、一九二八年、五一～五二頁。
31 小林宗作「リズム的教育」『教育問題研究・全人』第六〇号、第一出版協会、一九三一年、五三頁。
32 小林宗作「帰ってきました」『教育問題研究・全人』第五七号、第一出版協会、一九三一年、一二一～一二七頁。
33 小林宗作「綜合リズム教育とは何ぞや」『教育問題研究・全人』第七三号、第一出版協会、一九三二年。
34 小林宗作『綜合リズム教育概論』一九三五年、一～二頁、六五～六八頁（岡田正章監修『大正・昭和保育文献集』第四巻、日本らいぶらり、一九七八年所収）。
35 小林宗作「幼な児の為のリズムと教育」『幼児教育全集第七巻「幼児の詩・音楽・舞踊」』一九三八年（岡田正章監修『大正・昭和保育文献集』第四巻、日本らいぶらり、一九七八年所収、二二二～二二三頁）。
36 小林宗作「幼稚園教育の可否に就て（その二）」『全人』第三四号、イデア書院、一九二九年、七二～七四頁。
37 前掲、小原国芳「全人教育論」三四頁。
38 成城幼稚園の園児募集のパンフレット、発行年不詳。筆者は未見、小林恵子（一九七八）より引用。
39 前掲、小林宗作「リズム的教育」五三頁。
40 小林宗作「裸体生活」『全人』第三四号、イデア書院、一九二九年、九六～九七頁。
41 前掲、小林宗作「幼な児の為のリズムと教育」二〇一～二〇二頁。
42 J・B・ローウラー、小倉重夫訳『古代ギリシャの舞踊文化』未来社、一九八五年。ダルクローズに関しては、フランク・マルタンほか『エミール・ジャック＝ダルクローズ』全音楽譜出版社、一九七七年を参照。
43 小林宗作「舞踊改革論」『全人』「体育研究号」八月号、イデア書院、一九二八年、五三～五六頁。
44 古代ギリシャのムーシケーに関しては、海老沢敏『ミューズの教え　古代音楽教育思想をたずねる』音楽之友社、一九八九年、笠原潔『西洋音楽の歴史』放送大学教育振興会、一九九七年などを参照。
45 前掲、小原国芳「全人教育論」三四頁。
46 前掲、小林宗作「幼な児の為のリズムと教育」二四二頁。
47 広田照幸『日本人のしつけは衰退したか』講談社現代新書、一九九九年、六三〜六五頁。
48 中野光「一九三〇年代における私立新学校の崩壊と変質――日本済美学校と帝国小学校のばあいを中心として」『立教大学教育学科研究年報』第二八号、一九八五年、中内敏夫「『新学校』の社会史」『産育と教育の社会史五　国家の教師　民衆の教師』新評論、一九八五年。
49 前掲、佐野和彦『小林宗作抄伝　トットちゃんの先生』二三〇〜二三二頁。

第7章　高崎能樹による阿佐ヶ谷幼稚園の設立とその意味――郊外における母親教育と子どもの保育

1 郊外型幼稚園に関しては、福元真由美「橋詰せみ郎の家なき幼稚園における教育――郊外住宅地における保育空間の構成」『教育学年報7　ジェンダーと教育』世織書房、一九九九年、同「賀川豊彦における松沢幼稚園の設立と自然中心の教育――郊外型幼稚園の系譜において」『明治学院大学キリスト教研究所紀要』第三二号、二〇〇〇年、を参照。
2 三好浪江「高崎能樹」『キリスト教保育に捧げた人々』キリスト教保育連盟、一九八六年。
3 小林恵子「母のための教育雑誌『子供の教養』について（その一）――編輯者、武南高志を中心に」『国立音楽大学研究紀要』第二五集、一九九一年、同「母のための教育雑誌『子供の教養』について（その二）――その時代に果たした役割と意義」同紀要第二六集、一九九二年。
4 高崎能樹「阿佐ヶ谷幼稚園満十年の思い出」『子供の教養』第七巻第一〇号、子供の教養社、一九三五年、九八〜一〇二頁。
5 高崎能樹「教育的伝道の実際」日本基督阿佐ヶ谷教会、発行年不詳、一〜九頁、パンフレットの内容から発行年は一九三四、五年ごろと考えられる。
6 前掲、高崎能樹「阿佐ヶ谷幼稚園満十年の思い出」九八〜一〇二頁。

7　参考までに当時の大卒公務員の初任給は平均月収五〇～六〇円、職業婦人の平均月収は三〇円前後であった。
8　前掲、高崎能樹「阿佐ヶ谷幼稚園満十年の思い出」九八～一〇二頁。
9　一九四三年より一年半阿佐ヶ谷幼稚園の保育助手をされた稲垣不二子氏に対する筆者の聞き取りによる。聞き取り日二〇〇〇年一月三一日。
10　東京都杉並区役所『新修杉並区史（下巻）』一九八二年。
11　高崎能樹「情操陶冶の問題に就て（四）」『子供の教養』第七巻第八号、子供の教養社、一九三五年、八五～八八頁。
12　高崎能樹「良き性情の涵養――宗教教育の主張」『子供の教養』第一巻第一一号、子供の教養社、一九二九年、二一～五頁。
13　高崎能樹「発動的態度の躾け方」『子供の教養』第六巻第四号、子供の教養社、一九三四年、九一～九四頁。
14　高崎能樹「情操陶冶の問題に就て（四）」『子供の教養』第七巻第八号、子供の教養社、一九三五年、八五～八八頁。
15　高崎能樹「箔は親にまさる」『子供の教養』第一巻第八号、子供の教養社、一九二九年、二～四頁。
16　阿佐ヶ谷東教会員黒沢永子氏、阿佐ヶ谷幼稚園卒園生西森香代氏への筆者の聞き取りによる。聞き取り日黒沢氏二〇〇〇年一月三一日、西森氏二〇〇〇年二月一〇日。
17　高崎能樹「保母のために『情操陶冶の問題に就て（文部省の諮問に答ふ）』」『子供の教養』第七巻第四号、子供の教養社、一九三五年、九一～九四頁。
18　前掲、高崎能樹「阿佐ヶ谷幼稚園満十年の思い出」九八～一〇二頁。
19　高崎能樹「強い心の養い方――幼児教育の原理（八）」『子供の教養』第六巻第六号、子供の教養社、一九三四年、九一～九三頁。
20　高崎能樹「個性本位の教養」『子供の教養』第一巻第八号、子供の教養社、一九二九年、六一～六四頁。
21　高崎能樹「綜合的保育案の立て方――両親と保姆のために」『子供の教養』第九巻第五号、子供の教養社、一九三七年、八四～八八頁。
22　前掲、高崎能樹「綜合的保育案の立て方――両親と保姆のために」七五～七九頁。
23　前掲、高崎能樹「強い心の養い方――幼児教育の原理（八）」九一～九三頁。
24　阿佐ヶ谷幼稚園園児保育考査、一九四〇年に作成されたもの。阿佐ヶ谷幼稚園蔵。

25　前掲、高崎能樹「阿佐ヶ谷幼稚園満十年の思い出」。
26　高崎能樹「私の今日を作った――二人の先生」『子供の教養』第七巻第三号、子供の教養社、一九三五年、四二～四三頁。
27　高崎能樹「親としての意識に立ちて――発刊の趣旨」『子供の教養』第一巻第一号、子供の教養社、一九二九年、二～六頁。
28　高崎能樹「子供の新しい育て方」『子供の教養』第四巻第九号、子供の教養社、一九三二年、八二～八五頁。
29　高崎能樹「子女教養の要領」『子供の教養』第一巻第七号、子供の教養社、一九二九年、二～五頁。
30　高崎能樹「神の型としての母」『子供の教養』第一巻第二号、子供の教養社、一九二九年、二～六頁。
31　高崎能樹「母の典型」『子供の教養』第一巻第五号、子供の教養社、一九二九年、二～五頁。
32　高崎能樹「保育室より／女性より母性へ」『子供の教養』第四巻第六号、子供の教養社、一九三二年、三～六頁。
33　前掲、高崎能樹「阿佐ヶ谷幼稚園満十年の思い出」九八～一〇二頁。
34　前掲、高崎能樹「子供の新しい育て方」八二～八六頁。
35　同前。
36　高崎能樹『親心のゆくえ』宗教々育図書刊行会、一九三四年、一～二頁。
37　高崎能樹「回顧と希望」『子供の教養』第三巻第一二号、子供の教養社、一九三一年、二～三頁。
38　高崎能樹「『母の会』の指導原理――その実際（一）」『子供の教養』第七巻第五号、子供の教養社、一九三五年、一〇一～一〇六頁。
39　一九四〇年頃に「母の会」会長をされた井上緑江氏への筆者の聞き取りによる。聞き取り日二〇〇〇年一月二九日。
40　喜多野朝子「新入学児童の問題――小学校と家庭と幼稚園の座談会」『子供の教養』第七巻第三号、子供の教養社、一九三五年、三一頁。
41　高崎能樹「保育室より観たる子どもの種々層」『子供の教養』第一〇巻第六号、子供の教養社、一九三八年、七四～七六頁。
42　武南高志「編輯雑記」『子供の教養』第三巻第二号、子供の教養社、一九三一年、七七頁。
43　註7に同じ。

44 湯川嘉津美『日本幼稚園成立史の研究』風間書房、二〇〇一年。
45 高崎能樹「『母の会』の指導原理――とその実際（一）」『子供の教養』第七巻第一号、子供の教養社、一九三五年、一〇一～一〇六頁。
46 沢山美香子「近代日本における『母性』の強調とその意味」『女性と文化』白馬出版、一九七九年。
47 高崎能樹「紀元二千六百年」『子供の教養』第一二巻第一号、子供の教養社、一九四〇年、二～五頁。

第8章　賀川豊彦による松沢幼稚園の設立と自然中心の保育

1 賀川豊彦「自然と性格」『雲の柱』第一二巻第五号、雲の柱発行所、一九三三年（『賀川豊彦全集　第六巻』キリスト新聞社、一九六三年所収、四三五頁）。
2 同前。
3 前掲、賀川豊彦「自然と性格」（一七八頁）。
4 賀川豊彦『魂の彫刻――宗教教育の実際』文化生活研究会、一九二六年（『賀川豊彦全集　第六巻』キリスト新聞社、一九六三年所収、一四四頁）。
5 鎌田正「若き日の賀川豊彦の読書目録」『興文』二月号、教文館、一九六六年、二～六頁。賀川も「大正生命主義」の系譜の延長に連なり、トルストイの自然の大きな生命の流れの観念、ショーペンハウアーの「宇宙の意志」、エマソンの自然界の汎神論的な「宇宙の生命」の観念などの強い影響を受けた。「大正生命主義」については、鈴木貞美『大正生命主義と現代』河出書房、一九九五年、および鈴木貞美『「生命」で読む日本近代』ＮＨＫブックス、一九九六年に詳しい。
6 賀川豊彦「貧民窟生活者の自然美論」『雄弁』大日本雄弁会、一九二〇年。
7 賀川豊彦『愛の科学』文化生活研究会、一九二四年（『賀川豊彦全集　第七巻』キリスト新聞社、一九六三年所収、一九〇頁）。
8 賀川豊彦『神と永遠への思慕』新生社、一九三一年（『賀川豊彦全集　第二巻』キリスト新聞社、一九六三年所収、二二七頁）。

9 本章で取り上げたほかには、佐藤照雄「次の世代に何を伝えるか」『ハイスクールニューズ』第一一巻第七号、学校図書、一九八八年、宍戸健夫「死線を越えて我は行く――善隣幼稚園から友愛幼児園へ」『保育の森』あゆみ出版、一九九四年などがある。

10 三原容子「『雲の柱』の教育論」『賀川豊彦研究』第二三号、本所賀川記念館、一九九六年。

11 杉原四郎「賀川豊彦の自然教育論」『教育研究展望』一七五号、神戸市立教育研究所、一九八八年。

12 服部栄「賀川豊彦の児童観」『賀川豊彦研究』第十号、本所賀川記念館、一九八六年。

13 前掲、賀川豊彦「自然と性格」(四三五頁)。

14 賀川豊彦「貧児感化避暑論」『救済研究』第七巻第七号、兵庫県救済協会、一九一九年。

15 前掲、賀川豊彦「自然と性格」(四三六頁)。

16 同前(四三五頁)。

17 同。

18 安島博幸・十代田朗『日本別荘史ノート』住まいの図書館出版局、一九九一年。

19 前掲、賀川豊彦「自然と性格」(四四三頁)。

20 賀川豊彦「貧民心理について(四)」『救済研究』第五巻第一〇号、兵庫県救済協会、一九一七年、一〇五五〜一〇五六頁。

21 日本でも一九〇〇年代には、社会事業の言説や実践の中で都市の貧困者層を問題化し、彼らを矯正し統制するための身体や生活に関する多様な技術が生み出された。スラムの家族や個人は、家族構成、職業の有無、収入、家計、疾病などの状況に応じ、一定の生活基準以下の場合に救護の対象として認識された。彼らに対し、民間の宗教団体や社会事業団体、方面委員制度(一九一九年)では、家庭訪問による社会調査と生活指導、授産講習、職業紹介、司法相談、診療所・託児所の開設などが行われている。これらの各種事業は、公私にわたる救護の営みの中でスラム住民の放蕩で不道徳な生活実態を可視化し、その現状と変化を監視する体制を整える戦略であった。スラムにおける生活の管理体制において、貧困層の人々は、自分の身体や私生活を健康で安全で標準的と考えられる身体と生活に強制的に改善させられるべき存在として規定された。

22 賀川の優生思想に関しては、藤野豊『日本ファシズムと優生思想』(かもがわ出版、一九九八年)、教育学と優生思想との関係に関しては、高木雅史「『大正デモクラシー』期における『優生論』の展開と教育――教育雑誌の内容分析の視角から」

（『名古屋大学教育学部紀要　教育学科』第三六巻、一九九〇年）、「一九二〇～三〇年代における優生学的能力観――永井潜および日本民族衛生学会（協会）の見解を中心に」（『名古屋大学教育学部紀要　教育学科』第三八巻、一九九二年）、「戦前日本における優生思想の展開と能力観・教育観――産児制限および人口政策との関係を中心に」（『名古屋大学教育学部紀要　教育学科』第四〇巻第一号、一九九三年）などを参照。

23 賀川豊彦『貧民心理の研究』覚醒社書店、一九一五年（『賀川豊彦全集　第八巻』キリスト新聞社、一九六二年所収、二七頁）。

24 同前（二五～二七頁）。

25 賀川豊彦「赤ん坊の漂着」『地球を墳墓として』アテネ書院、一九二四年（『賀川豊彦全集　第二一巻』キリスト新聞社、一九六二年所収、二七五頁）。

26 賀川豊彦『イエスと人類愛の内容』警醒社書店、一九二三年（『賀川豊彦全集　第一巻』キリスト新聞社、一九六三年所収、二六六～二六八頁）。

27 前掲、賀川豊彦『魂の彫刻』（一四三頁）。

28 矢野智司がフレーベルについて指摘するように、「子どもは大人にとって理想的未来を予感させ、認識させ、実現させるものとして」理解されていたといえる（矢野智司『子どもという思想』玉川大学出版部、一九九五年）。

29 賀川豊彦「宗教教育の本質」『日曜学校』一二月号、出版元不詳、一九三〇年、一〇頁。

30 前掲、賀川豊彦「自然と性格」（四三六頁）。

31 同前。

32 前掲、賀川豊彦『魂の彫刻』（一五四頁）。

33 同前（一六四頁）。

34 同（一六一～一七二頁）。

35 同（一七六頁）。

36 同（一七二頁）。

37 同（一六一頁）。

38 前掲、賀川豊彦「自然と性格」(四三六頁)。
39 同前。
40 徳富蘆花『みゝずのたはこと』新橋堂書店、服部書店、警醒社書店、一九一三年(『徳富蘆花集』筑摩書房、一九六六年所収、二〇一頁)。
41 同前。
42 世田谷百年史編纂委員会『せたがや百年史』上巻、世田谷区、一九九六年、一〇九頁。
43 『新修世田谷区史 下巻』東京都世田谷区、一九六二年、四三九頁。
44 『世田谷近・現代史』東京都世田谷区、一九七六年、七〇二~七〇三頁。
45 渋沢栄一『青淵回顧録』青淵回顧録刊行会、一九二七年、六二三頁。
46 ロバート・フィッシュマン、小池和子訳『ブルジョワ・ユートピア 郊外住宅地の盛衰』勁草書房、一九九〇年。
47 「松沢教会 同幼稚園 日曜学校建築趣意書」一九三〇年、賀川豊彦記念松沢資料館所蔵。
48 金子啓一「賀川豊彦の『神の国運動』を探る――経過・理念・行方から」『賀川豊彦研究』第一九号、本所賀川記念館、一九九〇年。
49 賀川豊彦「神の国運動は失敗だったか?」『雲の柱』第一二巻第八号、雲の柱発行所、一九三三年、三六頁。
50 賀川豊彦「武蔵野の森陰より」『雲の柱』第一二巻第八号、雲の柱発行所、一九三三年、四九頁。
51 賀川豊彦「宗教教育に自然教案を提唱す」『兄弟愛運動』第三六号、兄弟愛運動社、一九三四年。
52 「松沢幼稚園規則」賀川豊彦記念松沢資料館蔵、発行年不詳。
53 赤井米吉「大崎治郎さんのこと」青柳隆編、大崎すて子『大崎治郎追憶集』一九七一年所収。
54 大崎治部「基督教幼稚園風景」『火の柱』第八四号、イエスの友会、一九三五年四月一〇日発行。
55 同前。
56 賀川豊彦「幼児自然教案」(『賀川豊彦全集 第六巻』キリスト新聞社、一九六二年所収、四四八頁)。
57 「松沢幼稚園規則」発行年不詳、賀川豊彦記念松沢資料館蔵。
58 『松沢教会と私』松沢教会五〇周年記念誌編集委員会、一九八一年。

59　前掲、賀川豊彦『魂の彫刻』（一六三頁）。
60　前掲、賀川豊彦「幼児自然教案」（四五九頁）。
61　同前（四六〇頁）。
62　前掲、賀川豊彦「自然と性格」（一三～一四頁）。
63　前掲、賀川豊彦「幼児自然教案」（四五〇頁）。
64　同前（四五九頁）。
65　同（四五七頁）。
66　賀川豊彦「自然と性格」ガリ版プリント、賀川豊彦記念松沢資料館蔵。
67　前掲、賀川豊彦「幼児自然教案」（四四八頁）。
68　同前（四六六頁）。
69　同（四四七頁）。
70　同（四六六頁）。
71　賀川豊彦「自然と性格」（『賀川豊彦全集　第六巻』キリスト新聞社、一九六三年所収、一八頁）。
72　中村雄二郎は、ルソーの「共通感覚」に基づく人間関係の形成において、ルソーのロゴスを含んだ自律的なまとまりとして感情を捉えた点を考察している（『中村雄二郎著作集第一巻』岩波書店、一九九三年）。
73　前掲、賀川豊彦「幼児自然教案」（四六四頁）。
74　大きなタンポポやソラマメの花の模型、数十種類の木の幹の標本などの教材により、幼児たちは「自然」の「法則」や「秩序」を「発明的」に発見する学習活動を支えられていた。
75　前掲、賀川豊彦「幼児自然教案」（四六四頁）。
76　前掲、賀川豊彦「自然と性格」（九頁）。
77　同前（一四頁）。
78　前掲、賀川豊彦「幼児自然教案」（四四七頁）。
79　前掲、賀川豊彦「自然と性格」（一二頁）。

80　前掲、賀川豊彦「幼児自然教案」（四六九頁）。
81　同前。
82　同。
83　賀川豊彦『宗教教育の本質』春秋社、一九二九年（『賀川豊彦全集　第六巻』キリスト新聞社、一九六三年所収、二五六頁）。
84　賀川豊彦『教育革命とキリスト精神』イエスの友叢書第一号、一九四八年、一七頁。
85　『聖書辞典』日本キリスト教団出版局、一九六一年、五八二頁。
86　同前、七九五頁。
87　前掲、賀川豊彦『魂の彫刻』（一四九頁）。
88　同前。
89　同（一四七頁）。
90　藤田省三は、経験的自然と一体化した静的な美的感情には、この志向性は生じないと論じるが、賀川の場合は、自然への審美的観念は内面的な衝動へ転じるものだったといえる（藤田省三『転向の思想史的研究』みすず書房、一九九七年、三六頁。初出は思想の科学研究会編『共同研究　転向』上巻、平凡社、一九五九年）、イーフー・トゥアン、阿部一訳『感覚の世界――美・自然・文化』せりか書房、一九九四年。
91　佐藤の城戸幡太郎研究に学び、一九四一年以降賀川の「社会改造」をめざす「組合国家」の革新的国家像、彼の天皇制容認の態度の政治的立場からこの疑問に答えることもできようが、この問題は別稿にゆずる（佐藤広美『総力戦体制と教育科学』大月書店、一九九七年）。
92　賀川豊彦「産業の人道化」日本宗教懇話会『御大典記念　日本宗教大会紀要』一九二八年（『賀川豊彦全集　第一四巻』キリスト新聞社、一九六四年所収、三八一～三八七頁）。
93　賀川豊彦『神と苦難の克服』実業之日本社、一九三二年（『賀川豊彦全集　第二巻』キリスト新聞社、一九六三年所収、四一九頁）。
94　藤田は、亀井勝一郎の例をあげて監獄の持つ距離感から生じる風景の「空想的錯覚」から生じた転向形態を論じている

（前掲、藤田省三『転向の思想史的研究』二三七頁。初出は思想の科学研究会編『共同研究　転向』下巻、平凡社、一九六二年）。

95　賀川豊彦「宇宙一元」『黎明を呼び醒ませ』第一書房、一九三七年（『賀川豊彦全集　第二二巻』キリスト新聞社、一九六四年所収、二九二頁）。

96　賀川豊彦「身辺雑記」（『賀川豊彦全集　第二四巻』キリスト新聞社、一九六四年所収、二五八頁）。

97　横山春一『賀川豊彦伝』警醒社、一九五九年、三九〇頁。

98　前掲、賀川豊彦「身辺雑記」（三一四頁）。

99　前掲、賀川豊彦『神と苦難の克服』（四六四頁）。

100　同前（三八三〜三八六頁）。

101　前掲、藤田省三『転向の思想史的研究』二三七頁。

102　賀川豊彦「宗教と教育との交渉点」『雲の柱』第一八巻第七号、雲の柱社、一九三九年。

103　前掲、賀川豊彦「幼児自然教案」（四五五頁）。

104　鳥光美緒子「フレーベル――幼児教育の意味と方法」宮沢康人編『近代の教育思想』放送大学教育振興会、一九九三年。

105　鶴見俊輔他『日本の百年二　廃墟の中から』筑摩書房、一九六一年、一四九頁。

106　安藤肇『深き淵より――キリスト教の戦争体験』教文館、一九五九年、一五四頁。

107　賀川豊彦『天空と黒土を縫合せて』日独書院、一九四三年（『賀川豊彦全集　第二〇巻』キリスト新聞社、一九六三年所収、一二九頁）。

108　同前（一三〇〜一三一頁）。

第9章　都市化と保育の新しい動向

1　井上和子「賀川豊彦とセツルメント運動――大阪における働きを中心にして」『雲の柱』第七号、賀川豊彦記念松沢資料館、一九八八年、一三八、一四二頁。

2　浦辺史・宍戸健夫・村山祐一編『保育の歴史』青木書店、一九八一年、文部省『幼稚園教育百年史』ひかりのくに、一九七九年。
3　片木篤・藤谷陽悦・角野幸博『近代日本の郊外住宅地』鹿島出版会、二〇〇〇年。
4　文部省『幼稚園教育百年史』ひかりのくに、一九七九年、湯川嘉津美『日本幼稚園成立史の研究』風間書房、二〇〇一年。
5　本所基督教産業青年会『労働と祈祷』第十号、一九二八年、一〇月一九日発行。
6　志賀志那人「現代における隣保事業の意義と使命」『社会事業研究』一九三五年、一月号（志賀志那人『社会事業随想』大阪市立北市民館後援会、一九六八年所収、九四～九五頁）。
7　志賀志那人「遅々たる歩み」『大阪市立北市民館年報昭和四年』（志賀志那人『社会事業随想』大阪市立北市民館後援会、一九六六年所収、一五六頁）。
8　佐藤慶幸『女性と協同組合の社会学——生活クラブからのメッセージ』文眞堂、一九九六年、六頁。
9　志賀志那人「保育の協同組合に就いて」『社会事業』第一三巻第三号、社会事業協会、一九二九年、五六～六三頁。
10　同前。
11　前掲、本所基督教産業青年会『労働と祈祷』第十号。
12　志賀志那人「子供の国」『子供の世紀』一九二五年、一一月号（志賀志那人『社会事業随想』大阪市立北市民館後援会、一九六六年所収、二二一頁）。
13　志賀志那人「現代における隣保事業の意義と使命」『社会事業研究』一九三五年、一月号（志賀志那人『社会事業随想』大阪市立北市民館後援会、一九六六年所収、八八～八九頁）。
14　賀川豊彦『地球を墳墓として』アテネ書院、一九二四年（『賀川豊彦全集　第二一巻』キリスト新聞社、一九六二年、二九五頁）。
15　同前（四〇九頁）。
16　原田勝正「東京の市街地拡大と鉄道網（一）——関東大震災後における市街地の拡大」原田勝正・塩崎文雄編『東京・関東大震災前後』日本経済評論社、一九九七年、五～七頁。
17　前掲、賀川豊彦『地球を墳墓として』（三〇一～三〇二頁）。

18 同前（四〇九頁）。
19 木立義道「光の園保育学校の生い立ち」『四十年の歩み』日本基督教団東駒形協会、一九六五年、三七頁。
20 同前。
21 木立義道「江東消費組合の足跡とその事業の歴史的意義」『四十年の歩み』日本基督教団東駒形協会、一九六五年、四六頁。
22 志賀志那人「愛燐信用組合綱領」一九三五年、三月六日（志賀志那人『社会事業随想』大阪市立北市民館後援会、一九六六年所収、一六一～一六二頁）。
23 「本組合に利用事業を兼営するの必要について」発行年不詳。
24 志賀志那人「社会事業の自主的経営に就いて」『社会事業研究』一九三〇年、六月号（志賀志那人『社会事業随想』大阪市立北市民館後援会、一九六六年所収、二二六頁）。
25 賀川豊彦「キリスト教兄弟愛と経済改造」一九三六年（『賀川豊彦全集　第一一巻』キリスト新聞社、一九六三年所収、一七一頁）。
26 菊池正治・室田保夫編集代表『日本社会福祉の歴史』ミネルヴァ書房、二〇〇三年、七八～七九頁。
27 前掲、志賀志那人「社会事業の自主的経営に就いて」（三三五頁）。
28 前掲、賀川豊彦「キリスト教兄弟愛と経済改造」（二一八頁）。
29 同前（一七二頁）。
30 前掲、志賀志那人「社会事業の自主的経営に就いて」（三三一、三三五頁）。
31 佐藤滋・高見沢邦郎・伊藤裕久・大月敏雄・真野洋介『同潤会アパートメントとその時代』鹿島出版社、一九九八年。
32 「〝子供の村〟の組織と活動略史」作成年不詳、宍戸健夫氏蔵。
33 日本保育学会編『日本幼児保育史』第三巻、フレーベル館、一九六九年。
34 賀川豊彦「貧児感化避暑」『救済研究』第七巻第七号、兵庫県救済協会、一九一九年。
35 賀川豊彦「自然と性格」『雲の柱』第一二巻第五号、雲の柱発行所、一九三三年（『賀川豊彦全集　第六巻』キリスト新聞社、一九六三年所収、四三五頁）。

36 同前。
37 賀川豊彦「防貧策の科学的基礎に就て」一九二四年、賀川豊彦記念松沢資料館蔵。
38 前掲、賀川豊彦『地球を墳墓として』(四〇三頁)。
39 志賀志那人「児童の環境としての不良住宅」『大大阪』第六巻第一号、大阪都市協会、一九三〇年、一八七〜一八九頁。
40 前掲、志賀志那人「子供の国」二一六頁。
41 芝村篤樹『日本近代都市の成立――一九二〇・三〇年代の大阪』松籟社、一九九八年、五八頁。
42 「(三)防貧の要訣は貧児保護」大阪朝日新聞、一九二〇年一一月一九日付。
43 前掲、芝村篤樹『日本近代都市の成立――一九二〇・三〇年代の大阪』六一頁。
44 安島博幸・十代田朗『日本別荘史ノート』住まいの図書館出版局、一九九一年。
45 前掲、賀川豊彦「自然と性格」(四四三頁)。
46 志賀志那人「子供の保育場としての建物に就いて」『子供之世紀』第五巻第七号、大阪児童愛護連盟、一九二七年、三四〜三七頁。
47 橋詰良一『家なき幼稚園の主張と実際』東洋図書株式合資会社、一九二八年、二三一頁。
48 同前、二五頁。
49 同、九頁。
50 同、八八〜八九頁。
51 同、四一頁。
52 同、五頁。
53 「松沢幼稚園規則」賀川豊彦記念松沢資料館蔵、発行年不詳。
54 『松沢教会と私』松沢教会五〇周年記念誌編集委員会、一九八一年。
55 徳富蘆花『みゝずのたはこと』新橋堂書店、服部書店、警醒社書店、一九一三年(『徳富蘆花集』筑摩書房、一九六六年所収、二〇一頁)。
56 前掲、橋詰良一『家なき幼稚園の主張と実際』二五頁。

57 前掲、賀川豊彦「自然と性格」（四三六頁）。
58 同前。
59 「住宅地御案内」箕面有馬電気軌道、一九〇九年（『小林一三全集』第一巻、ダイヤモンド社、一九六一年所収、二〇八〜二一〇頁）。
60 『市外居住のすすめ』阪神電気鉄道、一九〇八年、一八頁。
61 前掲、「住宅地御案内」（二〇八〜二一〇頁）。
62 高崎能樹「教育的伝道の実際」日本基督阿佐ヶ谷教会、発行年不詳、パンフレットの内容から発行年は一九三四、三五年頃と考えられる。
63 松沢教会建築実行委員「松沢教会　同幼稚園　日曜学校建築趣意書」一九三〇年、賀川豊彦記念松沢資料館所蔵。
64 小原国芳「成城だより」教育問題研究会『教育問題研究』第五三号、文化書房、一九二四年、九二〜九三頁。
65 『小平学園分譲地案内』箱根土地株式会社、発行年は不詳だが東京商科大予科と津田瑛学塾に言及しているところから一九二九年ごろのものと考えられている（山口廣編『郊外住宅地の系譜　東京の田園ユートピア』鹿島出版会、一九八七年）。
66 松井晴子「学園都市の理想像を求めて…箱根土地の大泉・小平・国立の郊外住宅地開発」山口廣編『郊外住宅地の系譜　東京の田園ユートピア』鹿島出版会、一九八七年。
67 「郊外電車の乗客激増：南海が一番多い一年に二千万人」大阪毎日新聞、一九二二年七月一五日付。
68 成城幼稚園の園児募集のパンフレット、発行年不詳。筆者は未見、小林恵子「リトミックを導入した草創期の成城幼稚園――小林宗作の幼児教育を中心に」『研究紀要』一三、国立音楽大学、一九七八年より引用。
69 小林宗作「ダルクローズの韻律教育（一）」『全人』第二六号、イデア書院、一九二八年、五一頁。
70 小林宗作「幼な児の為のリズムと教育」一九三八年、二〇一頁、『幼児教育全集』第七巻「幼児の詩・音楽・舞踊」所収論文（岡田正章監修『大正・昭和保育文献集』第四巻、日本らいぶらり、一九七八年所収）。
71 小林宗作『綜合リズム教育概論』一九三五年、一、二、六五〜六八頁（前掲、岡田正章監修『大正・昭和保育文献集』第四巻）。
72 小林宗作「幼稚園教育の可否に就て（その二）」『全人』第三四号、イデア書院、一九二九年、七二〜七四頁。

73 高崎能樹「個性本位の教養」『子供の教養』第一巻第八号、子供の教養社、一九二九年、六一～六四頁。
74 新中間層の成立と特徴については、原純輔編『日本の階層システム一　近代化と社会階層』東京大学出版会、二〇〇〇年、盛山和夫「近代の階層システムとその変容」『社会学評論』五〇巻二号、日本社会学会、一九九九年、高橋準「新中間層の再生産戦略――一九一〇年代・二〇年代日本におけるその『自己との関係』」『社会学評論』四三巻二号、日本社会学会、一九九三年ほかを参照。
75 新中間層の教育の意識については、沢山美果子「教育家族の誕生」中内敏夫他『〈教育〉――誕生と終焉』藤原書店、一九九〇年、黒田勇『ラジオ体操の誕生』青弓社、一九九九年、高橋準「新中間層の再生産戦略――一九一〇年代・二〇年代日本におけるその『自己との関係』」『社会学評論』四三巻二号、日本社会学会、一九九三年ほかを参照。
76 橋詰せみ郎「阪急沿線の子供の国（二）」『阪神毎朝新聞』第一八号、一九二六年六月二一日発行。
77 前掲、橋詰良一『家なき幼稚園の主張と実際』一一頁。
78 同前、三〇五頁。
79 「母さまの日記」『愛と美』第一巻、一月号、姉様学校、一九二七年、二〇頁。
80 前掲、橋詰良一『家なき幼稚園の主張と実際』八頁、二四二頁。
81 高崎能樹「『母の会』の指導原理――その実際（一）」『子供の教養』第七巻第五号、子供の教養社、一九三五年、一〇一～一〇六頁。
82 「保育室より観たる子どもの種々層」『子供の教養』第一〇巻第六号、子供の教養社、一九三八年、七四～七六頁。
83 前掲、沢山美果子「教育家族の誕生」、木村涼子『〈主婦〉の誕生――婦人雑誌と女性たちの近代』吉川弘文館、二〇一〇年、上野千鶴子『近代家族の成立と終焉』岩波書店、一九九四年ほかを参照。
84 高橋準「新中間層の再生産戦略――一九一〇年代・二〇年代日本におけるその『自己との関係』」『社会学評論』四三巻二号、日本社会学会、一九九三年。
85 前掲、沢山美果子「教育家族の誕生」のほかにも、中村牧子「高学歴化と女性の移動」岐阜県産業経済研究センター編『岐阜を考える』記念号、岐阜県産業経済研究センター、一九九九年を参照。

終　章　都市に誕生した保育のゆくえ

1　広田照幸『日本人のしつけは衰退したか――「教育する家族」のゆくえ』講談社現代新書、一九九九年。

2　ルイス・マンフォード、生田勉訳『都市の文化』鹿島出版会、一九七四年、四六九頁。

掲載写真一覧

第Ⅰ部　保育とアソシエーションの形成――協同組合型保育所

賀川豊彦――賀川豊彦写真集刊行会編『賀川豊彦写真集』東京堂出版、一九八八年。
志賀支那人――森田康夫『地に這いて――近代福祉の開拓者・志賀志那人――』財団法人大阪都市教会、一九八七年。
鈴木とく――鈴木とく『感傷　ほいく野　迷いあるき』全国社会福祉協議会、一九七五年。
平田のぶ――富岡隆『歌声よ起これ　一労働者七〇年の記録』全日本年金者組合東京都本部調布市部内・自分史の会、一九九六年。

第1章　賀川豊彦による光の園保育組合の設立と「協同組合社会」の理想

写真1「スラムの子どもたちと賀川豊彦」――賀川豊彦写真集刊行会編『賀川豊彦写真集』東京堂出版、一九八八年。

写真2「本所旧安田邸内におけるテント前の保育（光の園）」――賀川豊彦写真集刊行会編『賀川豊彦写真集』東京堂出版、一九八八年。

写真3「光の園保育組合による栄養食の事業」――四十年史編集委員会『四十年の恵み　本所基督教産業青年会・日本基督教

団東駒形教会四十年史』キリスト新聞社（「栄養食開始一周年記念」）一九六五年。

第2章　志賀志那人の北市民館保育組合における母親の協同

写真1「園児と郊外保育に出掛けた志賀支那人」――社会福祉法人都島友の会50周年記念誌編集委員会『語りつぐ50年――こどもの園』社会福祉法人都島友の会、一九八一年。

写真2「北市民館保育組合の郊外保育」――北市民館記念誌編集員会『61年を顧みて――大阪市立北市民館――』大阪市民生局（北市民館）、一九八三年。

写真3「豊津村に完成した郊外園舎」――北市民館記念誌編集員会『61年を顧みて――大阪市立北市民館――』大阪市民生局（北市民館）、一九八三年。

第3章　東京帝国大学セツルメント託児部における地区別グループの実践――鈴木とくによる保育と母親の協同

写真1「東京帝国大学セツルメント託児部で遊戯をする園児たち」――『東京帝国大学セツルメント年報　第5号』一九二八年四月～一九二九年三月、東京大学総合図書館蔵。

写真2「保育者になった頃の鈴木とく」――鈴木とく『感傷　ほいく野　迷いあるき』全国社会福祉協議会、一九七五年。

写真3「上野公園への遠足」――鈴木とく『感傷　ほいく野　迷いあるき』全国社会福祉協議会、一九七五年。

写真4「一九三五年三月に行われた退所式」――鈴木とく『感傷　ほいく野　迷いあるき』全国社会福祉協議会、一九七五年。

第4章　子供の村保育園の設立とその意味――平田のぶの思想と実践

写真1「子供の村開設十年の会」――民間教育史料研究会編『教育の世紀社の総合的研究』一光社、一九八四年。

写真2「『子供の村』の昇降口」――子供の村開設十年の会『子供の村紹介』一九四一年、宍戸健夫氏蔵（宍戸健夫『保育の森――子育ての歴史を訪ねて』あゆみ出版、一九九四年）。

写真3「同潤会清砂通アパートでの保育」――富岡隆『歌声よ起これ　一労働者七〇年の記録』全日本年金者組合東京都本部調布市部内　自分史の会、一九九六年。

第Ⅱ部　郊外住宅地に成立した保育の実践――郊外型幼稚園

橋詰良一――室町幼稚園蔵。
小林宗作――日本保育学会編『写真集　幼児保育百年の歩み』ぎょうせい、一九八一年。
高崎能樹――阿佐谷幼稚園蔵。

第5章　橋詰良一の家なき幼稚園における教育――郊外住宅地における保育空間の構成

写真1「呉服神社で行われた第一回卒園式」――室町幼稚園蔵。

写真2「呉服神社の境内に集まった家なき幼稚園の園児」――社団法人室町会『室町のあゆみ』一九五八年。

写真3「河原での水遊び」――室町幼稚園蔵。

写真4「家なき幼稚園の園児と母親」――室町幼稚園蔵。

第6章　一九三〇年前後の成城幼稚園における保育の位相――小林宗作のリズムによる教育を中心に

写真1「成城幼稚園の園児と小林宗作」――成城学園教育研究所蔵。

写真2「一九二七年八月の第三回リトミック講習会の様子」――佐野和彦『小林宗作抄伝　トットちゃんの先生』話の特集、一九八五年。

写真3「園舎の周りの雑木林で過ごす園児たち」――成城学園教育研究所蔵。

第7章　高崎能樹による阿佐ヶ谷幼稚園の設立とその意味――郊外における母親教育と子どもの保育

写真1「旧園舎（一九三五年まで）のすべり台にて」――阿佐谷幼稚園蔵。

写真2「園庭でのすもう」――阿佐谷幼稚園蔵。

写真3「『子供の教養』創刊号の表紙（第一巻一月号）」一九二九年――高崎彰氏蔵。

第8章　賀川豊彦による松沢幼稚園の設立と自然中心の保育

写真1「明石の海岸への『貧児避暑郊外旅行』」――賀川豊彦写真集刊行会編『賀川豊彦写真集』東京堂出版、一九八八年。

写真2「幼児自然教案に用いた結晶体模型」――賀川豊彦写真集刊行会編『賀川豊彦写真集』東京堂出版、一九八八年。

写真3「顕微鏡をのぞく園児と大崎治郎」――賀川豊彦記念松沢資料館蔵。

第9章　都市化と保育の新しい動向

写真1「初期の本所基督教産業青年会に集った人々」――賀川豊彦写真集刊行会編『賀川豊彦写真集』東京堂出版、一九八八年。

写真2「東京帝国大学セツルメント託児部の外観」――『東京帝国大学セツルメント年報　第12号』一九三六年、東京大学経済学部資料室蔵。

写真3「同潤会清砂通アパート」――『同潤会十年史』同潤会、一九三四年。

写真4「一九一〇年代初頭の池田室町の郊外住宅地」――学校法人室町学園室町幼稚園『室町幼稚園60年の歩み』一九八四年。

写真5「『松沢教会　同幼稚園　日曜学校　建築趣意書』」――賀川豊彦記念松沢資料館蔵。

引用・参考文献（五十音順）

■一次資料

【単行本・雑誌掲載文】

赤井米吉「大崎治郎さんのこと」大崎すて子『大崎治郎追憶集』一九七一年
赤マントの記者「子供の村保育園を訪う」『婦選』第五巻五号、一九三一年
鵜飼貫三郎「郊外園舎の思い出」『健康報国』第二号、大阪市立北市民館内社会医学研究会、一九三九年
鵜飼貫三郎「大阪市立北市民館回想――社会事業と社会教育――」『信州白樺』銀河書房、一九八四年
大阪市「本市託児施設の利用者に関する調査」『大阪市社会部調査報告書（昭和二年～昭和一七年）四四』近現代史料刊行会、一九九六年
大崎治部「基督教幼稚園風景」『火の柱』第八四号、イエスの友会、一九三五年
小野秀雄『大阪毎日新聞社史』大阪毎日新聞社、一九二五年
小原国芳「全人教育論」『八大教育主張』大日本学術協会、一九二一年
小原国芳「成城の二ヶ年」教育問題研究会『教育問題研究』第二二号、文化書房、一九二一年

小原国芳「成城だより」教育問題研究会『教育問題研究』第五〇号、文化書房、一九二四年
小原国芳「成城だより」教育問題研究会『教育問題研究』第五三号、文化書房、一九二四年
小原国芳「成城だより」教育問題研究会『教育問題研究』第五六号、文化書房、一九二四年
小原国芳「玉川だより」教育問題研究会『教育問題研究』第六三号、文化書房、一九二五年
小原国芳「わたしたちの幼稚園」『全人』第二二号、イデア書院、一九二八年
賀川豊彦『愛の科学』文化生活研究会、一九二四年
賀川豊彦『イエスと人類愛の内容』警醒社書店、一九二三年
賀川豊彦『イエスの宗教とその心理』警醒社書店、一九二一年
賀川豊彦『神と永遠への思慕』新生社、一九三一年
賀川豊彦『賀川豊彦氏大講演集』大日本雄弁会講談社、一九二六年
賀川豊彦『自由組合論』警醒社書店、一九二一年
賀川豊彦『賀川豊彦初期資料集』緑陰書房、一九九一年
賀川豊彦『社会病理』発行所、発行年不詳
賀川豊彦『神と苦難の克服』実業之日本社、一九三二年
賀川豊彦『教育革命とキリスト精神』イエスの友会、一九四八年
賀川豊彦『死線を越えて』社会思想社、一九八三年
賀川豊彦『宗教教育の本質』春秋社、一九二九年
賀川豊彦『宗教芸術と宗教生命』警星社、一九二二年
賀川豊彦『精神運動と社会運動』警醒社書店、一九一九年
賀川豊彦『魂の彫刻――宗教教育の実際』文化生活研究会、一九二六年
賀川豊彦『地殻を破って』福永書店、一九一〇年
賀川豊彦『地球を墳墓として』アテネ書院、一九二四年
賀川豊彦『天空と黒土を縫合せて』日独書院、一九四三年

賀川豊彦『涙の二等分』福永書店、一九一九年
賀川豊彦『貧民心理の研究』警醒者書店、一九一五年
賀川豊彦『黎明を呼び醒ませ』第一書房、一九三七年
賀川豊彦「神の国運動は失敗だったか?」『雲の柱』第一二巻第八号、雲の柱発行所、一九三三年
賀川豊彦「キリスト教兄弟愛と経済改造（一）～（四）」『雲の柱』第一五巻第三号～第六号、雲の柱社、一九三六年
賀川豊彦「キリスト教と協同組合運動」『雲の柱』第一二巻第六号、雲の柱発行所、一九三三年
賀川豊彦「子供の権利」『社会事業研究』第一五巻六号、大阪社会事業連盟、一九二七年
賀川豊彦「自然と性格」ガリ版プリント、賀川豊彦記念松沢資料館蔵
賀川豊彦「自然と性格」『雲の柱』第一二巻第五号、雲の柱発行所、一九三三年
賀川豊彦「児童虐待防止論」『救済研究』第七巻九号、兵庫県救済協会、一九一九年
賀川豊彦「児童虐待防止論（下）」『救済研究』第七巻第一〇号、兵庫救済協会、一九一九年
賀川豊彦「宗教教育の本質」『日曜学校』一二月号、出版元不詳、一九三〇年
賀川豊彦「幼児自然教案」（「幼児自然教案（一）」『雲の柱』第一二巻第一一号、雲の柱発行所、一九三三年／「幼児自然教案（二）」『雲の柱』第一二巻第一二号、雲の柱発行所、一九三三年／「幼児自然教案（三）」『雲の柱』第一三巻第二号、雲の柱発行所、一九三四年／「幼児自然教案（四）」『雲の柱』第一三巻第四号、雲の柱発行所、一九三四年）
賀川豊彦「宗教教育に自然教案を提唱す」『兄弟愛運動』第三六号、兄弟愛運動社、一九三四年
賀川豊彦「宗教と教育との交渉点」『雲の柱』第一八巻第七号、雲の柱社、一九三九年
賀川豊彦「新時代と新理想主義」『雲の柱』第五巻第六号、警醒社書店、一九二六年
賀川豊彦「セツルメント運動の理論と実際」『雲の柱』第五巻第四号、警醒社書店、一九二六年
賀川豊彦「貧児感化避暑論」『救済研究』第七巻第七号、兵庫県救済協会、一九一九年
賀川豊彦「貧民窟殖民館事業に就いて」『救済研究』第六巻第七号、兵庫救済協会、一九一八年
賀川豊彦「貧民窟生活者の自然美論」『雄弁』大日本雄弁会、一九二〇年
賀川豊彦「貧民心理について（四）」『救済研究』第五巻第一〇号、兵庫県救済協会、一九一七年

賀川豊彦「産業の人道化」日本宗教懇話会『御大典記念　日本宗教大会紀要』一九二八年
賀川豊彦「保育所を中心とする社会事業」『雲の柱』第一四巻第九号、雲の柱社、一九三五年
賀川豊彦「防貧策の科学的基礎に就て」一九二四年、賀川豊彦記念松沢資料館蔵
賀川豊彦「武蔵野の森陰より」『雲の柱』第一二巻第八号、雲の柱発行所、一九三三年
＊賀川豊彦の主要な著作はキリスト新聞社より一九六二～一九六五年までに刊行された全二四巻の全集に収録されている。
　註では著作が収録されている全集の巻数を併記しているが、ここでは多く引用されている全集の巻数を便宜上再掲する。
賀川豊彦『賀川豊彦全集　第一巻』キリスト新聞社、一九六三年
賀川豊彦『賀川豊彦全集　第二巻』キリスト新聞社、一九六三年
賀川豊彦『賀川豊彦全集　第四巻』キリスト新聞社、一九六四年
賀川豊彦『賀川豊彦全集　第六巻』キリスト新聞社、一九六三年
賀川豊彦『賀川豊彦全集　第七巻』キリスト新聞社、一九六三年
賀川豊彦『賀川豊彦全集　第八巻』キリスト新聞社、一九六二年
賀川豊彦『賀川豊彦全集　第一〇巻』キリスト新聞社、一九六五年
賀川豊彦『賀川豊彦全集　第一一巻』キリスト新聞社、一九六三年
賀川豊彦『賀川豊彦全集　第二〇巻』キリスト新聞社、一九六三年
賀川豊彦『賀川豊彦全集　第二一巻』キリスト新聞社、一九六二年
賀川豊彦『賀川豊彦全集　第二二巻』キリスト新聞社、一九六四年
賀川豊彦『賀川豊彦全集　第二四巻』キリスト新聞社、一九六四年
木立義道「江東消費組合の足跡とその事業の歴史的意義」『四十年の歩み』日本基督教団東駒形協会、一九六五年
木立義道「光の園保育学校の生い立ち」『四十年の歩み』日本基督教団東駒形協会、一九六五年
葛野幸子「子供の心に抱かれて」『愛と美』第三巻、一月号、姉様学校、一九二九年
久保房「北市民館での保育の思い出」『健康報国』第三号、大阪市立北市民館内社会医学研究会、発行年不詳
子供の村保育園「保育案の研究」『保育問題研究』第二巻第五号、保育問題研究会、一九三八年

小林一三『小林一三全集』第一巻、ダイヤモンド社、一九六一年
小林宗作「リズムへの入門（一）」『全人』第三四号、イデア書院、一九二九年
小林宗作「帰ってきました」『教育問題研究・全人』第五七号、第一出版協会、一九三一年
小林宗作「綜合リズム教育とは何ぞや」『教育問題研究・全人』第七三号、第一出版協会、一九三二年
小林宗作「ダルクローズの韻律教育（一）」『全人』第二六号、イデア書院、一九二八年
小林宗作「ダルクローズの韻律教育（二）」『全人』第二七号、イデア書院、一九二八年
小林宗作「ダルクローズの韻律教育（三）」『全人』第二九号、イデア書院、一九二八年
小林宗作「舞踊改革論」『全人』「体育研究号」八月号、イデア書院、一九二八年
小林宗作「リズム的教育」『教育問題研究・全人』第六〇号、第一出版協会、一九三一年
小林宗作「幼稚園教育の可否に就て（その二）」『全人』第三四号、イデア書院、一九二九年
小林宗作「裸体生活」『全人』第三四号、イデア書院、一九二九年
小林宗作『綜合リズム教育概論』一九三五年（岡田正章監修『大正・昭和保育文献集』第四巻、日本らいぶらり、一九七八年所収）
小林宗作「幼な児の為のリズムと教育」一九三八年（岡田正章監修『大正・昭和保育文献集』第四巻、日本らいぶらり、一九七八年所収）
斉木ミツル「光の園保育学校に奉仕して」『四十年の歩み』日本基督教団東駒形協会、一九六五年
坂口みさ子「子どもと協力して」『愛と美』第六巻、一月号、姉様学校、一九三二年
志賀志那人『社会事業随想』大阪市立北市民館後援会、一九六八年
志賀志那人「親の重荷を負う子供」『コドモ愛護』七月号、大阪児童愛護連盟、一九二三年
志賀志那人「街頭こどもを如何にするか其の一解決法　北市民館保育組合のあらまし」『大大阪』第二巻一月号、大阪都市協会、一九二六年
志賀志那人「凝視する小さな眼――子供の国（六）保育事項の一」『子供之世紀』第五巻第九号、大阪児童愛護連盟、一九二七年

志賀志那人「現代における隣保事業の意義と使命」『社会事業研究』第二三巻一号、一九三五年
志賀志那人「こどもに成って――子供の国（六）保育事項についての序説」『子供之世紀』第五巻第八号、大阪児童愛護連盟、一九二七年
志賀志那人「子供の国」『子供之世紀』第三巻一一号、大阪児童愛護連盟、一九二五年
志賀志那人「子供の国（続稿）」『子供之世紀』第五巻第二号、大阪児童愛護連盟、一九二七年
志賀志那人「子供の保育場としての建物に就いて」『子供之世紀』第五巻第七号、大阪児童愛護連盟、一九二七年
志賀志那人「社会事業の自主的経営に就いて」『社会事業研究』第一八巻六号、大阪社会事業連盟、一九三〇年
志賀志那人「社会的疾患と社会事業」『社会事業研究』第一八巻七号、大阪社会事業連盟、一九三〇年
志賀志那人「児童の環境としての不良住宅」『大大阪』第六巻第一号、大阪都市協会、一九三〇年
志賀志那人「保育の協同組合に就いて」『社会事業』第一三巻第三号、社会事業協会、一九二九年
志賀志那人「隣保事業の再検討」『社会事業研究』第二三巻三号、一九三五年
志賀志那人「ロッチデイル綱領に基ける協同保育」『社会事業研究』第一七巻四号、一九二九年
鈴木とく『感傷ほいく野迷いあるき』全国社会福祉協議会、一九七五年
鈴木とく「街の片隅の幼児教育にも夢はある――若い保母さんに」『幼児の教育』第四九巻、日本幼稚園協会、一九五〇年
鈴木とく「無産者の託児所を語る」『婦人文芸』新知社、一九三六年
末弘巌太郎「セツルメント」『岩波講座教育科学』第一〇冊、岩波書店、一九三二年
成城学園後援会地所部「学園都市」『全人』第二二号、イデア書院、一九二八年
高崎能樹『親心のゆくえ』宗教々育図書刊行会、一九三四年
高崎能樹「阿佐ヶ谷幼稚園満十年の思い出」『子供の教養』第七巻第一〇号、子供の教養社、一九三五年
高崎能樹「個性本位の教養」『子供の教養』第一巻第八号、子供の教養社、一九二九年
高崎能樹「親としての意識に立ちて――発刊の趣旨――」『子供の教養』第一巻第一号、子供の教養社、一九二九年
高崎能樹「回顧と希望」『子供の教養』第三巻第一二号、子供の教養社、一九三一年
高崎能樹「神の型としての母」『子供の教養』第一巻第二号、子供の教養社、一九二九年

高崎能樹「紀元二千六百年」『子供の教養』第一二巻第一号、子供の教養社、一九四〇年
高崎能樹「教育的伝道の実際」日本基督阿佐ヶ谷教会、発行年不詳
高崎能樹「子供の新しい育て方」『子供の教養』第四巻第九号、子供の教養社、一九三二年
高崎能樹「子女教養の方針に就て」『子供の教養』第一巻第一〇号、子どもの教養社、一九二九年
高崎能樹「子女教養の要領」『子供の教養』第一巻第七号、子供の教養社、一九二九年
高崎能樹「情操陶冶の問題に就て（四）」『子供の教養』第七巻第八号、子供の教養社、一九三五年
高崎能樹「筍は親にまさる」『子供の教養』第一巻第八号、子供の教養社、一九二九年
高崎能樹「強い心の養い方――幼児教育の原理（八）」『子供の教養』第六巻第六号、子供の教養社、一九三四年
高崎能樹「綜合的保育案の立て方――両親と保姆のために――」『子供の教養』第九巻第五号、子供の教養社、一九三七年
高崎能樹「発動的態度の躾け方」『子供の教養』第六巻第四号、子供の教養社、一九三四年
高崎能樹「『母の会』の指導原理――その実際（一）――」『子供の教養』第七巻第五号、子供の教養社、一九三五年
高崎能樹「母の典型」『子供の教養』第一巻第五号、子供の教養社、一九二九年
高崎能樹「保育室より／女性より母性へ」『子供の教養』第四巻第六号、子供の教養社、一九三二年
高崎能樹「保母のために『情操陶冶の問題に就て（文部省の諮問に答ふ）』」『子供の教養』第七巻第四号、子供の教養社、一九三五年
高崎能樹「良き性情の涵養――宗教教育の主張」『子供の教養』第一巻第一一号、子供の教養社、一九二九年
高崎能樹「私の今日を作った――二人の先生」『子供の教養』第七巻第三号、子供の教養社、一九三五年
東京帝国大学セツルメント『東京帝国大学セツルメント十二年史』一九三七年
東京帝国大学セツルメント『東京帝国大学セツルメント年報』第五号、一九二九年
東京帝国大学セツルメント『東京帝国大学セツルメント年報』第九号、一九三三年
東京帝国大学セツルメント『東京帝国大学セツルメント年報』第一〇号、一九三四年
徳富蘆花『徳富蘆花集』筑摩書房、一九六六年
橋詰良一『家なき幼稚園の主張と実際』東洋図書株式合資会社、一九二八年

橋詰せみ郎「自然幼稚園になるまで…家なき幼稚園から…」『愛と美』第三巻、一一月号、姉様学校、一九二九年
橋詰せみ郎「自然保育の時代が来ました」『愛と美』第四巻、一一月号、姉様学校、一九三〇年
橋詰せみ郎「自然の恩物とは」『愛と美』第四巻、六月号、姉様学校、一九三〇年
橋詰せみ郎「女学校教育の更正」『愛と美』第七巻、三月号、姉様学校、一九三三年
橋詰せみ郎「第二回の幼児手細工展を大阪三越に開催して」『愛と美』第七巻、一月号、姉様学校、一九三三年
橋詰せみ郎「阪急沿線の子供の国（一）」『阪神毎朝新聞』第一七号、一九二六年六月一一日
橋詰せみ郎「阪急沿線の子供の国（二）」『阪神毎朝新聞』第一八号、一九二六年六月一二日
橋詰せみ郎「幼稚園の十三年目に此の『愛と美』第八巻を迎えて」『愛と美』第八巻、一月号、姉様学校、一九三四年
比嘉正子『女の闘い　死者よりも聖者への愛を求めて』日本実業出版社、一九七一年
平田のぶ「集りの注意其他希望」一九三九年二月七日、富岡隆氏蔵
平田のぶ「活動写真と教育（下）」『婦女新聞』第一四〇三号、婦女新聞社、一九二七年四月一日
平田のぶ「共同積立金のお勧め」『婦人と家庭』第一号、職業婦人社、一九二九年
平田のぶ「公開状　鳩山一郎様」『教育女性』第二巻第四号、全国小学校女教員連合会、一九三六年
平田のぶ「国民の道」「村だより」第九巻第七号、一九三九年一〇月六日、富岡隆氏蔵
平田のぶ「子供との生活から（下）」『婦女新聞』第一八一〇号、婦女新聞社、一九三五年二月一七日
平田のぶ「子供と労働（上）」『婦女新聞』第一四一〇号、婦女新聞社、一九二七年六月一九日
平田のぶ「子供と労働（中）」『婦女新聞』第一四一一号、婦女新聞社、一九二七年六月二六日
平田のぶ、土橋いよ子「子供の生活」『婦女新聞』第一六六九号、婦女新聞社、一九三二年六月五日
平田のぶ「災害防止に家庭の協力は先ず子供と主婦の訓練から」『婦女新聞』第一九五六号、婦女新聞社、一九三七年一二月五日
平田のぶ「女教員の俸給問題」『教育時論』第一五五一号、開発社、一九二八年
平田のぶ「卒業生を送る」一九三六年三月二六日、富岡隆氏蔵
平田のぶ「貯蓄は国を支える柱」『婦女新聞』第二一六四号、婦女新聞社、一九四一年一一月三〇日

平田のぶ「寺子屋は滅びた」『婦女新聞』第一三八九号、婦女新聞社、一九二七年二月二三日
平田のぶ「涙の出るほど嬉しいたより」一九三七年五月一九日、富岡隆氏蔵
平田のぶ「農村託児所」『婦人運動』第八巻第二号、職業婦人社、一九三〇年
平田のぶ「太い線の花木ちさを氏」『かがやき』第三巻第一〇号、全国小学校女教員会、一九二七年
平田のぶ「村だより」第一〇巻第一二号、一九四〇年一二月二五日、富岡隆氏蔵
平田のぶ「私の見た婦人（五）守谷東女史」『婦女新聞』第一三七六号、婦女新聞社、一九二六年一〇月二四日
武南高志「編輯雑記」『子供の教養』第三巻第二号、子供の教養社、一九三一年
阪神電気鉄道『市外居住のすすめ』一九〇八年
保育研究部「母の会の組織と活動について」『児童問題研究』第一巻第五号、東京帝大セツルメント、一九三三年
松沢教会五〇周年記念誌編集委員会『松沢教会と私』一九八一年
箕面有馬電気軌道株式会社「住宅地御案内」一九〇九年（小林一三『小林一三全集』第一巻、ダイヤモンド社、一九六一年、所収）
箕面有馬電気軌道株式会社『住宅経営』一九一四年、池田文庫蔵
箕面有馬電気軌道株式会社『山容水態』一九一五年、池田文庫蔵
森垣操子「初めての展覧会」『愛と美』第三巻、一一月号、姉様学校、一九二九年
山崎今朝彌「其の当時の追憶」、深町ふみ子「思い出づるままを」成城学園『教育問題研究・全人』第二一号、イデア書院、一九二八年
「母さまの日記」『愛と美』第一巻、一月号、姉様学校、一九二七年
「山林子供博覧会」『児童研究』第一五巻第三号、日本児童学会、一九一一年

【その他】

大阪朝日新聞、一九二〇年一一月一九日
大阪毎日新聞、一九一八年九月七日

大阪毎日新聞、一九二三年七月一五日
「住宅地分譲に就て」一九二四年三月一九日（世田谷住宅史研究会『世田谷の住居――その歴史とアメニティ――調査研究報告書』世田谷区建築部、一九九一年、所収）
「母様学校々歌　日本の母」富岡隆氏蔵
「子ども村十年を語る座談会」「村だより」十周年記念号、一九四〇年、富岡隆氏蔵
「卒業生代表挨拶」「園児代表挨拶」一九四一年、富岡隆氏蔵
「村の子供の一日」『子供の村十周年記念　第二部プログラム』一九四〇年、富岡隆氏蔵
「父様母様学校宣言書　規約」作成年不詳、富岡隆氏蔵
「同窓会へお入り下さい」作成年不詳、富岡隆氏蔵
「〝子供の村〟の組織と活動略史」作成年不詳、宍戸健夫氏蔵
「見学許可願」一九三〇年、本所賀川記念館蔵
本所基督教産業青年会「社会事業調査に関する件回答」一九三一年八月三日付、本所賀川記念館所蔵
本所基督教産業青年会「婦人団体状況調査の件」一九三一年七月二七日付、本所賀川記念館所蔵
本所基督教産業青年会「本所基督教産業青年会設立趣旨」一九二四年四月、本所賀川記念館所蔵
本所基督教産業青年会「昭和八年度事業報告」本所賀川記念館所蔵
本所基督教産業青年会「労働と祈祷」第十号、一九二八年一〇月一九日発行、賀川豊彦記念松沢資料館蔵
本所基督教産業青年会「本所基督教産業青年会事業概況」一九二四年、賀川豊彦記念松沢資料館蔵
本所基督教産業青年会「本所基督教産業青年会報告書」一九二四年、賀川豊彦記念松沢資料館蔵
「本組合に利用事業を兼営するの必要について」発行年不詳、森田康夫氏蔵
本所基督教産業青年会「要求食事同調査の関する件」一九三三年一一月六日付、本所賀川記念館所蔵
「松沢幼稚園規則」賀川豊彦記念松沢資料館蔵、発行年不詳
「松沢教会　同幼稚園　日曜学校建築趣意書」一九三〇年、賀川豊彦記念松沢資料館所蔵

■先行研究・関連研究

青木保・川本三郎・筒井清忠・御厨貴・山折哲雄編『近代日本文化論五　都市文化』岩波書店、一九九九年
浅井幸子『教師の語りと新教育　『児童の村』の一九二〇年代』東京大学出版会、二〇〇八年
浅野俊和「一九三〇年代前半保育運動における『母親指導』――東京帝国大学セツルメント託児部を中心に」『名古屋大学教育学部紀要（教育学科）』第四〇巻第二号、一九九三年
浅野俊和「一九三〇年代前半保育運動における『身体的保育』――東京帝国大学セツルメント託児部を中心に」『名古屋大学教育学部紀要（教育学科）』第四二巻第二号、一九九五年
浅野俊和「『児童問題研究会』論ノート――浦辺史による『保育研究部（託児所研究部）』の活動を中心に」『社会教育研究年報』第一一号、名古屋大学教育学部社会教育研究室、一九九五年
浅野俊和「一九三〇年代前半保育運動における『集団的訓練』――東京帝国大学セツルメント託児部の『生活訓練』を中心に」『名古屋大学教育学部紀要（教育学科）』第四二巻第一号、一九九五年
新井淑子「平田ノブ、その生涯と教育思想（一）～（四）」『埼玉大学紀要教育学部』第二四、二五、二七、三二巻、一九七五、七七、七八、八三年
安藤肇『深き淵より――キリスト教の戦争体験』教文館、一九五九年
伊ヶ崎暁生「子どもの権利の先駆的思想」『国民教育』第四二号、国民教育研究所、一九七九年
池田市史編纂委員会『池田市史第五巻　民俗編』池田市、一九九八年
石月静江『戦間期の女性運動』東方出版、一九九六年
板野平「ジャック＝ダルクローズの思想とリトミック教育の意義」『ダルクローズ音楽教育研究』第八号、ダルクローズ音楽教育研究会、一九八三年
市瀬幸平「賀川豊彦の協同組合論――解説――」賀川豊彦『賀川豊彦協同組合論集』明治学院生活協同組合、一九六八年
一番ヶ瀬康子「子どもの権利条約の画期的意味」『子どもの人権と福祉問題』ドメス出版、一九九二年
一番ヶ瀬康子・泉順・小川信子・宍戸健夫『日本の保育』生活科学調査会、一九六二年

井出文子「日本における婦人参政権運動」『歴史学研究』第二〇一〇号、一九五六年
今中保子「婦人教師と女性解放思想の発展」『歴史評論』第二四九号、一九七一年
今橋映子編著『都市と郊外』ＮＴＴ出版、二〇〇四年
イリイチ、イヴァン／玉野井芳郎・栗原彬訳『シャドウ・ワーク――生活のあり方を問う』岩波書店、一九八二年（Ivan Illich, *Shadow work*, University of Cape Town, 1980）
上野千鶴子『近代家族の成立と終焉』岩波書店、一九九四年
上野浩道『芸術教育運動の研究』風間書房、一九八一年
宇賀博『アソシエーショニズム　アメリカ社会学思想史研究』人文書院、一九九五年
浦辺史「新しい保育所の系譜」管忠道『日本保育運動史　第三巻　戦時下の教育運動』三一書房、一九六〇年
浦辺史『日本保育運動小史』風媒社、一九六九年
浦辺史・浦辺竹代『道連れ新しい保育を求めて』草土文化、一九八二年
浦辺史・宍戸健夫・村山祐一編『保育の歴史』青木書店、一九八一年
海老沢敏『ミューズの教え　古代音楽教育思想をたずねる』音楽之友社、一九八九年
大門正克『民衆の教育経験　都市と農村の子ども』青木書店、二〇〇〇年
大阪市立北市民館『北市民館三〇年のあゆみ』一九五一年
岡田正章『日本の保育制度』フレーベル館、一九七〇年
岡田正章・宍戸健夫『保育に生きた人々』風楳社、一九七一年
笠原潔『西洋音楽の歴史』放送大学教育振興会、一九九七年
片木篤・藤谷陽悦・角野幸博編『近代日本の郊外住宅地』鹿島出版会、二〇〇〇年
加納実紀代編『母性ファシズム』学陽書房、一九九五年
金子啓一「賀川豊彦の『神の国運動』を探る――経過・理念・行方から」『賀川豊彦研究』第一九号、本所賀川記念館、一九九〇年
加藤政洋『大阪のスラムと盛り場』創元社、二〇〇二年

鎌田正「若き日の賀川豊彦の読書目録」『興文』二月号、教文館、一九六六年
上笙一郎・山崎朋子『日本の幼稚園』光文社文庫、一九六五年
鹿野政直『戦前・「家」の思想』創文社、一九八三年
鹿野政直『健康観にみる近代』朝日新聞社、二〇〇一年
川崎賢子『宝塚　消費社会のスペクタクル』講談社、一九九九年
河原和枝『子ども観の近代――『赤い鳥』と『童心』の理想』中公新書、一九九八年
菊池正治・室田保夫編集代表『日本社会福祉の歴史――制度・実践・思想』ミネルヴァ書房、二〇〇三年
北市民館記念史編集委員会『六十一年を顧みて――大阪市立北市民館』大阪市民生局、一九八三年
木下龍太郎「集団と生活文化の保育――第一期保育問題研究会と戦時下の保育」『保育幼児教育体系』第五巻、労働旬報社、一九八七年
季武嘉也編『大正社会と改造の潮流』吉川弘文館、二〇〇四年
木村涼子『〈主婦〉の誕生――婦人雑誌と女性たちの近代』吉川弘文館、二〇一〇年
教育史編纂会『明治以降教育制度発達史』龍吟社、一九三八年
基督教保育連盟『日本キリスト教教育八十年史』一九六六年
黒田勇「ラジオ体操と身体の近代化（二）」『大阪経済大学論集』第四九巻第四号、一九九八年
黒田勇『ラジオ体操の誕生』青弓社、一九九九年
倉橋惣三・新庄よし子『日本幼稚園史』フレーベル館、一九三四年
ケイ、エレン／原田実訳『児童の世紀』大同館書店、一九一六年（上笙一郎編『日本「子どもの権利」叢書　二』久山社、一九九五年所収）
神戸市保育園連盟『神戸の保育史』神戸市保育園連盟、一九七七年
国分幸『デスポティズムとアソシアシオン構想』世界書院、一九九八年
児玉勝子『婦人参政権運動小史』ドメス出版、一九八一年
小林恵子「リトミックを導入した草創期の成城幼稚園――小林宗作の幼児教育を中心に」『研究紀要』第一三集、国立音楽大

学、一九七八年
小林恵子「母のための教育雑誌『子供の教養』について（その一）――編輯者、武南高志を中心に」『国立音楽大学研究紀要』第二五集、一九九一年
小林恵子「母のための教育雑誌『子供の教養』について（その二）――その時代に果たした役割と意義」『国立音楽大学研究紀要』第二六集、一九九二年
小林恵子『日本の幼児保育につくした宣教師　下巻』キリスト新聞社、二〇〇九年
小針誠『〈お受験〉の社会史』世織書房、二〇〇九年
小森陽一・酒井直樹・島薗進・千野香織・成田龍一・吉見俊哉編『岩波講座五　近代日本の文化史　編成されるナショナリズム　一九二〇～三〇年代一』岩波書店、二〇〇二年
小山静子『子どもたちの近代　学校教育と家庭教育』吉川弘文館、二〇〇二年
酒井直樹「『情』と『感傷』性愛の情緒と共感と主体的技術をめぐって」『ジェンダーの日本史　下』東京大学出版会、一九九五年
左近毅「賀川豊彦における平和思想の形成過程――トルストイの影響をめぐって」『人文研究』第四八巻二号、大阪市立大学、一九九六年
佐藤滋・高見沢邦郎、伊藤裕久、大月敏雄、真野洋介『同潤会アパートメントとその時代』鹿島出版社、一九九八年
佐藤照雄「次の世代に何を伝えるか」『ハイスクールニューズ』第一一巻第七号、学校図書、一九八八年
佐藤学「『個性化』幻想の成立」森田尚久・藤田英典・黒崎勲・片桐芳雄・佐藤学編『教育学年報四　個性という幻想』世織書房、一九九五年
佐藤学「教育史像の脱構築へ」藤田英典・黒崎勲・片桐芳雄・佐藤学編『教育学年報六　教育史像の脱構築』世織書房、一九九七年
佐藤慶幸『アソシエーションの社会学――行為論の展開』早稲田大学出版部、一九九四年
佐藤慶幸『女性と協同組合の社会学――生活クラブからのメッセージ』文眞堂、一九九六年
佐藤広美『総力戦体制と教育科学』大月書店、一九九七年

佐藤バーバラ『日常生活の誕生　戦間期日本の文化変容』柏書房、二〇〇七年
佐野和彦『小林宗作抄伝　トットちゃんの先生』話の特集、一九八五年
沢山美果子「近代日本における「母性」の強調とその意味」『女性と文化』白馬出版、一九七九年
沢山美果子「教育家族の成立」中内敏夫ほか『教育――誕生と終焉』藤原書店、一九九〇年
沢山美果子「〈童心〉主義子ども観の展開――都市中間層における教育家族の誕生」『保育・幼児教育体系一〇　保育の思想』
　労働旬報社、一九八七年
志賀志那人研究会『都市福祉のパイオニア　志賀志那人　思想と実践』和泉書院、二〇〇六年
宍戸健夫「死線を越えて我は行く――善隣幼稚園から友愛幼児園へ」『保育の森』あゆみ出版、一九九四年
宍戸健夫「保育運動――保育問題研究会を中心として」管忠道・海老原治善編『日本保育運動史　第三巻　戦時下の教育運
　動』三一書房、一九六〇年
宍戸健夫「日本の子どもを守った人々（一六）平田のぶ」『子どものしあわせ：母と教師を結ぶ雑誌』一一六号、福音館書店、
　一九六六年。
宍戸健夫・半谷紀子「平田のぶ」岡田正章ほか編『保育に生きた人々』風媒社、一九七一年
宍戸健夫「解説・浦辺史――その歩みと仕事」浦辺史『日本の児童問題』新樹出版、一九七六年
宍戸健夫『日本の幼児保育（上）』青木書店、一九八八年
芝村篤樹『日本近代都市の成立――一九二〇・三〇年代の大阪』松籟社、一九九八年
『社会思想史の窓』刊行会『アソシアシオンの想像力――初期社会主義思想への新視角』平凡社、一九八九年
社会福祉法人興望館『興望館セツルメントと吉見静江――その実践活動と時代背景』二〇〇〇年
社団法人室町会『室町のあゆみ』一九五八年
鈴木とく・菅田栄子聞き役『保育は人間学よ』小学館、二〇〇〇年
首藤美香子『近代的育児観への転換――啓蒙家三田谷啓と一九二〇年代』勁草書房、二〇〇四年
神野由紀『趣味の誕生　百貨店がつくったテイスト』勁草書房、一九九四年
菅原和子『市川房枝と婦人参政権獲得運動――模索と葛藤の政治史』世織書房、二〇〇二年

杉原薫・玉井金五『大正・大阪・スラム　もう一つの日本近代史』新評論、一九九六年
杉原四郎「賀川豊彦の自然教育論」『教育研究展望』一七五号、神戸市立教育研究所、一九八八年
杉山光信・大畑裕嗣・吉見俊哉「近代日本におけるユートピア運動とジャーナリズム」『東京大学新聞研究所紀要』四一号、東京大学新聞研究所、一九九〇年
鈴木貞美『「生命」で読む日本近代』ＮＨＫブックス、一九九六年
鈴木貞美編『大正生命主義と現代』河出書房、一九九五年
鈴木博之『日本の近代一〇　都市へ』中央公論出版社、一九九九年
鈴木裕子『女性史を拓く一――母と女』未来社、一九八九年
鈴木裕子『フェミニズムと戦争』マルジュ社、一九八六年
隅谷三喜男『賀川豊彦』岩波書店、一九九五年
隅谷三喜男『日本労働運動史』有信堂、一九六六年
隅谷三喜男『日本の社会思想――近代化とキリスト教』東京大学出版会、一九六八年
隅谷三喜男『評伝賀川豊彦』日本基督教団出版部、一九六六年
諏訪義英『保育の思想――家庭教育と幼・保の構造』風媒社、一九七二年
関口尚志・梅津順一・道重一郎編『中産層文化と近代　ダニエル・デフォーの世界から』日本経済評論社、一九九九年
『新修世田谷区史　下巻』東京都世田谷区、一九六二年
『世田谷近・現代史』東京都世田谷区、一九七六年
せたがや百年史編纂委員会『ＳＥＴＡＧＡＹＡ世田谷百年史（上巻）』世田谷区、一九九六年
高木雅史「『大正デモクラシー』期における『優生論』の展開と教育――教育雑誌の内容分析の視角から」『名古屋大学教育学部紀要　教育学科』第三六巻、一九九〇年
高木雅史「一九二〇～三〇年代における優生学的能力観――永井潜および日本民族衛生学会（協会）の見解を中心に」『名古屋大学教育学部紀要　教育学科』第三八巻、一九九二年
高木雅史「戦前日本における優生思想の展開と能力観・教育観――産児制限および人口政策との関係を中心に」『名古屋大学

教育学部紀要　教育学科』第四〇巻第一号、一九九三年
高島進「浦辺史教授の人と業績」『日本福祉大学研究紀要』第二八号、日本福祉大学、一九七六年
高村学人『アソシアシオンへの自由〈共和国〉の論理』勁草書房、二〇〇七年
竹村民郎『大正文化帝国のユートピア』三元社、二〇一〇年
舘かおる「子供の村」民間教育史料研究会『教育の世紀社の総合的研究』一光社、一九八四年
田辺敦子「平田のぶ」『続　社会事業に生きた女性たち』ドメス出版、一九八〇年
田村直臣『子供の権利』警醒社書店、一九一一年
千葉眞『ラディカル・デモクラシーの地平　自由・差異・共通善』新評論、一九九五年
津金澤聰廣編『近代日本のメディア・イベント』同文舘出版、一九九六年
鶴見俊輔他『日本の百年二　廃墟の中から』筑摩書房、一九六一年
天童睦子編『育児戦略の社会学――育児雑誌の変容と再生産』世界思想社、二〇〇四年
トゥアン、イーフー／阿部一訳『感覚の世界――美・自然・文化』せりか書房、一九九四年（Yi-Fu Tuan, *Passing strange and wonderful : aesthetics, nature, and culture*, Island Press, 1993）
東京市編『東京震災録』一九二七年
富岡隆『歌声よ起これ　一労働者七〇年の記録』全日本年金者組合東京本部調布市部内自分史の会、一九九六年
富田好久「家なき幼稚園の保育史上の意義（上）」『大阪青山短期大学研究紀要』第一三号、大阪青山短期大学、一九八七年
富田好久「家なき幼稚園の保育史上の意義（下）」『大阪青山短期大学研究紀要』第一四号、大阪青山短期大学、一九八八年
富田好久「橋詰良一の生涯とその社会事業」『大阪青山短期大学研究紀要』第一五号、大阪青山短期大学、一九八九年
東京都杉並区役所『新修杉並区史（下巻）』一九八二年
鳥光美緒子「フレーベル～幼児教育の意味と方法」宮沢康人編『近代の教育思想』放送大学教育振興会、一九九三年
内務省地方局有志編纂『田園都市』博文館、一九〇七年
中川清『日本の都市下層』勁草書房、一九八五年
中内敏夫他『教育――誕生と終焉』藤原書店、一九九〇年

中内敏夫「『新学校』の社会史」『産育と教育の社会史五　国家の教師　民衆の教師』新評論、一九八五年
中野光「戦間期日本における『子どもの権利』論」『中央大学教育学論集』一九九二年
中野光「一九三〇年代における私立新学校の崩壊と変質――日本済美学校と帝国小学校のばあいを中心として」『立教大学教育学科研究年報』第二八号、一九八五年
中野光『大正自由教育の研究』黎明書房、一九六八年
中野光、松平信久『日本の教師』ぎょうせい、一九九三年
中村牧子「高学歴化と女性の移動」岐阜県産業経済研究センター編『岐阜を考える』記念号、岐阜県産業経済研究センター、一九九九年
中村雄二郎『中村雄二郎著作集第一巻』岩波書店、一九九三年
永井理恵子『近代日本幼稚園建築史研究――教育実践を支えた園舎と地域』学文社、二〇〇五年
成田龍一『近代都市空間の文化経験』岩波書店、二〇〇三年
成田龍一編『都市と民衆』吉川弘文館、一九九三年
西川裕子『近代国家と家族モデル』吉川弘文館、二〇〇〇年
西田美昭『近代日本農民運動史研究』東京大学出版会、一九九七年
西山哲治『教育問題　子供の権利』南光社、一九一八年
西山八重子『イギリス田園都市の社会学』ミネルヴァ書房、二〇〇二年
日本保育学会編『日本幼児保育史』全六巻、フレーベル館、一九六八～七五年
縫田清二『ユートピアの思想　個と共同の構想力』世界書院、二〇〇〇年
布川弘『神戸における都市「下層社会」の形成と構造』兵庫部落問題研究所、一九九三年
野口援太郎「子供の権利」『教育の世紀』第三巻第三号、教育の世紀社、一九二五年
服部栄「賀川豊彦の児童観」『賀川豊彦研究』第十号、本所賀川記念館、一九八六年
林若子「平田のぶにおける『協働自治』の教育」『近代幼児教育史研究』第四号、近代幼児教育史研究会、一九八二年
原田勝正・塩崎文雄編『東京・関東大震災前後』日本経済評論社、一九九七年

原純輔編『日本の階層システム一　近代化と社会階層』東京大学出版会、二〇〇〇年
原武『「民都」大阪対「帝都」東京　思想としての関西私鉄』講談社選書メチエ、一九九八年
ハルトゥーニアン、ハリー／梅森直之訳『近代による超克（上）――戦間期日本の歴史・文化・共同体』岩波書店、二〇〇七年（Harry Harootunian, *Overcome by modernity : history, culture, and community in interwar Japan*, Princeton University Press, 2000）
ハワード、エベネザー／長素連訳『明日の田園都市』鹿島出版会刊、一九六八年（E. Howard, *Tomorrow : a peaceful path to real reform*, S. Sonnenschein, 1898）
「阪神間モダニズム」展実行委員会『阪神間モダニズム　六甲山麓に花開いた文化、明治末期――昭和一五年の軌跡』淡交社、一九九七年
樋口忠彦『郊外の風景　江戸から東京へ』教育出版、二〇〇〇年
広田照幸『日本人のしつけは衰退したか』講談社現代新書、一九九九年
フィッシュマン、ロバート／小池和子訳『ブルジョワ・ユートピア』勁草書房、一九九〇年（Robert Fishman, *Bourgeois utopias : the rise and fall of suburbia*, Basic Books, 1987）
福島正夫・川島武宜編『穂積・末弘両先生とセツルメント』東京大学セツルメント法律相談部、一九六三年
福元真由美「橋詰せみ郎の家なき幼稚園における教育――郊外住宅地における保育空間の構成」藤田英典他編『教育学年報7　ジェンダーと教育』世織書房、一九九九年
藤田省三『転向の思想史的研究』みすず書房、一九九七年
藤野豊『日本ファシズムと優生思想』かもがわ出版、一九九八年
古木弘造『幼児保育史』巌松堂書店、一九四九年
ブルディエ、マルク『同潤会アパート原景――日本建築史における役割』住まいの図書館出版局、一九九二年
母性解読講座『母性を解読する』有斐閣、一九九一年
堀尾輝久「人権と子どもの権利」『子どもの権利条約学校は変わるのか』教育科学研究会、一九九一年
堀尾輝久『人権としての教育』岩波書店、一九九一年

本田和子『子ども一〇〇年のエポック――「児童の世紀」から「子どもの権利条約」まで』フレーベル館、二〇〇〇年
前田愛『都市空間の中の文学』ちくま学芸文庫、一九九二年
マッキーバー、ロバート／中久郎・松本通晴監訳『コミュニティ――社会学的研究：社会生活の性質と基本法則に関する一試論』ミネルヴァ書房、一九七五年（R. M. MacIver, *Community : a sociological study : being an attempt to set out the nature and fundamental laws of social life*, Macmillan, 1917）
松本園子『昭和戦中期の保育問題研究会――保育者と研究者の共同の軌跡』新読書社、二〇〇三年
マルタン、フランク他／板野平訳『エミール・ジャック＝ダルクローズ』全音楽譜出版社、一九七七年（Frank Martin, et al., *Émile Jaques-Dalcroze : l'homme, le compositeur, le créateur de la rythmique*, Éditions de la Baconnière, 1965）
丸山武志『オウエンのユートピアと共生社会』ミネルヴァ書房、一九九九年
マンフォード、ルイス／生田勉訳『都市の文化』鹿島出版会、一九七四年（Lewis Mumford, *The culture of cities*, Harcourt, Brace and Co., 1938）
マンフォード、ルイス／関裕三郎訳『ユートピアの系譜――理想の都市とは何か』新泉社、一九八四年（Lewis Mumford, *The story of utopias*, Boni and Liveright, 1922）
マンフォード、ルイス／月森左知訳『ユートピアの思想史的省察』新評論、一九九七年（Lewis Mumford, *The story of utopias*, Boni and Liveright, 1922）
南博編『大正文化』勁草書房、一九六五年
三原容子「『雲の柱』の教育論」『賀川豊彦研究』第二二号、本所賀川記念館、一九九六年
三好浪江「高崎能樹」『キリスト教保育に捧げた人々』キリスト教保育連盟、一九八六年
メルッチ、アルベルト／山之内靖・貴堂嘉之・宮崎やすみ訳『現在に生きる遊牧民――新しい公共空間の創出に向けて』岩波書店、一九九七年（Alberto Melucci, John Keane and Paul Mier (ed.), *Nomads of the present : social movements and individual needs in contemporary society*, Hutchinson Radius, 1989）
民間教育史料研究会編『教育の世紀社の総合的研究』一光社、一九八四年
宗像誠也「教育政策と教育運動」『岩波講座　現代教育学三』岩波書店、一九六一年

牟田和恵『戦略としての家族――近代日本の国民国家形成と女性』新曜社、一九九六年
百田宗治「震災記念詩集の刊行について」『日本詩人』新潮社、一九二三年
森上史朗『児童中心主義の保育』教育出版社、一九八四年
森田康夫『地に這いて』大阪都市協会、一九八七年
盛山和夫「近代の階層システムとその変容」『社会学評論』五〇巻二号、日本社会学会、一九九九年
文部省『幼稚園教育百年史』ひかりのくに、一九七九年
安島博幸・十代田朗『日本別荘史ノート』住まいの図書館出版局、一九九一年
山崎正和『演技する精神』中公文庫、一九八八年
矢野智司『子どもという思想』玉川大学出版部、一九九五年
山崎千恵子編『橋詰せみ郎エッセイ集――「愛と美」誌より』関西児童文学史研究会、一九九〇年
安田孝『郊外住宅の形成　大阪――田園都市の夢と現実』ＩＮＡＸ、一九九二年
山口廣編『郊外住宅地の系譜　東京の田園ユートピア』鹿島出版会、一九七八年
山本秋『日本生活協同組合運動史』日本評論社、一九八二年
湯川嘉津美『日本幼稚園成立史の研究』風間書房、二〇〇一年
横須賀薫編『近代日本教育論集五　児童観の展開』国土社、一九六九年
横山春一『賀川豊彦伝』警醒社、一九五九年
吉田久一『日本社会事業理論の歴史』一粒社、一九七四年
吉田久一『日本社会事業の歴史』勁草書房、一九九四年
吉原直樹『都市空間の社会理論　ニュー・アーバン・ソシオロジーの射程』東京大学出版会、一九九四年
吉原直樹編著『都市の思想』青木書店、一九九三年
吉見俊哉編著『一九三〇年代のメディアと身体』青弓社、二〇〇二年
吉見俊哉編『都市の空間　都市の身体』勁草書房、一九九六年
米沢和一郎編『人物書誌大系二五　賀川豊彦』日外アソシエート、一九九二年

米沢和一郎「賀川豊彦の協同組合運動」『雲の柱』七、賀川豊彦記念松沢資料館、一九八八年
米田佐代子「主婦と職業婦人」『岩波講座　日本通史　第一八巻　近代三』岩波書店、一九九四年
若林幹夫『都市のアレゴリー』ＩＮＡＸ出版、一九九九年
若林幹夫・山田昌弘・内田隆三・三浦展・小田光雄『「郊外」と現代社会』青弓社、二〇〇〇年
若林幹夫「都市への／からの視線」今橋映子編著『都市と郊外　比較文化論への通路』ＮＴＴ出版、二〇〇四年

【付記】

資料の収集においては、東京大学大学院教育学研究科・教育学部図書室、東京大学総合図書館、同駒場図書館、東京大学法学部研究室図書室、東京大学大学院法学政治学研究科附属近代日本法政史料センター、東京大学経済学図書館・経済学部資料室、東京学芸大学附属図書館、明治学院大学図書館、明治学院大学キリスト教研究所、成城大学図書館、成城学園教育研究所、玉川大学教育学術情報図書館、青山学院大学図書館本館、お茶の水女子大学附属図書館、金城学院大学図書館、神戸松蔭女子学院大学図書館、東京家政大学図書館、東京女子体育大学附属図書館、東京神学大学図書館、東洋大学附属図書館、梅花女子大学図書館、北海道大学医学研究科・医学部図書館、国立国会図書館東京本館、国立教育政策研究所教育研究情報センター（旧国立教育研究所）教育図書館、大阪府立中央図書館、大阪府立中之島図書館、大阪市立中央図書館、世田谷区立中央図書館、世田谷区立北沢図書館、東京都公文書館、大阪市公文書館、賀川豊彦記念松沢資料館、本所賀川記念館、賀川記念館（神戸）、阪急文化財団池田文庫、及び光の園保育学校・大阪市立北市民館・東京帝国大学セツルメント託児部・子供の村保育園・室町幼稚園・成城幼稚園・阿佐谷幼稚園・松沢幼稚園・一麦保育園・都島友の会・阿佐谷東教会・小金井教会の関係者の方々、宍戸健夫氏、森田康夫氏、浦辺史氏、鈴木とく氏、福知トシ氏、富岡隆氏、稲垣不二子氏、井上緑江氏、黒沢永子氏、西森香代氏、佐野幸枝氏、高崎彰氏、浅井幸子氏、布川弘氏（順不同）にご協力いただいた。ここに記して心から感謝したい。

刊行に寄せて――解題

◆

佐藤　学

本書は、保育（幼児教育を含む）の歴史の見方を刷新する独創的で画期的な労作である。これまで保育の歴史については東京女子師範学校附属幼稚園（一八七六年）を出発点とする幼稚園の歴史と、一八九〇年代に労働者街に託児所として始まり一九一〇年代に社会事業として政策化された保育所の歴史の二つで語られてきた。本書はその二つの系譜に加えて第三の系譜として「都市化を背景とするアソシエーショニズム」を基盤とする保育の実践が一九二〇年代と一九三〇年代に東京と大阪に成立し、この系譜が幼稚園の系譜と保育所の系譜を統合して今日に連なる革新的伝統を形成した歴史過程を叙述している。本書を読まれた方は、この第三の系譜こそが、今日の幼稚園と保育所の理念や内容や実践の根幹に息づいていることを認識するだろう。

＊

本書の主題は標題に示されている「都市に誕生した保育の系譜――アソシエーショニズムと郊外のユートピア――」であり、著者の福元真由美氏は緻密な史料の収集と精緻な分析によって、このテーマをあますところなく活写している。舞台は一九二〇年代と三〇年代の東京と大阪、急速な資本主義の発展による都市の膨張、関東大震災後のスラムの形成、都市の貧困に対峙するセツルメント（大学拡張運動）や協同組合（アソシエーション）の活動、新中間層によって創造される郊外のユートピアのドラマが、その舞台で交差する。それら都市化がもたらした「共生協働」の生活スタイルは、幼児の養育と保育の実践に新しい潮流を創出した。この新しい潮流を、福元氏は「協同組合型保育所」と「郊外型幼稚園」として概念化し、その二つの保育の系譜の成立基盤と実践の様態と特徴を個別事例に即して描き出している。

保育において、都市化がもたらす危機に逸早く反応したのは「子どもの権利」の提唱者として知られる賀川豊彦であった。福元氏の研究も、関東大震災直後の貧困児の救済活動から生まれた賀川の「光の園」と、賀川が郊外の新中間層を対象として創設した松沢幼稚園の研究が出発点となった。この二つは保育の成立基盤を異にしながらも、賀川の相互扶助の思想「協同組合主義」（アソシエーショニズム）を共有していた。アソシエーショニズムは、ロバート・オーウェンやシャルル・フーリエの「空想的社会主義者」に由来する社会思想であり、彼らの影響が大きかったアメリカと同様、日本においてもオーウェンの思想に基づく保育実践とフーリエの提唱した「愛のユートピア」としてのコミュニティづくりが息づいていたことを本書は伝えている。

本書で対象とされる「協同組合型保育所」は、賀川の「光の園」（一九二四年／「光の園保育組合」は一九二八年）、大阪のスラムで保育所を創設した志賀志那人の「北市民館保育組合」（一九二五年）、「東京帝国大学セツルメント託児部」（一九二六年）、平田のぶの創設した「子供の村保育園」（一九三一年）の四つであり、「郊外型幼稚園」は、大阪で小林一三が推進した郊外開発計画に呼応して池田市に誕生した橋詰良一の「家なき幼稚園」（一九二二年）、東京の新教育のメッカ「成城幼稚園」（一九二五年）、高崎能樹の「阿佐ヶ谷幼稚園」（一九二五年）、そして賀川豊彦の「松沢幼稚園」（一九三一年）の四つである。これら八つの幼稚園と保育所の多くは、先行研究においていくらかは言及されてきたが、本書は、どの事例に関しても前記の独創的な視点に立って新たな史資料を渉猟し、緻密で精緻な分析と考察を行うことによって、どの事例においても決定版とも言える詳細で深い知見を提示している。今後、幼児教育と保育の歴史研究において本書が必読書となることはまちがいない。

＊

本書によって浮き彫りにされた〈都市化〉と〈保育〉との結びつきは、今日最大の課題となっている幼保一元化のおおもとを形成していると言ってよいだろう。都市化による子どもの発達環境の著しい変化、遊びと学びと発達を支える空間と関係の変化、貧富の格差や家庭や地域の変貌、大衆の成立と消費文化に代表される都市文化の形成、そして保育を支える新たな人々の結びつきなどは、本書の主題と直結している。本書において何度も引用されている都市社会学の嚆矢とされるルイス・マンフォードは、『都市の文化』（一九三八年）において「都市とはコミュニティの権力と文化の最大の集中点である」と述べていた。

そのルイス・マンフォードは、まだ無名であった青年時代、ニューヨークのグリニッチ・ヴィレッジに誕生した最もラディカルな子ども中心主義の学校、シティ・アンド・カントリー・スクール（一九一三年に創設）の教師を務めていた（拙著『米国カリキュラム改造史研究』東京大学出版会、参照）。アヴァンギャルドのアーティストたちが教師として集ったこの小さな学校もセツルメントを起点とする学校であり、都市化によって形成されたアソシエーショニズムに基づく教育実験の一つであった。ルイス・マンフォードの都市文化の研究と都市ユートピア思想の研究の出発点が、大都市移民街の子どもたちを対象とする保育と教育の実践にあったことは興味深い。

本書の研究と今日の保育との結びつきは、さらに指摘することができる。良きにつけ悪しきにつけ、幼児教育と保育の実践には「ユートピア」への憧憬が埋め込まれている。幼児教育者と保育者の子どもへのまなざしと保育実践に埋め込まれた「ユートピア」の思念の淵源も、本書は歴史的に開示している。子どもの発達に未来のユートピアを託し、保育実践において相互扶助と共生協働の未来像を描く保育思想は、本書が開示した先人たちの実践によって開拓されたものであった。

＊

本書が博士論文として完成した時、福元氏にこの主題による探究を推奨しその研究を支援した私自身も、彼女の偉業に感嘆せずにはいられなかった。福元氏は、おっとりとした穏やかな人柄であるが、慎ましい振舞いの奥にしっかりとした芯の強い意志と探究的知性を秘めた女性研究者である。考察と叙述における明晰さは群を抜いているが、ディテールに対する細やかなまなざしと意味づけにおいても卓越した能力を有している。さらに付け加えれば、どこまでも探索し考究するひたむきな努力家でもある。それら彼女の資質と能力と努力が、本書のすべてにおいて結実していることも付言しておこう。

福元氏が博士学位を取得してから本書が公刊されるまで、さまざまな事情で多くの年月が経過してしまった。今か今かと待ち受けていただけに、本書の出版は私自身にとっても無上の歓びであることを記しておきたい。本書の研究は、まぎれもなく保育分野における画期的偉業であり、歴史研究によって拓かれた教育研究の労作の一つである。

（日本教育学会元会長）

あとがき

本書は、博士学位請求論文「大正期・昭和初期の都市における保育の系譜――アソシエーショニズムと郊外のユートピア――」に加筆と修正を行い、表題を『都市に誕生した保育の系譜――アソシエーショニズムと郊外のユートピア――』と改めて刊行したものである。本書は、ＪＳＰＳ科研費（１４７１０１７６／９８Ｊ０４１５７／００Ｊ０７２８８）の助成を受けた研究成果の一部である。

本書の研究は、修士論文で賀川豊彦の保育の思想と実践に出会ったことに始まる。保育の歴史研究を希望したものの研究テーマを決めかねていた私は、東京大学の汐見稔幸先生の研究室を中心とする保育研究会の八ヶ岳合宿で修論の構想発表の機会をいただいた。発表後にまだ何を研究するか迷っていることを打ち明けたとき、汐見先生が「面白い人がいるんだけどね」と紹介してくださったのが賀川である。合宿の翌日に訪れた賀川豊彦記念松沢資料館では、彼のさまざまな社会活動の背後にある時代の大きなうねりと、そのうねりを原動力として生み出された保育の創造力に圧倒される思いがした。自分の学んできた歴史の中の保育とは何かが違うという、このとき抱いた直観につき動かされて、私は修士二年の春にようやく修論の研究をスタートさせることができた。

保育の思想や実践のみならず、それらと社会の思想や運動、階層などとの関連に紙幅を費やした本書の記述は、保育への関心を主とする読者には読みにくいかもしれない。けれども、保育の実践と社会の構想を結びつけて検討する本書の関心は、修論執筆の過程で、私の保育一辺倒の見方が保育と社会の相互作用を生き生きと描くという意識に転換したことの表れでもある。なんとなく教育の歴史を眺めていた学部生の頃は、漠然とではあるが、保育や教育を園や学校の中だけで完結するかのような出来事として捉えていた気がする。それが、なぜ賀川が保育にあれほどのめり込んだのか、保育に期待を寄せたのか考えるほどに、保育の語りと実践を通して未来の社会を展望することに、私なりにささやかな希望を見出すようになったのだと思う。

本書の初出は次のとおりである。

序　章　「研究の主題と方法」（未公刊）
第1章　「賀川豊彦による光の園保育組合の設立と『協同組合社会』の理想」（原題「賀川豊彦の保育思想とその実践――『組合社会』における教育――」）東京大学大学院教育学研究科修士論文、一九九六年（未公刊）。
第2章　「志賀支那人の北市民館保育組合における母親の協同」（原題「志賀志那人のセツルメントにおける北市民館保育組合とその保育」）学会誌『保育学研究』第三七巻第二号、一九九九年、八～一五頁。
第3章　「東京帝国大学セツルメント託児部における地区別グループの実践――鈴木とくによる保育と母親の協同」学会誌『保育学研究』第三九巻第二号、二〇〇一年、三三一～三三九頁。
第4章　「子供の村保育園の設立とその意味――平田のぶの思想と実践」『東京大学大学院教育学研究科紀要』第三九巻、一九九九年、四一三～四二二頁。
第5章　「橋詰良一の家なき幼稚園における教育――郊外住宅地における保育空間の構成」（原題「橋詰せみ郎の家なき幼稚園における教育――郊外住宅地における保育空間の構成」）『教育学年報7　ジェンダーと教育』世織書房、一九九九年、四七三～四九六頁。

第6章「一九三〇年前後の成城幼稚園における保育の位相――小林宗作のリズムによる教育を中心に」（原題「一九二〇―三〇年代の成城幼稚園における保育の位相――小林宗作のリズムによる教育を中心に」）『乳幼児教育学研究』第一三号、二〇〇四年、五一～六〇頁。

第7章「高崎能樹による阿佐ヶ谷幼稚園の設立とその意味――郊外における母親教育と子どもの保育」『乳幼児教育学研究』第九号、二〇〇〇年、三一～四〇頁。

第8章「賀川豊彦による松沢幼稚園の設立と自然中心の保育」（原題「賀川豊彦の自然による幼児教育――「幼児自然教案」の分析を中心に」と「賀川豊彦による松沢幼稚園の設立と自然中心の教育――郊外型幼稚園の系譜において」で構成。前者は『東京大学大学院教育学研究科紀要』第三七巻、一九九七年、二六一～二七〇頁、後者は『明治学院大学キリスト教研究所紀要』第三二号、二〇〇〇年、一四三～一六八頁）。

第9章「都市化と保育の新しい動向」（未公刊）

終　章「都市に誕生した保育のゆくえ」（未公刊）

都市化のキーワードは、橋詰良一の家なき幼稚園の研究で郊外住宅地をめぐるモダニズム研究に触発されて意識するようになった。家なき幼稚園の研究の動機は、賀川の幼児自然教案に影響を与えた自然を中心とする保育のルーツを明らかにしようという思いつきだった。実際に家なき幼稚園の創設された大阪府池田市に足を運び、同園を引き継いだ室町幼稚園、阪急文化財団の池田文庫などで史料や文献にあたると、むしろ郊外住宅地の誕生という出来事の面白さに引き込まれてしまっていた。自然中心の新奇さのみならず、都市化と郊外住宅地、新中間層と教育家族、母親と子育ての観点で橋詰の保育を描き直していくことで、現代の保育、子育てのさまざまな課題を考察する手掛りを保育の歴史に見出す醍醐味を知ることができた。

長年、保育史の枠組みを構成してきた幼稚園の系譜と保育所の系譜に、第三の系譜として「都市化により誕生した保育の系譜」を設定したことは、それなりに大胆な試みではないかと思う。しかし、幼保の一体化が政策的に急速に進行し現実化していく中で、幼稚園か保育所かで保育史を捉えるのではなく、多様な保育の課題ごとに歴史を語りなおす作業は今後ますます必要となろう。独創的な観点と新しい解釈が保育史の記述やストーリーを一層豊かにし、これからの保育を構想していく示唆に富んだ場が形成されることを願い、微力ながら私もそこに参加していきたいと思う。

＊

本書の研究を進めることができたのも、多くの方々の助言と支援のおかげである。研究のきっかけをくださった汐見先生は、その後も温かい励ましで、修論の執筆に行き詰まったときに、やれそうだという気持ちを取り戻させてくれた。汐見研に集う保育研究を志す仲間たちに出会い、これからの保育を汐見先生と真剣に議論し合った日々が、研究の茫漠たる野に足を踏み入れた院生時代の私を支えてくれた。

学部から大学院まで指導教員をしてくださった佐藤学先生への感謝は、言葉では書き尽くすことができない。駒場キャンパスの大講義室で佐藤先生の講義を聴き、授業で繰り広げられる子どもと教師の世界をこんなにも豊かな言葉で語ることができるのかと驚いた。このとき、学びを探求する学問として教育学を知ることができたのは幸運だった。大学院進学を頭の片隅におきながら官庁から内定をもらっていた私は、一二月初旬の卒論指導で内定を報告した後に、佐藤先生からたった一言「それでいいの？」と問われた。その場で自分の本当にやりたいことは大学院に進学することだと思いなおし、急いで戻った学部生の部屋で大学院入試の願書をいっきに書き上げて提出した。この日は出願締切日であり、佐藤先生からの問いかけがなければ、私は大学院に進学する機会を逸し、研究の道に進むこともなかっただろう。夜を徹して書いたまとまりのないレジュメを差し出すと、佐藤先生は「材料はそろっている。あとは、どう調理するかだ」と何を問うのか考えることを促してくださった。そして、鋭い洞察と的確な判断でコメントをくださり、私自身もつかんでいなかった研究の展望を語ってくださった。博士論文の執筆をなかなか進めない私を粘り強く見守ってくださった佐藤先生のご指導がなければ、本書を生み出すことはできなかった。

また、秋田喜代美先生、川本隆史先生、田中智志先生、小国喜弘先生からも博論に対する鋭いコメントをいただいた。その一つひとつに応えることが、これからの私の研究の課題である。賀川豊彦記念松沢資料館の司書だった米沢和一郎さんは、賀川とその周辺の膨大な資料と文献の閲覧の便宜をはかってくださり、大変お世話になった。宍戸健夫先生は、平田のぶの子供の村保育園に関する資料を快く貸してくださり、お目にかかった時は有益なアドバイスをくださった。明治学院大学キリスト教研究所では、二年間研究員として賀川の研究と報告をする機会を与えていただいた。そのほか、浦辺史先生、鈴木とく先生、森田康夫先生、富岡隆氏をはじめ、貴重な資料を提供してくださったり、聞き取りに協力してくださったりした多くの方々に助けていただいた。学会や研究会で私の研究を受け止め背中を押してくださった先生方、佐藤研で共に学び合い、刺激を与えてくれた方々にも支えられて、私は研究の歩みを進めてくることができた。本書の刊行にあたっては、世織書房の伊藤晶宣さんにお世話になっている。この場をお借りして、心から感謝の意を表したい。

素朴な研究の関心を話し合い、私の論文に目を通してくれる夫、子育ての喜びと奮闘を経験させてくれる二人の息子にも、前向きに研究に取り組む気持ちを支えてもらったことに感謝している。最後に、研究の道を選んだ娘をいつも気にかけ、惜しみない支援をしてくれた父と母に、本書をささげたいと思う。

二〇一八年九月一一日

著者

索　引

〈人名＋事項〉

あ行

＊

か行

さ行

た行

な行

は行

ま行

や行

ら行

わ行

〈著者プロフィール〉

福元真由美（ふくもと・まゆみ）

東京生まれ。東京大学大学院教育学研究科博士課程（学校教育開発学専攻）単位取得退学。2012年、博士（教育学）学位取得。

現在、東京学芸大学総合教育科学系教育学講座幼児教育学分野准教授。

編著に『はじめての子ども教育原理』（有斐閣、2017年）、『事例で学ぶ保育内容〈領域〉環境』（萌文書林、2018年）。論文に「幼小接続カリキュラムの動向と課題――教育政策における2つのアプローチ――」（日本教育学会『教育学研究』第81巻4号、2014年）、「戦後の保育における数学的な教育に関する研究の動向――1960～1970年代の『日本数学教育学会誌』を中心に――」（『東京学芸大学紀要 総合教育科学系』第67巻1号、2016年）などがある。

都市に誕生した保育の系譜
――アソシエーショニズムと郊外のユートピア

2019年1月31日　第1刷発行 ©

著　者	福元真由美
装幀者	M. 冠着
発行者	伊藤晶宣
発行所	（株）世織書房
印刷所	新灯印刷（株）
製本所	協栄製本（株）

〒220-0042　神奈川県横浜市西区戸部町7丁目240番地　文教堂ビル
電話 045-317-3176　振替 00250-2-18694

落丁本・乱丁本はお取替えいたします　Printed in Japan
ISBN978-4-86686-004-6